Das Grosse Pendelbuch

Das Große Pendelbuch

Das Pendel als täglicher Ratgeber

Die Arbeit mit dem Pendel – ein modernes Handbuch für jeden

Petra Sonnenberg

Hinweis des Verlages:
Die Empfehlungen, Behandlungsmethoden, Informationen, Übungen, Rezepte, Aussagen usw. in diesem Buch wurden von der Autorin und dem Verlag so weit wie möglich erprobt und inhaltlich sorgfältig kontrolliert. Der Autor und der Verlag übernehmen keinerlei Haftung für eventuellen Schaden, der durch den Gebrauch oder Mißbrauch der Information in diesem Buch entsteht. Die Information in diesem Buch ist für Interessierte gedacht und nicht als Therapie- und Diagnoseanweisung im medizinischen Sinne zu verstehen.

Zur richtigen Anwendung und Dosierung aller in diesem Buch genannten Heilmittel befragen Sie bitte Ihren Arzt und/oder Heilpraktiker.

5. Auflage 2017

Die Originalausgabe erschien unter dem Titel *Pendelen van A tot Z* bei Uitgeverij Schors, 1998, Amsterdam, Niederlande.

Übersetzung: Linda Gräfe
Umschlaggestaltung: Studio Paul C. Pollmann
Umschlagfoto: Annuska Steixner & Ron Bergman

Gesamtherstellung: Libri Plureos GmbH, Hamburg
Printed in Germany

ISBN 978-3-89060-506-7

IRIS ist ein Imprint bei Neue Erde.

Neue Erde GmbH · Cecilienstr. 29 · 66111 Saarbrücken
Deutschland · Planet Erde
www.neue-erde.de · info@neue-erde.de

Inhalt

Übersicht der Pendeltafeln

Allgemeines

Vorbereitung

Gesundheit

Ernährung

Nährstoffe

Allergie

Geschmack und Diät

Körperpflege und (Lebens-) Gewohnheiten

Schwerpunkte

Krankheiten/Leiden

Lokalisierung und Faktoren

Kondition

Allergien

Chakren

Meridiane

(Chakra/Meridian-) Blockade

Heilmittel

Ernëhrungsergänzung

Kräutertherapie

Anwendung der Heilmittel

Inneres Wachstum und Spiritualität

Richtschnur und Inspiration

Orakel und Wegweiser

Persönliche Charakterisierung

Eigenschaften und Können

Ausbildung, Beruf und Talent

Ausbildung

Beruf

Talent

Freundschaft und Beziehungen

Freundschaft

Beziehungen

Entspannung, Sport und Spiel

Entspannung

Sport

Spiel

Umgebung

Faktoren der Umgebung

Pflanzen:

Balkon/Garten und Erholung

Zusätzliche Pendeltafeln

Vorwort

von D. Jurriaanse

Das Pendel erfreut sich in den letzten Jahren zunehmender Beliebtheit, was es vor allem seinen sehr eindeutigen Antworten auf komplizierte und schwierige Fragen zu verdanken hat. Antworten auf Fragen, die oft schwierig einzuschätzen sind, da die Fragestellung zu komplex wird, wenn man zu lange über sie nachdenkt.

Pendeln ist eine relativ neue Technik. Die bekanntere Wünschelrute ist im Grunde ein schon viel länger verwendeter Vorläufer des Pendels, beide nutzen die gleichen Kräfte und Techniken. Die Arbeit mit dem Pendel, wie wir sie heute kennen, ist viel jüngeren Datums als im allgemeinen angenommen wird. Obwohl zu diesem Thema in den vergangenen Jahrzehnten Dutzende von Büchern erschienen sind und viel Forschung betrieben wurde, blieb das Einsatzgebiet des Pendels ziemlich traditionell, wenn nicht konservativ, auf jeden Fall nicht gerade erneuernd.

Es sollte noch bis zum Ende der siebziger Jahre dauern, bis der Schweizer Willy Kowa, der Forschung für die *Schweizerische Zeitschrift für Radiästhesie* betrieb, die Idee hatte, die Fragen, die beim Pendeln gestellt werden, mit Hilfe von Pendeldiagrammen zu "kartieren". Seitdem folgen viele Menschen – unter anderem ich selbst – seinem Beispiel.

Die Idee, die Fragestellung auf eine kurze Frage zu einem bestimmten Thema, sowie einer vorgegebenen Anzahl Antworten zurückzuführen, die in einer Art Tabelle zusammengefaßt sind, so daß Frage und Antwort auf einem Blick visuell aneinander gekoppelt sind, hatte zur Folge, daß die Einsatzmöglichkeiten des Pendels beträchtlich zunahmen. Im Gegensatz zu früher, als das Pendel eine Art "moderne" Wünschelrute war, arbeitet der erfahrene Pendler heute mit mindestens drei verschiedenen Pendeln.

Das Einsatzgebiet des Pendels ist heute erheblich größer; das Pendel wird nicht mehr ausschließlich als Ergänzung zu anderen bekannten esoterischen Strömungen verwendet, auch in der Psychologie, der Medizin und sogar bei sehr "weltlichen" Dingen, wie dem Straßenbau, hat das Pendel inzwischen einen wichtigen Stellenwert eingenommen.

Petra Sonnenberg ist es gelungen, einen Pendelleitfaden zusammenzustellen, der das Arbeiten mit dem Pendel endlich von seinem okkulten Stigma befreit. Im *Großen Pendelbuch* hat sie 135 aktuelle Pendeltafeln nach Thema geordnet und mit einem übersichtlichen Stichwortverzeichnis versehen. Darüber hinaus erklärt sie in mehreren Kapiteln nüchtern und deutlich, was ein Pendel eigentlich ist, welche Bedeutung die "Pendelarbeit" hat und wie man das Pendel als Helfer beim Lösen der unterschiedlichsten Probleme in das tägliche Leben integrieren kann.

Jeder, der mit dem Pendel arbeitet oder den das Pendeln interessiert, wird entdecken, daß das *Große Pendelbuch* eine erfrischende Ergänzung zur existierenden Literatur zu diesem Thema ist; dieses Buch rückt die Arbeit mit dem Pendel in ein völlig neues Licht. Ich bin davon überzeugt, daß das *Große Pendelbuch* im Laufe der Jahre eines der Standardwerke über die "Pendelarbeit" wird.

Ich wünsche Ihnen viel Freude mit diesem erneuernden Buch.

Terracino, 1998.

Einführung

Etwas Geschichte

Das Befragen des Pendels, das sogenannte "Pendeln", wird schon sehr lange praktiziert und spricht auch heute noch viele Menschen an. Das Pendel wurde schon von unseren Vorfahren verwendet, um vermeintlich "unsichtbare" Dinge sichtbar zu machen. Es wurde als Gerät zum Erhalten von Information verwendet, die mit anderen Mitteln nicht zugänglich war.

Das Befragen des Pendels war schon immer geheimnisumwittert. Vor nicht allzu langer Zeit war das Pendeln sogar nicht ohne Gefahr: Im Mittelalter wurde es zum Beispiel mit Hexerei in Zusammenhang gebracht und mit dem Tod bestraft. Es wurde auch als "Unsinn" etikettiert und als eine Beschäftigung von Menschen abgetan, die angeblich "nicht von dieser Welt" waren.

Was ist Pendeln eigentlich genau? Ist es ein geheimes Ritual, das nur von einigen Eingeweihten abgehalten werden kann? Ist es eine Art von "Gedankenlesen"? Oder ist es ganz einfach das Auffangen bestimmter Energien?

Alle Lebewesen (Menschen, Tiere, Pflanzen), jedoch auch Kristalle, Mineralien usw. sind von einer "Aura" von Strahlung umgeben, die eine bestimmte Information enthält. Sowohl das Pendel als auch die Wünschelrute werden schon sehr lange von Menschen verwendet, um diese uns überall umringende Strahlung aufzufangen und zu lokalisieren.

Dieses Auffangen und Lokalisieren von Strahlung mit Hilfe des Pendels oder der Wünschelrute wird auch Radiästhesie genannt – nach *Radius* (lat. "Strahl") und *Aestheses* (grch. "wahrnehmen"), dieser Begriff bedeutet also ganz einfach: "Wahrnehmen von Strahlung". Radiästhesie wurde (und wird) nicht nur praktiziert, um verschiedene "gute" Energien und Energiequellen ausfindig zu machen, sondern auch zur Ermittlung und Abwehr der Ursache schädlicher Einflüsse, wobei Pendel und Wünschelrute als Instrumente dienen.

Wie lange das Pendel und die Wünschelrute schon verwendet werden, ist nicht genau bekannt. Man weiß auch nicht sicher, wo sie zum ersten Mal eingesetzt wurden; sowohl was Zeit und Ort anbelangt variieren die Quellen über die erste Anwendung sehr stark. In Nordafrika wurden zum Beispiel Felszeichnungen entdeckt, die etwa aus dem Jahre 6000 vor Chr. datieren, auf denen Rutengänger zu erkennen sind; andere Quellen führen uns nach China, wo schon 2000 vor Chr. ein berühmter Rutengänger gelebt haben soll. Funde von Dokumenten aus der Römerzeit in Europa (1. Jahrhundert nach Chr.) belegen die Anwendung des Pendels. Aus dem Mittelalter sind Holzschnitte erhalten, auf denen Rutengänger oder Pendler abgebildet sind.

Im allgemeinen nimmt man jedoch an, daß die Wünschelrute wahrscheinlich schon länger verwendet wird als das Pendel, und daß sich Entwicklung und Anwendung des Pendels aus der Arbeit mit der Wünschelrute entwickelt haben.

Was genau mißt man mit diesen Instrumenten?

Die Wünschelrute, die meistens aus natürlichem Material angefertigt ist, wie zum Beispiel aus einer (von der Natur geformten) Astgabel des Haselstrauchs, wurde – und wird noch immer – bei der Suche nach Erstrahlen, Wasser, Mineralien und anderer Energiequellen eingesetzt: Das sogenannte "Rutengehen".

Der Rutengänger hält den gegabelten Zweig mit beiden Händen waagerecht fest, der "Stiel" zeigt nach vorne. Wenn dieser Haselzweig die Strahlung auffängt, die eine Energiequelle ausstrahlt, bewegt sich der Stiel des Zweigs und "schlägt aus", wodurch der Ort, an dem sich die Energiequelle befindet, sehr genau lokalisiert werden kann.

Das Auswählen eines geeigneten Haselzweigs ist nicht ganz einfach. Sowohl die Qualität des Holzes als auch die Form des Zweigs müssen gewissen Anforderungen genügen. Haselruten sind darum selten; im Laufe der Zeit wurden Wünschelruten aus anderen, gut leitenden Materialien angefertigt (wie zum Beispiel Kupfer), die genauso gut geeignet, jedoch leichter erhältlich sind.

Die Wünschelrute ist, vor allem aufgrund ihres Formats und Modells, sehr geeignet für die Verwendung im freien Gelände und für dasjenige, was mit der Benutzung dieses Geländes in Zusammenhang steht (wie sähen, pflanzen, stutzen und ernten), sie wird jedoch auch bei der Suche nach dem idealen Standort für einen Neubau eingesetzt, zum Lokalisieren von Erdstrahlen etc.

Für die verfeinerte Anwendung der Radiästhesie wurde ein kleineres Meßinstrument erfunden: Das Pendel. Es ist vor allem dazu geeignet, die uns umringende Strahlung genauer zu messen. Die unsichtbare Information, die sich in dieser

Strahlung "verbirgt", kann uns sehr gut bei der Suche nach Antworten auf die unterschiedlichsten Fragen helfen, sowie bei der Suche nach bisher unerklärlichen Ursachen der verschiedenartigsten Erscheinungen.

Der Pendler hält das Pendel (an einem Faden oder an einer Kette) über den Ort oder Gegenstand, über den er mehr wissen will. Das Pendel kann die Strahlung (Energie) dieses Ortes oder Gegenstandes auffangen, was der Pendler deutlich wahrnimmt: Er kann diese Energie im Pendel "spüren"; wenn genügend Energie vorhanden ist, schlägt das Pendel sichtbar aus.

Wenn dieses Phänomen an eine Frage und an ein oft verwendetes Hilfsmittel, eine "Pendeltafel", gekoppelt wird, wird die Information für jeden deutlich sichtbar. Die Antwort kann von der Pendeltafel () oder von den Pendelbewegungen ("Ja" oder "Nein") abgelesen werden. Der Fragesteller findet mit Hilfe des Pendels, das die für uns brauchbare Information "sichtbar macht", eine Antwort.

Forschung

Die Wissenschaft beschäftigt sich schon sehr lange mit der Funktion und Bedeutung der Pendelbewegungen, auch "Pendelschwingungen" genannt.

Zu Anfang dieses Jahrhunderts wurden, vor allem in England und Amerika, Verbände gegründet (die manchmal geheim waren), die sich mit dem Pendeln und Rutengehen beschäftigten und diese Phänomene zu erklären versuchten. Etwas später – nachdem die Geheimnisse um die Arbeit mit dem Pendel ein wenig gelüftet waren – wurde sogar eine spezielle "Schule" gegründet, in der Unterricht in der Arbeit mit der Wünschelrute und dem Pendel erteilt wurde. Diese Entwicklung hat dazu geführt, daß viele Theorien aufgestellt und ebensoviele Handbücher geschrieben wurden... Noch immer herrschte Uneinigkeit hinsichtlich der Mutmaßungen über dieses Phänomen.

Auch der bekannte Wissenschaftler Galilei erforschte die Dauer der Schwingungsbewegung des Pendels und wovon sie genau abhängt. Seine Forschung konzentrierte sich jedoch vor allem auf die Schwerkraft (Anziehungskraft der Erde). Als Meßinstrumente verwendete er Pendel aus unterschiedlichen Materialien; ein Pendel, oder ein Gewicht an einem Faden, hat ja die Eigenschaft, sich in eine bestimmte Richtung einzupendeln: Dorthin, wo die Anziehungskraft der Erde am stärksten ist. Es stellte sich heraus, daß die Schwingungsdauer der verschiedenen Pendel unterschiedlich lang war (er folgerte daraus, daß die Schwerkraft auf verschiedene Stoffe gleich stark einwirkt).

Neuere (wissenschaftliche) Laborversuche haben gezeigt, daß es tatsächlich eine bestimmte Energie geben muß, die das Pendel in Bewegung setzt, und daß diese Pendelschwingungen nicht nur auf Zufall beruhen. Die Energie, die das Pendel in Bewegung setzt, wird auch Extra Sensory Perceptions (ESP) genannt. Zugleich wurde mit diesen Experimenten bewiesen, daß manche Menschen empfänglicher für diese Energie sind als andere. Was Extra Sensory Perceptions genau sind und wie sie das Pendel beeinflussen, konnte mit diesen Experimenten jedoch nicht geklärt werden.

Auch alle modernen Experimente und Entwicklungen ergeben das gleiche: Bei der Arbeit mit dem Pendel spielen auch andere Aspekte als nur die Erdanziehungskraft eine Rolle, eine – bisher – unbekannte Kraft ist daran beteiligt.

Heutige Anwendung

Das Pendel wird heute vor allem als Instrument zum Auffangen der uns umringenden (kosmischen) Strahlung verwendet. Es versetzt den geübten Pendler in die Lage, diese Strahlung in für uns brauchbare Information umzusetzen, wobei der Schwerpunkt nicht nur auf irdischen Angelegenheiten, wie der Suche nach Energiequellen und Erdstrahlen, sondern vor allem auch auf geistiger und körperlicher Ebene liegt, wie die Entdeckung von Störungen des körperlichen oder geistigen Gleichgewichts, das Beantworten wichtiger (persönlicher) Fragen, kurzum, diverse Angelegenheiten, die die individuelle spirituelle Entwicklung behindern können.

Im Grunde ist Pendeln nichts anderes ist als das – mit Hilfe unseres (allgemeinen) Unterbewußtseins – sichtbar machen von Antworten auf die unterschiedlichsten (Lebens-) Fragen. Das Pendel gibt eine Antwort, die mehr ist als das rationelle Abwägen wohlüberlegter Argumente. Es zeigt uns dasjenige, was tiefer in unserem Unterbewußtsein verborgen ist und deckt somit den wahren Charakter von Frage und Antwort auf. Dieser "Durchblick" kann uns dabei helfen, eine bessere Selbsteinschätzung zu bekommen und besser entscheiden zu können.

Da Frage und Antwort von überflüssigem Beiwerk befreit sind, wird der Fragesteller mit "nackten Tatsachen" konfrontiert. Auf diese Weise ist es auch möglich, komplexe Situationen in einzelne, leichter zu behandelnde Teile zu zerlegen. Eine schwierige Frage kann jetzt schrittweise beantwortet werden, ohne daß der Fragesteller zwischendurch in allerlei Nebensächlichkeiten verwickelt wird, die das zugrundeliegende Bild trüben.

Darum kann das Pendel an einem individuellen "Kreuzweg" zuverlässigen Rat geben; zum Beispiel, indem es die Möglichkeiten und Talente eines Menschen aufzeigt, oder tiefliegende Beweggründe und Wünsche sichtbar macht.

Auch in anderen wichtigen Momenten unseres Lebens kann das Pendel eine wichtige Rolle spielen. Zum Beispiel beim Feststellen von (unerklärlichen Ursachen von) Krankheiten, sowie bei der Wahl von alternativen Heilverfahren oder alternativen Medikamenten. Vor allem im Falle lästiger Leiden, die nicht ohne weiteres zu beheben sind, kann das Pendel einen guten Dienst erweisen. Auch in diesem Fall können zugrundeliegende Faktoren Schritt für Schritt analysiert werden. Der Fragesteller wird mit den wirklichen Ursachen und eventuellen verborgenen Motiven konfrontiert, die der Grund dafür sind, daß er eine Situation nicht ändert (ändern will).

Im Laufe der Jahre hat das Pendel definitiv einen wichtigen Stellenwert als verläßlicher Ratgeber bei der Suche nach (alternativen) Lösungen und der Förderung der persönlichen spirituellen Entwicklung eingenommen. Das Pendel ist eine Instrument, mit dem wir nicht nur uns selbst, sondern auch anderen dabei helfen können, diesen Prozeß zu vereinfachen und zu beschleunigen.

Wir beschäftigen uns in diesem Buch vor allem mit der Tatsache, daß das Pendel funktioniert – wie die exakte wissenschaftliche Erklärung lautet, überlassen wir ruhigen Gewissens anderen.

Das Pendel kennenlernen

Bevor wir uns mit der Arbeit mit dem Pendel beschäftigen, wollen wir erst mehr über das Pendel selbst erfahren. Was ist ein Pendel, aus welchen Materialien kann ein Pendel hergestellt werden, wie können wir diese verschiedenen Materialien anwenden und wie groß oder klein darf ein Pendel sein? Diese Information hat man nötig, um das Pendel gründlich kennenzulernen und zu erlernen, es in verschiedenen Situationen oder bei unterschiedlichen Fragen anzuwenden. Denn Pendel sind sehr verschieden.

Wie sieht ein Pendel aus?

Ein Pendel ist – vereinfacht ausgedrückt – ein (nicht zu großes) Gewicht, das an einem (nicht zu langen) Faden oder an einer Kette hängt. Der Pendler hält das Pendel zwischen Daumen und Zeigefinger, so daß sich das Pendel ungehindert bewegen kann (schwingen oder ausschlagen), über ein Objekt, das ausgependelt werden soll.

Wenn wir jetzt an die wichtigste Eigenschaft eines Gewichts an einem Faden oder an einer Kette denken – in die Richtung der stärksten Anziehungskraft zu schwingen – sollten wir uns klarmachen, daß diverse Faktoren die Beweglichkeit (und die Wirkung) des Pendels beeinflussen können. (In diesem Moment konzentrieren wir uns auf das Pendel und nicht auf die Faktoren der Umgebung).

Diese Faktoren können auf verschiedene Art und Weise Einfluß ausüben. Zum Beispiel:

- *Material des Pendels:*
  - spezifisches Gewicht
  - Form und Größe
  - Leitfähigkeit oder Beeinflussung

- *Faden oder Kette am Pendel:*
  - Material und Zusammensetzung
  - Form und Länge

Das Material des Pendels

Spezifisches Gewicht

Das Material, aus dem das Pendel angefertigt ist, beeinflußt die Pendelbewegung aus verschiedenen Gründen. Jedes Material hat zum Beispiel ein eigenes spezifisches Gewicht: Je schwerer das Material, desto langsamer die Schwingung des Pendels. Die Beweglichkeit ist ja vom "Einfluß", den die Schwerkraft auf das Material ausübt, abhängig.

Form

Bei der Wahl des Pendels ist man nicht an eine einzige Form gebunden; sie kann von einer Kugel bis zu einer schmalen Zylinderform variieren, jedoch auch eine Kombination verschiedener Formen sein. Bei der Wahl der für Sie geeigneten Form des Pendels können Sie sich von der Form leiten lassen ("Spricht mich die Form des Pendels an oder nicht?") oder von der Brauchbarkeit der Form. Es ist wichtig, daß das Pendel eine deutliche Spitze hat, mit der die gefragte Information – die "Antwort" – angewiesen werden kann. Eine deutliche Spitze an der Unterseite eines (kugel- oder kegelförmigen) Pendels ist beispielsweise denkbar, oder auch ein (schmales) zylinderförmiges Pendel mit Spitze.

Die Form des Pendels ist also wichtig, denn je deutlicher die Spitze ist, desto exakter kann die Information abgelesen werden.

Die Wahl des Materials des Pendels beeinflußt auch die Form: (Edel-) Metallpendel können in fast jede gewünschte oder geeignete Form gegossen werden; wie kugel- oder zylinderförmige Pendel mit einer deutlichen Spitze, längliche oder zylinderförmige Pendel, deren eine Seite als Spitze dienen kann, oder ein zerlegbares Pendel, dessen Form und Größe variiert werden kann (größer/kleiner), oder das man zum Beispiel mit Edelsteinstaub, ätherischem Öl oder bestimmten Kräutern (Kräuteressenzen) füllen kann.

Pendel aus (Edel-) Stein können aufgrund ihrer Form (z.B. Facettenschliff oder Origalform des Steins oder Kristalls) spezielle Anwendung finden.

Größe

Auch die Größe des Pendels wird durch die Wahl des Materials beeinflußt. Man kann in etwa sagen: Je schwerer das Material ist, desto kleiner ist das Pendel – je leichter das Material ist (zum Beispiel Holz), desto mehr sollte die Form berücksichtigt werden.

Leitfähigkeit oder Beeinflussung
Auch die Leitfähigkeit des Materials ist wichtig. Quarz hat zum Beispiel eine andere Leitfähigkeit als Messing. Je besser das Material leitet, desto deutlicher ist die vom Benutzer des Pendels abzulesende Information. Es ist an dieser Stelle jedoch erwähnenswert, daß diese "Leitfähigkeit" eine sehr persönliche Erfahrung ist. Manche Pendler arbeiten zum Beispiel lieber mit Kristallen oder (Edel-) Steinen, andere lieber mit (Edel-) Metallen oder Legierungen verschiedener Metalle.

Wenn man mehrere Pendel aus verschiedenem Material ausprobiert, merkt man sehr schnell, welches Material am besten zu einem paßt.

Es gibt jedoch einige Bereiche, in denen das Material des Pendels die Pendelbewegung beeinflussen kann. Ein Beispiel ist das Auspendeln von Lebensmitteln, (Edel-) Steinen, Mineralien, das Lokalisieren möglicher Ursachen von Krankheiten usw. Kurzum, alle Gegenstände oder Angelegenheiten deren Ursprung, Hintergrund oder Zusammensetzung "natürlich" ist. Die folgenden Beispiele verdeutlichen dieses Phänomen.

1. Beispiel
"Paßt dieses Stück Rosenquarz zum Sternbild Stier? (Antwort: "Ja" oder "Nein")

Ein Pendel aus Bergkristall (natürliches Material) könnte beim Auspendeln einer bestimmten (Edel-) Steinart eine unerwartete, relativ ungenaue oder sogar keine Antwort auf die gestellte Frage geben. In diesem Fall ist eine eindeutig negative Antwort nicht ausgeschlossen, obwohl Rosenquarz ein Stein ist, der dem Sternbild Stier speziell zugeordnet ist!

Warum gibt das Pendel in diesem Fall eine falsche Antwort? Man sollte berücksichtigen, daß ein Pendel aus natürlichem Material eigene, spezielle Eigenschaften hat. Bergkristall ist beispielsweise durchsichtig, fast farblos und beinahe kühl (Kristall leitet sich vom griechischen Krystallos her, was Eis bedeutet). Bergkristall wirkt reinigend und kühlend und ist gewissermaßen "einzigartig" als Überbringer des "göttlichen Lichts". Dem Stein ist das Sternbild Steinbock zugeordnet.

Darum ist es auch kein Wunder, daß ein Pendel aus Bergkristall mit einem Stück Rosenquarz nichts anzufangen weiß! Die Eigenschaften von Rosenquarz sind denen des Bergkristalls diametral entgegengesetzt. Rosenquarz ist warm hellrosa gefärbt, er wirkt beruhigend, liebevoll und harmonisierend; Rosenquarz ist gewissermaßen ein "sozialer" Stein; er ist den Sternzeichen Stier und Waage zugeordnet.

Dieses Beispiel zeigt deutlich, daß die Eigenschaften bestimmter Materialien einander beeinflussen können, wodurch bei bestimmten Fragen "falsche" Antworten gegeben werden können.

In einer solchen Situation ist es besser, ein Pendel zu verwenden, das aus völlig andersartigem Material als der auszupendelende Gegenstand besteht, wodurch die natürlichen Eigenschaften des Pendels katalysiert werden.

In diesem Fall ist ein vernickeltes Pendel oder ein Pendel aus Messing bestens geeignet.

2. Beispiel

"Kann ich ein hölzernes Pendel zum Lokalisieren möglicher Ursachen von Krankheiten verwenden?" (Antwort: "Ja" oder "Nein")

Im Prinzip sollte dies problemlos verlaufen. Man kann aus vielen Holzarten wählen, ein hölzernes Pendel kann jedoch – obwohl Holz im allgemeinen "neutral" ist – aufgrund seiner erdenden Eigenschaften Strahlung schlechter weiterleiten als ein Pendel aus Messing, das ein guter Leiter ist. Auch hier gilt, daß ein Pendel aus Messing wahrscheinlich zu einem genaueren Ergebnis führt.

Wichtig ist auch, daß diverse Holzarten eine heilende Wirkung haben, wie zum Beispiel Sandel- und Zedernholz; diese Holzarten sind aufgrund ihrer speziellen heilenden Eigenschaften hervorragend als Amulett geeignet; man sollte jedoch erst auspendeln (zum Beispiel mit einem Pendel aus Messing oder Kupfer), wogegen dieses Amulett einen schützen soll!

3. Beispiel

"Kann ich mit einem Pendel aus reinem Kupfer geeignetes Gemüse für eine bestimmte Diät auspendeln?" (Antwort: "Ja" oder "Nein")

Es ist allgemein bekannt, daß das Metall Kupfer ein ausgezeichneter Leiter ist und jede Energieform hervorragend weitergeben kann. Kupfer wirkt zwar reinigend, ist in seiner natürlichen Form jedoch sehr giftig! Kupfer reagiert sehr stark auf allerlei natürliche Energien und oxidiert schnell. Das kann man mit einem einfachen Experiment testen: Man lege ein dünnes Stück roten Kupfers (zum Beispiel einen Pfennig) in frischen Tomatensaft und warte einige Zeit... Das Ergebnis dieses Experiments ist überraschend! Das Kupfer glänzt erst wunderschön, wird sich jedoch schließlich, auch dauert es ziemlich lange, auflösen.

In diesem Fall ist ein Pendel aus Kupfer abzuraten, da die starken Reaktionen dieses Metalls sehr spezifische Eigenschaften sind, die einer objektiven Antwort auf Gesundheitsfragen im Wege stehen.

Der Faden oder die Kette am Pendel

Ein unentbehrliches Zubehör ist natürlich der Faden oder die Kette, an dem oder der das Pendel hängt. Es kann ein Faden aus einem natürlichem Material sein, wie zum Beispiel Seide, Flachs oder anderes – vorzugsweise feingesponnenes – Material oder eine silberne Kette, die vorzugsweise aus runden Kettengliedern angefertigt ist, damit die Energie so gleichmäßig wie möglich weitergeleitet wird. Auch für den Faden oder die Kette gibt es keine festen Regeln; manche Menschen bevorzugen natürliches Material, anderen ist es egal.

Die Länge des Fadens oder der Kette am Pendel sollte so reguliert werden, daß sich das Pendel ungehindert bewegen kann, der Faden oder die Kette sollte jedoch nicht zu lang sein, da der gefühlsmäßige Kontakt zum Pendel sonst verloren geht. Wenn der Faden nämlich nicht gut festgehalten wird, wird das Weiterleiten der Information erschwert, darum sollten das Pendel und die Länge des Fadens gut aufeinander abgestimmt sein. Nachdem man mit verschiedenen Pendeln und verschiedenen Fadenlängen experimentiert hat – mit Material, Form und Größe – wird man bemerken, daß zu jedem Material, zu jeder Größe oder zu jeder Form des Pendels ein Faden oder eine Kette paßt, der oder die "genau richtig" ist.

Einige Richtlinien zur Wahl des Pendels

Im Prinzip kann ein Pendel aus jedem Material angefertigt werden, bei der endgültigen Wahl sollte man jedoch berücksichtigen, zu welchem Zweck man das Pendel einsetzen will.

Wenn das Pendel verwendet werden soll, um physische Probleme, die Ernährungsweise oder (Edel-) Steinarten usw. auszupendeln, sollte man ein (nicht zu schweres) Pendel aus Messing verwenden.

Wenn theoretischere Fragen ausgependelt werden sollen, kann man jede Art von Pendel verwenden. Man sollte jedoch darauf achten, daß ein Pendel aus Edelstein oder Metall zum eigenen Charakter passen sollte und eventuelle emotionelle Defizite ergänzt. Jemand mit einem schwermütigen Charakter kann zum Beispiel völlig aus der Fassung geraten, wenn er mit einem Pendel aus dunklem Obsidian oder Stahl arbeitet. zu einer solchen Person paßt Bergkristall, Aquamarin oder Silber!

Kurzum, die Brauchbarkeit des Pendels muß sich in der Praxis zeigen! Man sollte nicht davor zurückscheuen, mehrere Pendel auszuprobieren. Das Pendel, das was Form und Material anbelangt am besten zu einem paßt, wird auch am effektivsten sein. Man kann zum Beispiel in verschiedenen Situationen oder bei verschiedenen Fragen auch mit mehreren Pendeln arbeiten.

Wenn man das richtige Pendel schließlich gefunden hat, ist es dank seiner Zusammensetzung, seines Gewichts, seiner Form und Beweglichkeit ein sehr empfindliches Meßinstrument zum Auffangen von Energie oder Strahlungen. Das Pendel kann dann auch als Hilfsmittel zur Erweiterung unserer Möglichkeiten, zur Ergänzung unserer Kenntnis und als zuverlässiger Ratgeber, der uns hilft, uns und unsere Mitmenschen besser zu verstehen, eingesetzt werden.

Die Pendelbewegung

Die wichtigste Eigenschaft eines Gewichts an einem Faden oder an einer Kette ist, wie schon eher erwähnt, daß es sich auf eine Stelle zubewegt, an der die Anziehungskraft der Erde am größten ist. Energie setzt das Pendel in Bewegung, wenn diese Energie wegfällt, kommt das Pendel nach einiger Zeit wieder zum Stillstand. Wie gesagt besitzt jede Lebensform seine individuelle Energie (-schwingung), da sie von einer eigenen "Aura" kosmischer Strahlung umgeben ist. Mit sehr empfindlichen Instrumenten, wie dem Pendel, kann man diese Strahlung auffangen, wodurch es zu schwingen beginnt.

Das Pendel schwingt nicht willkürlich, es gibt viele gesetzmäßige Pendelfiguren. Zum Beispiel von links nach rechts *(waagerechte Schwingungen),* von oben nach unten *(senkrechte Schwingungen)* oder kreisförmige Bewegungen, die sowohl links- als rechtsrotierend sein können.

Welche Bedeutung diese Schwingung (Pendelausschlag) hat und wie wir sie interpretieren müssen, wird im nächsten Kapitel behandelt (siehe Abschnitt: *Das Feststellen des individuellen Codes*).

Vorbereitung auf die Arbeit mit dem Pendel

Kann jeder pendeln?

Ja, im Prinzip kann jeder pendeln, eine "Ausbildung" als Pendler ist nicht nötig; etwas *Übung* und *Erfahrung* ist jedoch wünschenswert, damit die Information, die das Pendel liefert, sorgfältig interpretiert werden kann. Die Materie, mit der der Pendler arbeitet, ist ja sehr subtil und das Pendel ist ein sehr empfindliches Meßinstrument.

Übung und Erfahrung bekommt man, wenn man oft mit dem Pendel arbeitet. Unter anderem, indem man sich erst mit einem Pendel oder mehreren Pendeln vertraut macht und anschließend seinen individuellen Pendelcode feststellt, um schließlich ein Gespür für die verschiedenen Materialien und ihre unterschiedlichen Strahlungen zu bekommen.

Gezielte Übungen stehen in den Abschnitten *Wie sieht ein Pendel aus?, Das Feststellen des individuellen Codes* und *In Kontakt treten.* Lassen Sie diese Übungen *auf keinen Fall* aus. Wenn man richtig und regelmäßig übt und die Pendelschwingungen sorgfältig miteinander vergleicht, bekommt man von selbst genügend Erfahrung.

Persönliche Vorbereitung

Was gehört zur Vorbereitung? An erster Stelle ist es sehr wichtig, daß man sich auf die Arbeit mit dem Pendel einstellt. Dies gilt nicht nur für praktische Aspekte, sondern auch für die Umgebung, für die Materie, mit der man arbeiten will, für die Störfaktoren usw. Kurzum, alles was wichtig sein könnte, spielt bei der persönlichen Vorbereitung eine Rolle. Darum sollte man eine optimale Arbeitssituation schaffen. Falls einen die Umgebung leicht ablenkt, könnte es zum Beispiel sehr sinnvoll sein, ein spezielles Zimmer für die Arbeit mit dem Pendel einzurichten (siehe Abschnitt: *Das Einrichten eines Pendelzimmers*).

Im Rahmen dieser Vorbereitungen muß man sich geistig auf das Pendel einstellen, man muß lernen mit dem Pendel umzugehen, man muß seinen individuellen Pendelcode feststellen und zu den Materialien und Personen Kontakt bekommen, mit denen man arbeitet. Auf diese einzelnen Themen gehen wir noch näher ein.

Eine gute Vorbereitung bedeutet, daß das Resultat des Pendelns nicht unnötig ungünstig beeinflußt wird. Je mehr psychische und physische Störfaktoren ausgeschlossen werden, desto verläßlicher ist das Resultat.

Bin ich dazu bereit, offen und ehrlich zu sein?

Eine der wichtigsten Vorbereitungen besteht daraus, sich *selbst* auf die Arbeit mit dem Pendel vorzubereiten, so daß man sich ausschließlich auf das Pendel zu konzentrieren braucht und nicht von allerlei nebensächlichen Gedanken oder Umständen abgelenkt wird. Diese Vorbereitung bedeutet, daß man sich *geistig* einstellt auf dasjenige, was geschehen kann und sich selbst die Frage stellt: “Bin ich dazu bereit, gegenüber der Information, die ich empfangen kann, ehrlich zu sein? Bin ich in der Lage, hinsichtlich dessen, was geschehen kann, neutral zu bleiben?”

Die folgenden Richtlinien helfen Ihnen bei der geistigen Vorbereitung:

- Treten Sie mit Ihrem Unterbewußtsein in Kontakt, indem Sie sich auf Ihr eigenes “Ich” konzentrieren. Schließen Sie die Augen und atmen Sie etwa eine Minute lang ruhig ein und aus. Wenn Ihre Atmung nach dieser Zeitspanne noch ruhig ist, verharren Sie noch eine Minute in dieser Haltung. Der Kontakt ist hergestellt, wenn Sie Wärme durch Ihren Körper fließen fühlen.

- Schalten Sie Ihren Geist in den “Leerlauf”, befreien Sie sich von allen Gedanken, die mit der Arbeit mit dem Pendel nichts zu tun haben; auf diese Weise sind Sie empfänglicher.

- Öffnen Sie sich: Sowohl für diverse mögliche Fragen, als auch für die sehr unterschiedliche und manchmal sehr überraschende Information, die Sie durch das Pendel erhalten.

- Stehen Sie dem möglichen Ergebnis neutral gegenüber, versuchen Sie jedoch, nicht verkrampft zu sein. Sie sind sich völlig von der Idee bewußt, daß Sie “nur” eine Zwischenperson zwischen den Strahlungen und Energien um uns und dem Pendel in Ihrer Hand sind.

- Seien Sie dazu bereit, so neutral und empfänglich zu sein, daß Sie in der Lage sind, sich auf jede kosmische oder menschliche "Wellenlänge" einzustellen. Außer mit Ihrem Unterbewußtsein müssen Sie auch mit den Materialien oder Personen in Kontakt kommen, mit denen Sie arbeiten wollen. Das erfordert zwar einige Übung, ist jedoch eine Voraussetzung! (Siehe Abschnitt: In Kontakt treten).

- Seien Sie völlig ehrlich, lassen Sie sich nicht von allerlei zwingenden eigenen Beweggründen oder denen anderer ablenken, um unbedingt ein Resultat zu erzielen. Es kann sogar geschehen, daß das Pendel keine oder unzureichend Antwort gibt, wenn der Moment oder die Umstände (noch) nicht reif dazu sind!

- Geben Sie nicht zu schnell auf, da diverse Störfaktoren eine Rolle spielen können, diese müssen Sie zuerst suchen, damit Sie sie ausschließen können. Zum Beispiel: Die Haltung, in der Sie arbeiten, ist nicht korrekt, oder Sie werden zu viel von Gegenständen oder Einflüssen in Ihrer unmittelbaren Umgebung abgelenkt, vielleicht haben Sie die Frage nicht korrekt gestellt usw. Schließen Sie diese Störfaktoren so viel wie möglich aus und versuchen Sie es noch einmal.

Wie muß ich das Pendel festhalten

Das Pendel muß so festgehalten werden, daß es sich ungehindert bewegen kann und der Faden muß so lang sein, daß es ausschlagen kann. Vor allem zu Anfang ist es relativ schwierig, das Pendel richtig zu hantieren, ohne die Bewegungen des Pendels – physisch – zu beeinflussen. Dies kann geschehen, wenn das Pendel falsch festgehalten wird, so daß es sich nicht ungehindert bewegen kann, oder weil Sie noch nicht die richtige Haltung gefunden haben, wodurch das Pendel einen "Stoß" bekommt oder in seiner Bewegungsfreiheit gehindert wird. Um sicher davon zu sein, daß Sie das Pendel richtig festhalten, finden Sie weiter unten einige Beispiele einer korrekten Pendelhaltung.

1. Haltung

- Verwenden Sie ein Pendel, dessen Faden oder Kette so lang ist, daß die Länge reguliert werden kann.
- Wickeln Sie das Ende des Fadens oder der Kette um Ihren kleinen Finger, so daß der Faden nicht lose herunterhängt (wodurch Sie abgelenkt werden).

- Halten Sie den Faden oder die Kette gut, jedoch entspannt, zwischen Daumen und Zeigefinger fest und lassen Sie das Pendel "locker" hängen.
- Richten Sie Ihre Handfläche jetzt nach oben und lassen Sie den Faden, an dem das Pendel hängt, locker in den Spalt zwischen Daumen und Zeigefinger gleiten.
- Versuchen Sie nicht, Ihren Arm auf den Tisch aufzustützen (gerade am Anfang ist dies ziemlich schwierig), da Sie dem Pendel sonst zu wenig "Freiheit" lassen.
- Drücken Sie Ihren Ellbogen leicht gegen Ihren Körper an, so daß Ihr Unterarm ruhen kann: Auf diese Weise ist Ihre Haltung entspannt und aufnahmebereit.

2. Haltung

- Folgen Sie die ersten drei Schritte der 1. Haltung, Ihre Handfläche zeigt jedoch nach unten.
- Versuchen Sie, die ganze Hand zu entspannen, Sie müssen jedoch genügend Kraft haben, um das Pendel gut festhalten zu können.
- Wenn Sie noch nicht viel Erfahrung haben, dürfen Sie Ihren Arm leicht auf den Tisch stützen, das Handgelenk jedoch nicht abknicken.
- Ihr Daumen und Unterarm bilden eine gerade Linie: Auf diese Weise ist Ihre Haltung entspannt und aufnahmebereit.

3. Haltung

Es gibt noch eine weitere Handhaltung, die jedoch ziemlich selten angewendet wird. Das Pendel wird von einem Finger gehalten:

- Verwenden Sie ein Pendel, dessen Faden oder Kette so lang ist, daß die Länge reguliert werden kann.
- Machen Sie eine entspannte Faust und strecken Sie Ihren Zeigefinger nach vorne, als ob Sie auf etwas zeigen wollen.
- Wickeln Sie den Faden ein- oder zweimal um Ihren Zeigefinger und lassen Sie das Pendel – die Länge des Fadens oder der Kette muß ausreichend sein – locker hängen.
- Wickeln Sie das Ende des Fadens oder der Kette um Ihren kleinen Finger, beachten Sie, daß Sie genügend "Spiel" haben, damit das Pendel nicht beeinträchtigt wird.
- Richten Sie Ihre Handfläche jetzt nach oben, so daß Sie Ihre Fingerglieder sehen können, Ihren Ellbogen drücken Sie leicht gegen Ihren Körper an.

- Oder: Richten Sie Ihre Handfläche nach unten (Sie sehen Ihre Fingerknöchel) und stützen Sie Ihren Ellbogen leicht auf den Tisch; Zeigefinger und Unterarm bilden eine gerade Linie, das Handgelenk darf nicht abgeknickt werden.

Mit welcher Hand sollte ich pendeln?

Hierüber ist man geteilter Meinung: Manche Menschen behaupten, daß man am besten mit der Hand, mit der man schreibt, pendeln kann, andere behaupten, daß man die andere Hand nehmen sollte. Die Hand, mit der man schreibt, symbolisiert angeblich das rationale Denken, die andere Hand hingegen spiegelt das Gefühlsmäßige, Intuitive und Unbewußte eines Menschen wider. Wieder andere behaupten genau das Gegenteil: Die Hand, mit der man schreibt, spiegelt vermeintlich das Gefühlsmäßige, Intuitive und Unbewußte wider.

In der Praxis stellt es sich meistens von selbst heraus, mit welcher Hand man am besten pendeln kann. Durch Übung und Erfahrung wird der Pendler im Laufe der Zeit selbst am besten "spüren", welche Hand am besten "leitet". Es ist sogar möglich, daß sich dies nach einiger Zeit wieder verändert; es gibt keine unumstößlichen Regeln.

Wenn Sie nach den vorangegangenen Übungen und Erklärungen in der Lage sind, das Pendel korrekt festzuhalten, ohne daß die Haltung eine gewisse Verkrampfung oder Ermüdung zur Folge hat, und Sie können spüren, welche Hand Ihre "Pendelhand" ist, ist der Moment angebrochen, den *individuellen Code* zu ermitteln.

Es ist einfach, diesen "Code" mit den untenstehenden Übungen festzustellen. Auch wenn Sie viel Erfahrung haben, ist es zweckmäßig, diesen Code hin und wieder zu kontrollieren, um Unsicherheiten hinsichtlich des Ergebnisses so viel wie möglich einzuschränken.

Das Feststellen des individuellen Codes

Der individuelle Code der Pendelschwingung heißt so, weil er für jedes Individuum anders ist. Das bedeutet, daß jeder, der mit dem Pendel arbeiten will, erst selber seinen eigenen, nur für ihn gültigen Pendelcode feststellen muß, bevor er unfehlbar pendeln kann.

Der individuelle Code steht in Zusammenhang mit den verschiedenen – festen – Pendelfiguren, die das Pendel beschreibt. Mit Hilfe einiger Übungen können Sie schnell feststellen, welche Schemen bei Ihnen am meisten auftreten, was sie bedeuten und wie Sie diese Schemen *bewerten* müssen; letztgenanntes ist Ihr individueller Pendelcode.

Wenn Sie Ihren Pendelcode feststellen wollen, ist es wichtig, daß Sie erst mit Ihrem Unterbewußtsein in Kontakt treten; Arbeiten mit dem Pendel ist ja im Grunde nichts anderes als das Sichtbarmachen von Information mit Hilfe unseres (allgemeinen) Unterbewußtseins.

Wie gehen Sie vor?

Nehmen Sie ein großes Blatt Papier oder dünne Pappe, am liebsten ein weißes, und legen Sie es auf einen flachen Untergrund, zum Beispiel auf einen Tisch. Nehmen Sie das Pendel (in der richtigen Pendelhaltung) in die Hand und halten Sie es völlig still über einen bestimmten Punkt auf dem Papier. Entspannen Sie sich und befreien Sie Ihren Geist von überflüssigen Gedanken, Ihre Augen sind auf das Pendel gerichtet. Nach einiger Zeit können Sie das Pendel "spüren": Das Pendel scheint schwerer zu werden und in eine bestimmte Richtung zu schwingen. Jetzt haben Sie Kontakt mit Ihrem Pendel.

Da bei der Arbeit mit dem Pendel stets von einer Frage ausgegangen wird, muß herausgefunden werden, welche Bewegung ein *positives* Ergebnis bedeutet ("Ja") und welche ein *negatives* Ergebnis ("Nein").

Konzentrieren Sie sich auf die Bewegung, die Ihr Pendel machen soll, in diesem Beispiel lautet die Antwort "Ja". Stellen Sie dem Pendel jetzt eine Frage, deren Antwort Sie *sicher wissen* – in diesem Fall "Ja" – und beobachten Sie, welche Bewegung das Pendel macht.

Beobachten Sie, welche Bewegung am *meisten* vorkommt oder am *deutlichsten* ist. Wenn das nicht sofort gelingt, oder wenn die Pendelbewegung nicht eindeutig ist, wiederholen Sie diese Übung nach einer kurzen Pause. Achten Sie auch darauf, ob Störfaktoren eine Rolle spielen. Wenn Sie abgelenkt werden oder sich nicht konzentrieren können, beseitigen Sie diese Störungen und wiederholen Sie die Übung.

Wenn es Ihnen nach einigen Versuchen gelungen ist, eine deutliche Bewegung zu erzielen, zeichnen Sie diese Bewegung (mit Bleistift) auf dem Blatt Papier oder Pappe nach. Es muß nicht unbedingt eine einzige Linie sein: Lassen Sie Ihre Hand ruhig mehrmals der Bewegung folgen und betrachten Sie das Resultat eingehend. Messen Sie dieser Bewegung einen Wert bei, in diesem Fall "Ja", und schreiben Sie dies mit großen Buchstaben auf das Papier oder auf die Pappe. Sie wissen jetzt sicher, welche Bewegung "Ja" bedeutet.

Versuchen Sie nach dieser Übung das Pendel eine entgegengesetzte Bewegung machen zu lassen (in diesem Fall mit der Bedeutung "Nein"), indem Sie eine Frage stellen, worauf die Antwort hundertprozentig "Nein" lautet. Beobachten Sie die Pendelbewegungen, zeichnen Sie diese auf das Papier und schreiben Sie die Bedeutung hinzu.

Schlug das Pendels bei dieser Übung vor allem in waagerechte und senkrechte Richtung aus, können Sie die Bedeutung des *kreisförmigen* Ausschlags des Pendels (völlig) anders interpretieren, zum Beispiel "vielleicht" oder "die Frage ist undeutlich" oder "diese Frage kann oder darf (noch) nicht beantwortet werden". Zeichnen Sie diese Bewegungen ebenfalls auf das Papier und schreiben Sie die Bedeutung hinzu.

Wenn Sie die obenstehende Übungen so oft gemacht haben, daß über die Schwingungsrichtung keine Zweifel mehr bestehen, können Sie die Übungen auch mit *geschlossenen Augen* machen; erst dann können Sie völlig sicher sein, daß Sie das "Spüren" der Pendelbewegungen wirklich beherrschen. Beginnen Sie auch jetzt damit, daß Sie sich entspannen und Ihren Geist in den Leerlauf schalten. Lassen Sie das Pendel völlig still hängen, bevor Sie sich auf die Bewegungen konzentrieren, die das Pendel machen soll. Wenn Sie sicher "wissen", daß sich das Pendel bewegt, öffnen Sie die Augen, um die Bewegung auf dem Papier nachzuzeichnen; schreiben sie wiederum auf, ob die Bedeutung mit der Bewegung übereinstimmt, die Sie (mit geschlossenen Augen) wahrgenommen haben.

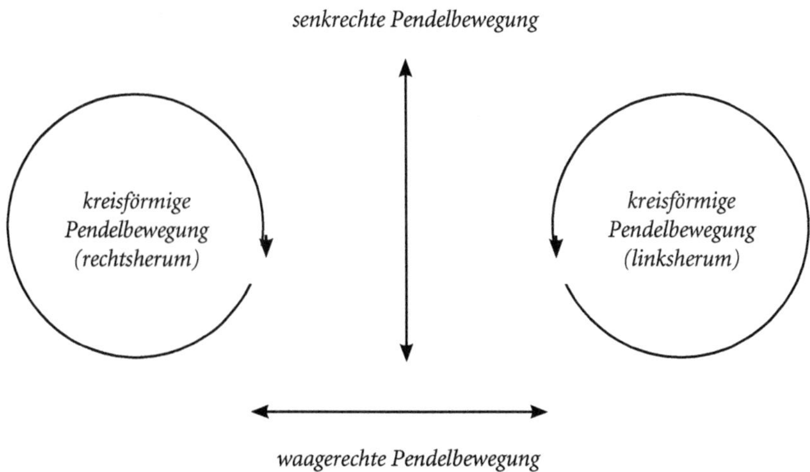

Die Bewegungen des Pendels können jedoch auch vom "Pendelobjekt", von der Arbeitsweise oder der (mangelnden) Erfahrung des Pendlers beeinflußt werden. Machen Sie diese Übungen darum mit verschiedenen Pendeln (unterschiedliche Größe, Form, Material, Gewicht usw.) und stellen Sie fest, wie die Bewegungen des Pendels hierdurch beeinflußt werden.

Legen Sie eine Sammlung der Zeichnungen an, so daß Ihnen alle Bewegungen des Pendels geläufig werden und Mißverständnisse ausgeschlossen sind.

Üben und experimentieren Sie hiermit eine Zeitlang, bevor Sie wirklich mit dem Pendel arbeiten. Es ist nicht wichtig, ob das Pendel große oder kleine Bewegungen macht, wir konzentrieren uns ausschließlich auf die *Schwingungsrichtung.*

In Kontakt treten

"Kontakt" ist ein wesentlicher Bestandteil der Arbeit mit dem Pendel. Im vorigen Abschnitt haben wir gelesen, daß wir Kontakt mit dem Pendel und unserem Unterbewußtsein haben müssen, bevor wir unseren individuellen Code feststellen, für ein verläßliches Pendelresultat ist es jedoch wichtig, daß wir auch mit dem "Pendelobjekt" in Kontakt treten.

Es ist relativ einfach, mit dem Pendel in Kontakt zu treten. Wenn Sie sich auf das stillhängende Pendel konzentrieren, spüren Sie nach einiger Zeit, daß das Pendel scheinbar schwerer wird und in eine bestimmte Richtung zu schwingen scheint. Dieses Phänomen erlebt nicht jeder auf die gleiche Weise; manche erfahren es als Kitzeln oder Prickeln, andere fühlen nur "Schwere".

Beim Auspendeln eines bestimmten Objekts, von dem festgestellt werden soll, ob es zu jemandem paßt oder nicht, oder in dieser Situation geeignet ist oder nicht, ist es erforderlich, daß man Kontakt zu diesem Gegenstand hat. Wenn das Objekt vor Ihnen liegt, können Sie es in die Hand nehmen oder leicht berühren. Konzentrieren Sie sich auf dieses Objekt und schließen Sie, wenn nötig, die Augen. Lassen Sie die Aura kosmischer Strahlung auf sich einwirken und fühlen Sie die Energie, die der Gegenstand ausstrahlt.

Wenn sich diese Energie wie ein gleichmäßiger Rhythmus anfühlt, ist der Kontakt hergestellt und sollte die "Wellenlänge" des Objekts gut spürbar sein. Lassen Sie sich ruhig Zeit, um diesen Kontakt herzustellen.

Das Objekt kann natürlich auch ein Mensch oder ein anderes Lebewesen sein (Haustier, Pflanze usw.). Vor allem bei der Suche nach Ursachen von Beschwerden oder Erkrankungen ist es wichtig, daß man einen guten Kontakt zum Pendelobjekt hat! Treten Sie in Kontakt, indem Sie das Objekt betrachten, berühren (bei

Personen erst um Zustimmung fragen!) und die Strahlung auf sich einwirken lassen. Sie können Ihre Augen ruhig schließen, es ist jedoch nicht unbedingt nötig. Es geht vor allem um die Konzentration und die Absicht, warum Sie diesen Kontakt bekommen wollen.

Wenn Sie spüren, daß der "kosmische" Kontakt optimal ist, legen Sie die "Wellenlänge" in Ihrem Gedächtnis fest. Sie können stets wieder darauf zurückgreifen, wenn Sie mehrere Fragen zu einer Person beantworten wollen. Beziehen Sie auch die persönliche Ausstrahlung dieser Person in diese "elementare Skizze" ein. Sollten Sie einen starken Kontrast zwischen diesen zwei "Skizzen" spüren, könnte es sinnvoll sein, mit aller Vorsicht etwas mehr darüber zu erfahren – zum Beispiel mit Hilfe des Pendels...

Falls uns das Pendelobjekt nicht zur Verfügung steht, müssen wir uns auf ein Bild (Foto, ausführliche Beschreibung) des Objekts konzentrieren oder auf einen Gegenstand, der das Objekt ersetzt, wie zum Beispiel ein Gegenstand, der der Person gehörte, dem sie besondere Aufmerksamkeit widmete oder der ihr viel wert war. Wenn dies nicht der Fall ist, ist die übriggebliebene Aura des Gegenstands zu schwach zum Auspendeln.

Vergessen Sie nicht, daß Sie sich, wenn Sie sich auf die verschiedenen Wellenlängen einstellen, stets aufs neue von einem neutralen, objektiven Zustand ausgehen müssen. Zwischen den verschiedenen Kontakten schalten Sie Ihren Geist in den Leerlauf, machen Sie, wenn nötig, eine kurze Pause. Sie können auch kurz Ihre Hände waschen oder frische Luft schnappen, damit Sie sich von der gesammelten Energie befreien.

Welche Fragen kann ich dem Pendel stellen?

Sie können dem Pendel vielerlei Fragen zu allen möglichen Themen stellen. Es ist jedoch wichtig, daß Sie einige Grundregeln berücksichtigen. Es ist vor allem von der Formulierung Ihrer Frage abhängig, ob sie beantwortet werden kann. Beachten Sie darum die folgenden Regeln:

Grundregeln

- Formulieren Sie Ihre Frage so deutlich wie möglich: Einfach, kurz und direkt, also *nicht:* "Könnte es vielleicht sein, daß mir diese Entscheidung nützt?", sondern: "Nützt mir diese Entscheidung?"
- Stellen Sie *nicht zwei Fragen in einem Satz,* etwa wie: "Ist es morgen sonnig oder bewölkt?"

- Stellen Sie die Frage stets *positiv*, zum Beispiel: "Ist dies (diese Entscheidung) gut? statt: "Ist diese Entscheidung schlecht?"
- Fragen Sie *nie* nach Ihnen *schon bekannten* Antworten, nur wenn Sie noch üben und Ihren individuellen Code feststellen wollen, darf eine Ausnahme gemacht werden.
- Fragen Sie *nie* aus *Neugier*, sondern nur aus aufrechtem Interesse.
- Fragen Sie *nie* nach Antworten, mit denen Sie andere (absichtlich oder versehentlich) *verletzen* oder *benachteiligen* könnten.
- Fragen Sie *nie* nach dem *Warum*, sondern stellen Sie die Frage so, daß die Antwort ("Ja" oder "Nein" oder eine Antwortmöglichkeit der Pendeltafel) Ihnen den Weg weist.
- Erfragen Sie *nie* das Ergebnis von *Wetten* oder *Glücksspielen.*
- Seien Sie sich davon bewußt, daß es *sehr schwierig* ist, für *sich selbst* zu pendeln, da es fast unmöglich ist, vom eigenen "Ich" genügend Abstand zu halten.

Achten Sie darum darauf, daß Sie Ihre Frage richtig stellen. Wenn Sie sich nicht an diese Grundregeln halten, bekommen Sie keine verläßliche Antwort auf Ihre Frage. Wenn zum Beispiel mehrere Faktoren eine Rolle spielen, ist Ihre Frage zu komplex, um auf einmal beantwortet zu werden oder wenn die Intention, die dahintersteckt, sich nicht dazu eignet, in korrekter Weise mit dem Pendel zu arbeiten.

Die folgenden Fragen oder Formulieren sollten darum vermieden werden:

Falsche Fragen oder Formulierungen

- Komplizierte, kombinierte Fragen wie: "Muß ich meine Jacke oder meinen Regenschirm mitnehmen, falls es später regnen sollte?"
- Fragen, die aus einer negativen Emotion oder Intention heraus gestellt werden, wie Eifersucht, Wut usw.
- Fragen, die auf unfreiwilliges "Abluchsen" von Information hinauslaufen (aus Neugier).
- Undeutliche Fragen oder Fragen, die mehrere Interpretationen zulassen.
- Fragen, deren Antworten schon vorher bekannt sind.
- Fragen, die andere verletzen oder anderen Schaden zufügen können, zum Beispiel: "Hat die nette Frau X die Anlage, die schreckliche Krankheit Y zu bekommen?"

Es gibt keine festen Regeln, zu welchem Thema das Pendel befragt werden darf; es hängt davon ab, wie Sie selbst die Frage formulieren und mit welcher Intention

Sie sie stellen. Sie können zum Beispiel sehr gut Fragen zu persönlichen (charakterlichen) Angelegenheiten stellen, (bisher unbekannte) Ursachen einer lästigen Erkrankung ergründen oder ganz einfach die richtige Wahl aus verschiedenen Möglichkeiten treffen.

Die nachfolgenden Bereiche bieten genügend Möglichkeiten zum Pendeln:

Geeignete Bereiche und Themen, mit denen gearbeitet werden kann

- Ursachen von Leiden oder Krankheiten
- Blockaden von Chakren oder Meridianen
- Personen und Beziehungen zu anderen, Talente, Eigenschaften usw.
- Pflanzen, Mineralien usw., z.B.: Paßt diese Person/dieser Edelstein/diese Pflanze oder dieses alternative Heilverfahren usw. zu mir?
- Richtige Ernährung oder richtige Ernährungsweise
- Berufsorientierung (was sind meine Ambitionen oder Talente?)
- Anwendung und Dosierung alternativer Heilmittel (hierzu sollten Sie grundsätzlich Ihren Arzt oder Heilpraktiker befragen)
- Selbsterkenntnis (soziales Verhalten, Talente usw.)
- Beziehungen zu anderen (Privatbereich oder beruflich)
- Zusammenhänge mit anderen esoterischen Bereichen (wie Astrologie und Tarot)
- Umgebung (was beeinflußt mich gut/schlecht?)

Es gibt natürlich auch Bereiche, die sich nicht oder kaum für die Arbeit mit dem Pendel eignen. Dies sind vor allem Bereiche, denen eine (esoterische) Theorie zu Grunde liegt, die sich zum Beispiel auf eine Berechnung, auf ein traditionelles System, eine bestimmte (esoterische) Technik oder eine traditionelle Lehre gründet. Beispiele hierfür sind:

- Astrologie
- Tarot
- I Ging
- Ayurveda
- Reiki
- Auralesen usw.

Dennoch enthält dieses Buch einige Pendeltafeln zu mehreren Bereichen, die zum Pendeln normalerweise weniger geeignet sind. Sie wurden einbezogen, um zu zeigen, daß der Ansatzpunkt der Eignung eines Themas oder Bereichs entscheidend sein kann.

Wenn zum Beispiel nähere Angaben für astrologische Berechnungen fehlen, ist es sehr gut möglich, bestimmte Informationen mit Hilfe des Pendels zu ergänzen.

Oder wenn zum Beispiel eine kombinierte Arbeitsweise auf der Grundlage von Intuition oder "unbewußter Präferenz" vorliegt; ein Beispiel hierfür ist das Ziehen einer Tarotkarte zum Kartenlegen. In diesem Buch sind darum auch einige Pendeltafeln zu diesen Themen enthalten.

Störfaktoren bei der Arbeit mit dem Pendel

Eine andere sehr wichtige, eigentlich unentbehrliche Art der Vorbereitung auf die Arbeit mit dem Pendel ist das Berücksichtigen der *Umstände*, in denen das Pendel funktionieren muß. Beispielsweise sollten Störfaktoren so viel wie möglich ausgeschlossen werden, hierzu muß man die Beschaffenheit und den Einfluß dieser Störfaktoren ergründen.

Zum Pendeln ist eine gute *Leitfähigkeit* die wichtigste Voraussetzung. Das bedeutet, daß nicht nur das Material des Pendels, sondern auch der Ort, an dem mit dem Pendel gearbeitet wird, erstens eine gute Leitfähigkeit haben und zweitens die gesamte uns umringende Strahlung durchlassen muß.

Falls beim Bau des Zimmers, in dem wir pendeln, viel *Isoliermaterial* verarbeitet wurde, kann dies ein optimales Pendelresultat negativ beeinflussen. Wenn jedoch hauptsächlich *natürliche* Baustoffe verarbeitet wurden, die die Energie gut leiten, beeinflußt das uns umringende Material das Resultat nicht.

Dies gilt auch für das Zimmer, in dem wir arbeiten, genauer gesagt: Für den Arbeitstisch, an dem wir arbeiten und den Stuhl, auf dem wir sitzen. Sehr gute Leiter sind hölzerne Tische und Stühle, die Tischplatte und die Sitzfläche sollten aus natürlichem Material sein. Räumen Sie vor der Arbeit mit dem Pendel metallene Gegenstände vom Arbeitstisch und meiden Sie Kunststoff, wie zum Beispiel Plastik, in Ihrer unmittelbaren Umgebung.

Räumen Sie alle überflüssigen Gegenstände vom Arbeitstisch; legen Sie nur die Gegenstände auf den Tisch, mit denen Sie arbeiten wollen, wie die Pendeltafel, das Objekt, das ausgependelt werden soll und, wenn Sie wollen, Ihre Lieblingstischdecke (Sie können jedoch auch an einem "ungedeckten" Tisch arbeiten).

Auch Ihre *Haltung* ist wichtig: Sie sollten grundsätzlich gerade an dem Tisch, an dem Sie arbeiten wollen, sitzen, die Füße ruhen nebeneinander im Abstand von etwa 10 cm flach auf dem Boden, die Zehen zeigen nach vorne. Auf diese Weise sind Sie nicht nur gut "geerdet", Sie können diese stabile und entspannte Sitzhaltung auch eine Zeitlang aushalten. Sie haben Ihre Aufmerksamkeit nämlich hundertprozentig nötig, um sich auf das Pendel zu konzentrieren!

Achten Sie darauf, wo Sie Ihre "freie" Hand lassen (die Hand, die das Pendel nicht festhält). Lassen Sie diese Hand – die Handfläche zeigt nach oben – auf dem Tisch oder in Ihrem Schoß ruhen, damit sie die Pendelschwingung nicht beeinflußt, zudem unterbindet diese Haltung, daß Sie an Gegenständen (auf dem Tisch) "herumfingern". Dies sind nämlich störende Einflüsse.

Manche Menschen schwören darauf, die freie Hand auf den Rücken zu legen, um somit jegliche Beeinflussung auszuschließen. Die Haltung, in der Sie am wenigsten darüber nachdenken, was Sie mit Ihrer freien Hand tun oder wo Sie sie lassen müssen, ist die beste Haltung.

Achten Sie auch auf den *Schmuck*, den Sie tragen, er befindet sich nämlich ebenfalls in unmittelbarer Nähe des Pendels! Besser noch: Tragen Sie keinen Schmuck (auch keine Armbanduhr), wenn Sie mit dem Pendel arbeiten.

Tragen Sie *keine Kleidung aus Chemiefasern*, sie beeinflussen die Pendelschwingung, da Ihr elektromagnetisches Feld sowie Ihre eigene, Sie umringende "kosmische" Strahlung durch das Tragen dieser Kleidung, wenn auch geringfügig, verändert wird.

Auch *Schuhe*, vor allem Schuhsohlen, können auf die uns umringende Strahlung stark isolierend wirken. Wenn Sie merken, daß das Pendel schlecht oder unzureichend reagiert, könnte es helfen, wenn Sie die Schuhe ausziehen, der Unterschied sollte sofort spürbar sein.

Schalten Sie Apparate, die elektromagnetische Strahlung aussenden, wie Ihren *Computer* oder Ihr *Fernsehgerät*, aus; der "Standby"-Schalter der Geräte sollte ebenfalls ausgeschaltet sein, um so viel Strahlung wie möglich zu vermeiden.

Wenn Sie sich an sehr "strenge" Regeln halten und sich gegen alle denkbaren Störfaktoren abschirmen wollen, können Sie die Tisch- und Stuhlbeine isolieren, indem Sie sie auf Glas (oder in Gläser) stellen und die Oberseite der Tischplatte mit einer Glasplatte, Gummi oder Linoleum isolieren. Dadurch ist die Pendeltafel, das Material oder das Objekt, das Sie auspendeln wollen, optimal gegen erdmagnetische Strahlung isoliert.

Außer diesen Gegenständen gibt es natürlich allerlei andere Störfaktoren, die die Pendelschwingung beeinflussen, so daß sie nicht mehr objektiv ist oder nahezu ausbleibt.

Es ist auch wichtig, eine ruhige Umgebung zu schaffen, in der alle überflüssigen Gegenstände, Geräusche oder Gedanken vermieden werden. Schaffen Sie einen festen Platz zum Pendeln, zum Beispiel eine speziell hierfür eingerichtete Ecke im ruhigsten Zimmer der Wohnung, oder im Zimmer, in dem Sie sich am wohlsten fühlen (siehe Abschnitt: Das Einrichten eines Pendelzimmers).

Falls es Sie inspiriert, können Sie leise Musik hören, wenn Sie jedoch noch ein Anfänger sind, lenkt Musik eher ab, als daß sie die Konzentration fördert.

Vermeiden Sie es, während der Arbeit mit dem Pendel Zigaretten zu rauchen, Alkohol zu trinken oder andere Genußmittel zu nehmen, die Ihre Stimmung beeinflussen könnten. Wenn Sie nicht völlig nüchtern sind und Ihr Geist nicht völlig neutral ist, wird das Pendelergebnis unmittelbar beeinflußt und das Bild "trübt sich", so daß die Pendelschwingung nicht mehr objektiv und somit unbrauchbar ist.

Manchmal geschieht es, daß Sie, obwohl Sie sich so gut wie möglich vorbereitet und alle denkbaren Störfaktoren beseitigt haben, merken, daß sich die Pendelschwingung nicht "gut" anfühlt oder von einem unbekannten Faktor beeinflußt wird. Schenken Sie dem Pendelergebnis, das unter diesen Umständen zustande gekommen ist, keine Beachtung und machen Sie später einen neuen Versuch, denn meistens sind diese Störfaktoren dann nicht mehr "aktiv".

Es ist auch möglich, daß Sie ein Objekt nicht mit dem geeigneten Pendel ausgependelt haben. Nehmen Sie ein anderes Pendel und beginnen Sie noch einmal.

Kurzum, bei der Arbeit mit dem Pendel müssen wir verschiedene Arten von Störfaktoren berücksichtigen, die das Pendelergebnis beeinflussen können:

- Störfaktoren des *Pendels:* Material, Leitfähigkeit usw.
- Störfaktoren der *Umgebung:* Isoliermaterial, umringende Gegenstände usw.
- Störfaktoren des *Pendelobjekts:* Material, Wechselwirkung mit dem Pendel usw.
- Störfaktoren des *Pendlers:* Unerfahrenheit, kein Kontakt zum Pendel oder zum Pendelobjekt, falsche Intention usw.

Das Einrichten eines Pendelzimmers

Eine eigene "Pendelecke" einrichten

Wenn Sie oft mit dem Pendel arbeiten oder arbeiten wollen, kann es sehr angenehm sein, ein speziell für diesem Zweck eingerichtetes Zimmer zu haben. Dieses Zimmer braucht nicht groß zu sein, eine "Ecke" genügt. Hier können Sie die Atmosphäre schaffen, die Ihnen wichtig ist. Sie können diese "Pendelecke" zum Beispiel im angenehmsten oder ruhigsten Zimmer der Wohnung einrichten.

Richten Sie dieses Zimmer mit einem (hölzernen) Tisch ein, mit wenigstens zwei Stühlen und einem Schränkchen, in dem Sie Zubehör aufbewahren können. Eine solche Ecke braucht nicht unbedingt am Fenster zu sein, wichtig ist, daß störende Einflüsse ausgeschlossen sind.

Verwenden Sie vorzugsweise natürliche Materialien und meiden Sie elektronische Apparate in Ihrer unmittelbaren Nähe. Falls Sie es angenehm finden, können Sie eine (immergrüne) Pflanze in der Nähe aufstellen. Halten Sie dieses Zimmer soviel wie möglich von Material aus Kunststoff frei. Legen Sie zum Beispiel Binsenmatten oder einen Wollteppich auf den Fußboden. Meiden Sie auch Sonnenschutz aus Kunststoff oder Metall in der Nähe, er wirkt wie ein "Schirm". Schaffen Sie Ihre eigene Pendelecke, in der Sie sich konzentrieren und zurückziehen können.

Was können Sie hier aufbewahren?
In diesem Zimmer, das Sie nach eigenem Geschmack einrichten, können Sie auch spezielle Ablagemöglichkeiten für Ihre Pendel und Materialien, mit denen Sie arbeiten, sowie für Pendeltafeln und Isoliermaterial schaffen. Auf diese Weise werden sie sicher aufbewahrt und sind keinerlei Vernachlässigung ausgesetzt (Staub, übermäßiges Sonnenlicht usw.).

Richten Sie zum Beispiel einen kleinen Schrank ein, in dem Sie sowohl Bücher zum Thema, als auch einige kleinere Gegenstände aufheben können. Ein Schrank mit zwei Einlegeböden (und verschließbaren Türen) für Bücher und große Gegenstände, und vier Schubladen für die Pendel und kleinere Gegenstände ist ein guter Anfang, denn Sie haben noch Platz für eventuelle zusätzliche Materialien und "Instrumente". Hier können Sie auch Ihre Pendelausrüstung, Ihr Pendeltagebuch oder Ihr Pendellogbuch (siehe nächsten Abschnitt) aufheben.

Kurzum, schaffen Sie eine Ecke mit der richtigen Ausstrahlung und dem richtigen Zubehör, in der Sie nichts daran hindert, ein optimales Pendelresultat zu erzielen.

Die persönliche Pendelausrüstung

Unmittelbar nach Ihren ersten Versuchen mit dem Pendel können Sie Ihre persönliche Pendelausrüstung zusammenstellen. Nehmen Sie zu diesem Zweck eine (hölzerne) Schachtel oder Kiste, die groß genug für kleine Utensilien oder Materialien ist. Das Format eines "Nähkastens" oder ähnliches ist ausreichend. In dieser "Kiste" können Sie allerlei Utensilien aufbewahren, die Sie bei der Arbeit mit dem Pendel nötig haben:

- Diverse Pendel (getrennt in Beuteln!)
- Diverse Fäden (Baumwolle, Flachs, Wolle usw.)
- Diverse Ketten und Kettenglieder (Silber, Gold usw.)
- Kleine Zange
- Baumwolltuch (minimal 30 x 30 cm) für die Reinigung der Pendel aus Messing und (Edel-) Metall
- Fläschchen mit reinem* Wasser zur Reinigung von Pendeln aus Kristall und (Edel-) Steinen

(von negativen Einflüssen gereinigt und durch (visuelle) Meditation, Pendeln usw. positiv beeinflußt)*

Sie können bei Ihrer persönlichen Pendelausrüstung auch ein Notizbuch aufbewahren, in dem Sie Ihre Befunde zur Arbeit mit dem Pendel aufschreiben. Sie können diese “Logbuch” zu einem ausführlichen “Pendeltagebuch” erweitern, wenn Sie auch Zeichnungen Ihres individuellen Pendelcodes, eigene Pendeltafeln und persönliche Erfahrungen und Interpretationen hinzufügen.

Das kann sehr nützlich sein, da Ihre persönliche Erfahrung möglicherweise von der Information in der sogenannten “Pendelliteratur” – wie dieses Buch – abweicht. Wenn Sie Ihr Pendeltagebuch sorgfältig führen, wird es sich zu Ihrem persönlichen Pendelarbeitsbuch entwickeln!

Aufbewahrung, Reinigung und Aufladen des Pendels

Jeder Gegenstand, der oft oder intensiv gebraucht wird, sollte regelmäßig gereinigt werden. Es gibt verschiedene Methoden, welche angewendet wird, ist vom Material des Pendels und von der Intensität der Arbeit mit dem Pendel abhängig. Hier unterscheiden wir Pendel aus Kristall und (Edel-) Stein, sowie Pendel aus (Edel-) Metall oder einer Legierung.

Pendel aus Kristall oder (Edel-) Stein

Pendel aus einem natürlichen oder porösem Material haben eine sorgfältige Behandlung nötig. Darum dürfen Sie auch kein Leitungswasser oder – noch schädlicher – Salzwasser zur Reinigung der Pendel verwenden, da es Stoffe enthalten kann, die in den Stein oder in das Kristall ziehen, wodurch sich nicht nur die “kosmische” Aura verändert, sondern auch Ihr Pendel schwer beschädigt werden kann! Die Einwirkung von Salz kann zum Beispiel zur Folge haben, daß Ihr Pendel nach einiger Zeit zerbricht. Ihr Pendel kann sich überdies unschön verfärben, so daß Sie sich, falls Sie mit Farben arbeiten, auf die Suche nach einem neuen Pendel in der ursprünglichen Farbe machen müssen.

Verwenden Sie darum grundsätzlich sauberes (destilliertes) Wasser, das von allen negativen "kosmischen Einflüssen" gereinigt ist. Sie können das Wasser problemlos selber reinigen, zum Beispiel durch (visuelle) Meditation, Auspendeln (mit einem Pendel aus Messing oder Kupfer) oder indem Sie die Flasche etwa eine Minute mit beiden Händen umfassen.

Spülen Sie das Pendel vorsichtig ab und legen Sie es zum Trocknen an einen dunklen Ort. Legen Sie das Pendel nicht in die Sonne, auch das kann bleibende Veränderungen oder Beschädigungen zur Folge haben. Legen Sie ein kugelförmig geschliffenes oder gegossenes Pendel aus (Blei-) Kristall niemals in die Sonne, da ein solches Pendel wie ein Brennglas wirken und einen Brand auslösen kann!

Geschliffene oder polierte Pendel sind etwas weniger empfindlich, da sie meistens weniger porös sind. Hier gilt jedoch ebenfalls: Ziehen Sie das Sichere dem Unsicheren vor und behandeln Sie Ihre Pendel respektvoll und vorsichtig.

Wenn Ihr Pendel gründlich gereinigt ist und 24 Stunden geruht hat, ist es wieder aufgeladen und gebrauchsfertig. Wenn Ihr Pendel sehr "erschöpft" ist, können Sie es auch länger als einen Tag ruhen lassen, eine Woche sollte jedoch genügen.

Pendel aus anderem natürlichen, porösen Material, wie Holz usw., sollten Sie nicht naß machen. Wasser oder Feuchtigkeit könnte die natürliche Struktur beschädigen, wodurch das Pendel zur Arbeit weniger gut geeignet ist. Legen Sie Pendel aus einem derartigen natürlichen Material niemals in die Sonne, auch übermäßiges Sonnenlicht oder zu viel Wärme können das Pendel beschädigen. Reinigen Sie diese empfindlichen Pendel so wenig wie möglich, die beste Methode ist das Umfassen des Pendels mit beiden Händen, damit die negative Energie durch Ihren Körper wegfließen kann. Lassen Sie das Pendel nach der Reinigung etwa zwei Tage ruhen und verwenden Sie es nur für sehr "subtile" Fragen.

Pendel aus (Edel-) Metall

Pendel aus (Edel-) Metall können viel vertragen. Die Ursache einer Verschmutzung ist vor allem eine Störung der "kosmischen Energie" des Pendels durch Strahlung, wie zum Beispiel elektromagnetische Strahlung oder andere sehr starke Energien.

Um Pendel aus diesem Material zu reinigen, hat man kein Wasser nötig, eigentlich lieber nicht! In manchen Fällen kann Wasser nämlich Oxidation zur Folge haben.

Da diese Pendel kaum oder nicht porös sind, genügt es, sie gut mit einem Baumwolltuch abzureiben, wodurch die meiste Verschmutzung entfernt wird. Falls die "kosmische Energie" des Pendels stark gestört ist, kann es mit einem Pendel aus Kristall oder (Edel-) Stein gereinigt werden.

Legen Sie das verschmutzte Pendel auf den Arbeitstisch und halten Sie das Pendel aus Kristall oder (Edel-) Stein etwa 10 Minuten darüber. Die gestörte Energie wird jetzt "von selbst" neutralisiert, danach kann das Pendel sofort wieder verwendet werden. Pendel aus (Edel-) Metall oder Legierungen brauchen also nicht 24 Stunden zu ruhen!

Legen Sie auch Pendel aus (Edel-) Metall oder aus einer Legierung lieber nicht in die Sonne oder an einen anderen warmen Ort (in die Nähe der Heizung). Bewahren Sie sie auf keinen Fall in der Nähe einer (elektro-) magnetischen Energiequelle oder anderer starker Strahlung auf. Achten Sie vor allem auf "verborgene" Magnete, die zum Beispiel in Audioapparatur usw. verarbeitet sind.

Sicherheitshalber können Sie die Pendel in einem Behälter aus Holz oder Glas aufbewahren, der sie gegen die meiste schädliche Strahlung schützt.

Legen Sie Pendel aus unterschiedlichem Metall oder aus Legierungen lieber nicht zusammen in den gleichen Behälter, bewahren Sie sie getrennt auf, zum Beispiel jedes in einem Behälter (aus Holz) oder in einem Beutel (aus Baumwolle oder Seide).

Auf diese Weise verhindern Sie, daß sich die Pendel – wenn sie nicht oft gebraucht werden – nach einiger Zeit beeinflussen. Zudem sind sie gegen kleine Beschädigungen, wie Kratzer usw., geschützt.

Vorbereitungen auf die Arbeit mit den Pendeltafeln

Bevor Sie mit den Pendeltafeln arbeiten, sind einige Hinweise vorweg nützlich. Diese Hinweise haben vor allem Bezug auf die Pendeltafeln und wie sie gebraucht werden sollten.

Wie ist die Pendeltafel zusammengestellt?

Aus 15 oder 25 Möglichkeiten wählen
In diesem Buch sind zwei Variationen kreisförmiger Pendeltafeln vertreten: Tafeln mit 15 Antwortmöglichkeiten und Tafeln mit 25 Antwortmöglichkeiten. Im Prinzip ist jede Anzahl Antwortmöglichkeiten korrekt, man kann jedoch nicht mit jeder Anzahl gleich gut arbeiten.

In diesem Buch wurden 15 und 25 Kreissegmente gewählt:

a Weil es ungerade Zahlen sind, die kein verwirrendes Pendelergebnis zur Folge haben können: Das Pendel kann nur eine Antwortmöglichkeit anweisen.
b. Der gewählten Anzahl Kreissegmente liegen die vorgegebenen Antwortmöglichkeiten zugrunde; mit (viel) mehr als 25 Antwortmöglichkeiten auf einer Pendeltafel dieses Formats kann nicht gut gearbeitet werden.

Reihenfolge der Antwortmöglichkeiten
Die Reihenfolge der Antwortmöglichkeiten auf den kreisförmigen Pendeltafeln läuft entgegen der Uhrzeigerrichtung. Dies nur zur Information, es hat keinerlei Einfluß auf die Arbeit mit dem Pendel, sondern erklärt nur, wo die Reihe der Antworten anfängt und wo sie aufhört. Dies erleichtert die Anwendung, denn falls bestimmte Erläuterungen zu den Antworten nicht auf die Pendeltafel passen, finden Sie sie bei der entsprechenden Antwortmöglichkeit gleicher Nummer auf der Seite links neben der Pendeltafel. Auch dies beeinflußt das Pendel nicht, es sucht selbständig seinen Weg.

Da die Pendeltafel kreisförmig ist, braucht sie nicht in einer bestimmten Lage zu liegen, es ist ja unwichtig, ob sie richtig herum oder auf dem Kopf liegt.

Eine Frage, zwei Möglichkeiten

Den Fragen zu einem bestimmten Thema sind meistens zwei Tafeln zugeordnet: Eine Pendeltafel, die die Frage im positiven Sinne beantwortet ("paßt dies zu mir") und eine Tafel, die die Frage negativ beantwortet ("Sollte ich dies meiden?").

Dieses Konzept wurde verwendet, um eventuelle Schlußfolgerungen auszuschließen: Falls nämlich keine eindeutige Antwort ausgependelt werden kann, könnte dies bedeuten, daß keine der Antworten möglich ist oder daß alle Antworten ausgeschlossen werden sollten! Diese Schlußfolgerung ist nämlich falsch. Es ist durchaus denkbar, daß eine eindeutige Antwort unmöglich ist, der Frage jedoch nicht entnommen werden kann, ob eine der möglichen Antworten ausgeschlossen werden sollte.

Dem Fragesteller bringt dies nicht viel, die ausgependelte Antwortmöglichkeit sagt ja wenig über die Situation aus. Um diese Situation näher zu erläutern, wurde eine zweite Tafel angefertigt, die anders an die Frage herangeht; diese Pendeltafel sollte die zusätzliche Information liefern.

Antwortmöglichkeit "nicht auf dieser Tafel"

Jede Pendeltafel enthält die Antwortmöglichkeit "nicht auf dieser Tafel". Dies bedeutet, daß entweder mehrere (unbekannte) Antworten auf die gestellte Frage zutreffen, oder daß eine einzige Antwort nicht möglich ist; in diesem Fall hat sich herausgestellt, daß die Frage nicht relevant war.

Es kann jedoch auch bedeuten, daß der Pendler die nächste Tafel zu dem gleichen Thema befragen kann oder, als letzte Möglichkeit, daß der Pendler selbst eine zusätzliche, ergänzende Tafel zu diesem Thema anfertigen kann.

Indirekte Frage – indirekte Antwort

Es ist auch möglich, daß das Pendel eine indirekte Antwort auf eine Frage gibt, die (noch) nicht gestellt wurde. Vor allem, wenn Heilmittel ausgependelt werden (wie Heilkräuter, ätherische Öle usw.), kann eine unterschwellige Erkrankung entdeckt werden, nach der noch nicht gefragt wurde.

Nehmen Sie diese Antwort ernst und kommen Sie später noch einmal darauf zurück.

Leiden und Heilmittel
Bei allen Heilmitteln finden Sie den Vermerk, daß Sie zur richtigen Anwendung von Heilkräutern Ihren Arzt oder Heilpraktiker befragen sollten. Dies ist eine zusätzliche Vorsichtsmaßnahme, die nicht übersehen werden sollte.

Das Pendel ist zwar ein guter Ratgeber, jedoch kein Arzt...

Literaturhinweis
Manche Pendeltafeln enthalten einen Literaturhinweis zum betreffenden Thema, dies sind vor allem Ergänzungen. Es kann nämlich sehr sinnvoll sein, etwas mehr zu einem Thema zu lesen, dessen Anwendung bedeutend vielschichtiger ist, als auf einer Pendeltafel verarbeitet werden kann (z.B.: Farben und ihre Anwendung usw.).

Auf diese Art und Weise können Sie Ihre Kenntnis verbessern und sie später beim Pendeln anwenden.

Erläuterung zur Pendeltafel
Auf der Seite links neben der Pendeltafel wird die Reihe der Antwortmöglichkeiten, wie diese auf der Pendeltafel stehen, in der gleichen Reihenfolge wiederholt, da der Platzmangel auf der Pendeltafel es nicht immer zuläßt, alle Informationen unterzubringen.

Auf dieser Seite stehen manchmal auch Literaturhinweise, Ratschläge und Verweise auf andere Pendeltafeln. Lesen Sie diese Seite stets gut durch!

Eine zusätzliche Pendeltafel anfertigen

In manchen Fällen stellt sich heraus, daß die vorhandenen Pendeltafeln zu wenig Information enthalten, zum Beispiel, wenn Sie alle Tafeln zu einem Thema befragt und jedesmal die Antwortmöglichkeit "nicht auf dieser Tafel" ausgependelt haben.

In diesem Fall kann eine zusätzliche Pendeltafel helfen. Am Ende dieses Buches finden Sie zwei "blanko" Pendeltafeln, die sie als Vorlage zur Anfertigung einer eigenen Pendeltafel gebrauchen können. Falls Sie mehr oder weniger Antwortmöglichkeiten bevorzugen, können Sie sich selbstverständlich für eine andere Einteilung entscheiden.

Zeichnen Sie einen Kreis und teilen Sie ihn in die gewünschte Anzahl Segmente auf, beachten Sie jedoch, daß hinsichtlich der ausgependelten Antwortmöglichkeit schnell Verwirrung entstehen kann, wenn die Anzahl der Kreissegmente eine gerade Zahl ist. Im Falle einer geraden Zahl sollten Sie mit einer Pendeltafel in Form eines Halbkreises arbeiten, was Verwirrung ausschließt.

Die letzten praktischen Vorbereitungen

Ein gutes Pendelresultat erreicht man, wenn man so wenig wie möglich von Gedanken oder anderen, praktischen Störfaktoren abgelenkt wird. Es hilft, wenn man die letzte Hand an die Vorbereitung legt.

- Legen Sie in aller Ruhe alle Gegenstände, die Sie nötig haben, zurecht. Falls dies viele sind, da Sie zum Beispiel verschiedene Materialien auspendeln oder ziemlich viele Pendeltafeln gebrauchen wollen, legen Sie sie nicht alle auf den Tisch, an dem Sie arbeiten wollen. Sie sollten sie griffbereit in Ihrer Nähe haben, zum Beispiel auf einem Schemel oder Beistelltisch, den Sie neben den Tisch stellen.

- Kontrollieren Sie, ob Sie das richtige Pendel haben, suchen Sie, wenn nötig, mehrere Pendel aus. Legen Sie sie wiederum nicht alle auf den Arbeitstisch, wählen Sie eines aus, die anderen legen Sie, solange Sie sie nicht nötig haben, auf den Beistelltisch.

- Betrachten Sie die Pendeltafeln oder Gegenstände, die Sie auspendeln wollen und entscheiden Sie, ob Sie die richtigen ausgesucht haben oder ob vielleicht noch etwas fehlt. Fehlt eine Pendeltafel? Haben Sie alle Materialien, die Sie gebrauchen wollen?

- Waschen Sie sich jetzt sorgfältig die Hände, denn Sie haben soviele verschiedene Gegenstände und Gedanken in sich aufgenommen, daß Sie gut daran tun, sich erst einmal gründlich zu "reinigen", bevor Sie sich auf die Arbeit mit dem Pendel konzentrieren.

Das Händewaschen ist auch ein hervorragendes Mittel, um zwischendurch die – eventuelle – negative Energie, die sich in Ihrem Körper angehäuft hat, wegfließen zu lassen. Auch das Verwenden natürlicher Materialien, die gute leitende Eigenschaften haben, trägt hierzu bei; Negatives kann in die Erde wegfließen.

- Suchen Sie ein Pendel und eine Pendeltafel aus, wovon Sie denken, daß sie in diesem Moment am geeignetsten sind und legen Sie sie auf den Tisch.

- Setzen Sie sich an den Tisch und nehmen Sie das Pendel in die Hand. Legen Sie die "freie" Hand auf den Tisch oder in den Schoß (Sie können sie auch auf den Rücken legen), Sie sollten vor allem ein komfortables Gefühl haben.

- Atmen Sie einige Male tief und ruhig durch, um Gedanken, die Sie ablenken, aus Ihrem Geist zu vertreiben. Seien Sie empfänglich und abwartend: Sie sind zwar neugierig, in erster Linie sind Sie jedoch neutral. Konzentrieren Sie sich auf das Pendel (treten Sie mit dem Pendel in Kontakt).

- Sie sind empfänglich für alle Information, die Sie durch das Pendel erreichen kann. Sie sind sich darüber im klaren, daß Sie ein "Medium" zwischen der uns umringenden "kosmischen" Strahlung und Energie, sowie dem empfindlichen Meßinstrument, mit dem Sie arbeiten, sind.

- Konzentrieren Sie sich auf die Frage, Ihre Gedanken sind positiv.

- Formulieren Sie Ihre Frage jetzt kurz und bündig, versuchen Sie jede Undeutlichkeit zu vermeiden und lassen Sie das Pendel arbeiten...

- Das Pendel möge Ihnen eine Lebenshilfe sein!

Pendeltafeln

1. Tafel

Zu welchem Zeitpunkt sollte ich - heute - pendeln?

1. jetzt
2. morgens
3. nachmittags
4. abends
5. nachts
6. den ganzen Tag
7. Tag und Nacht
8. in einer halben Stunde
9. in einer Stunde
10. spätere Tageszeit
11. nach geringen Vorbereitungen
12. nach intensiven Vorbereitungen
13. nach der Arbeit
14. in einer Arbeitspause
15. nicht auf dieser Tafel

1. Tafel

Zu welchem Zeitpunkt sollte ich - heute - pendeln?

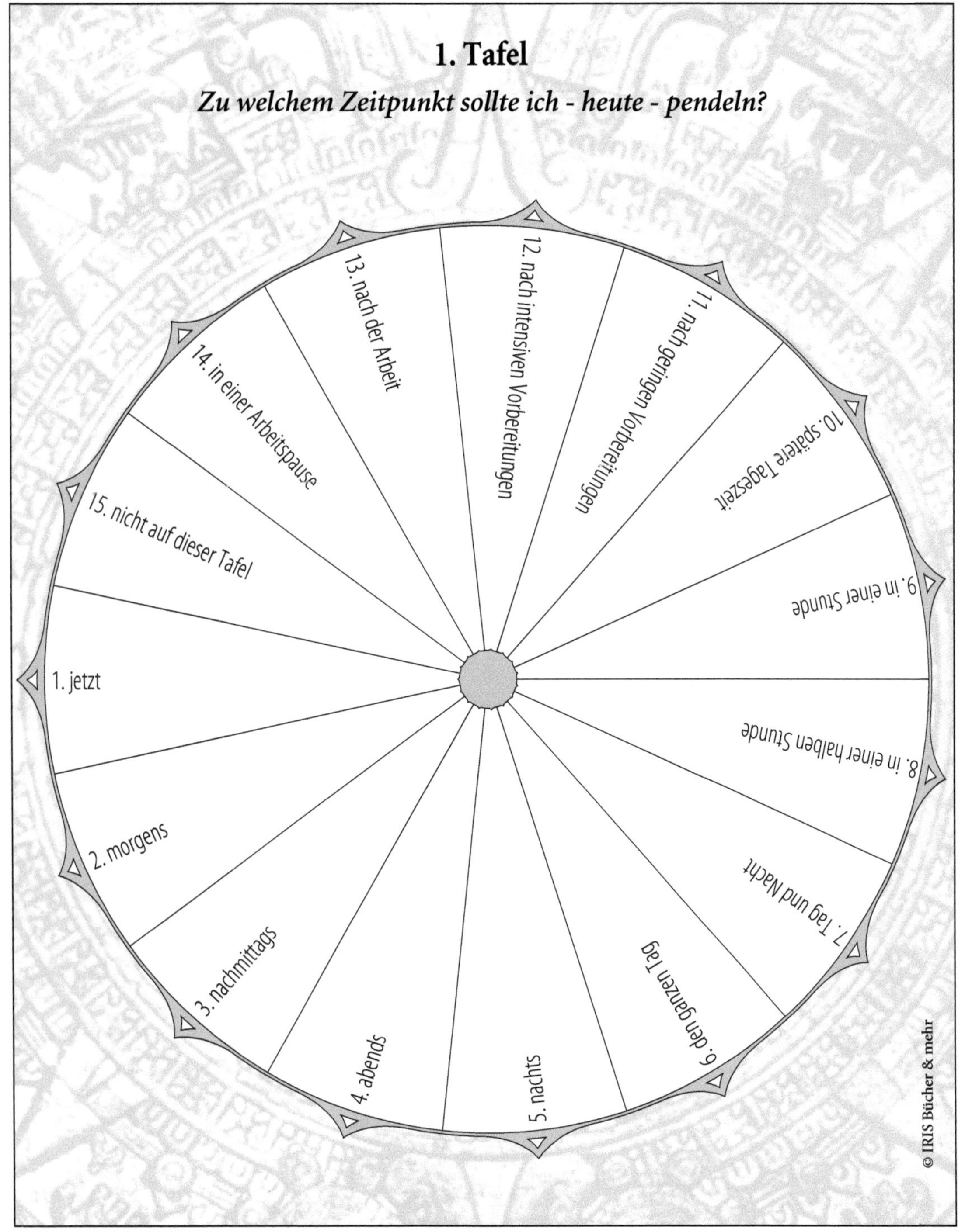

2. Tafel

Inwieweit ist meine Intuition - in diesem Moment - verläßlich?

1. nicht oder kaum
2. 0 - 15%
3. 15 - 25%
4. 25 - 50%
5. 50 - 65%
6. 65 - 75%
7. 75 - 85%
8. 85 - 95%
9. 95 - 99,9%
10. 99,9 - 100%
11. nicht meßbar aufgrund Faktoren der Umgebung
12. nicht meßbar aufgrund persönlicher Faktoren
13. nicht meßbar aufgrund äußerer Einflüsse
14. nicht meßbar aufgrund persönlicher Einflüsse
15. nicht auf dieser Tafel

2. Tafel

Inwieweit ist meine Intuition - in diesem Moment - verläßlich?

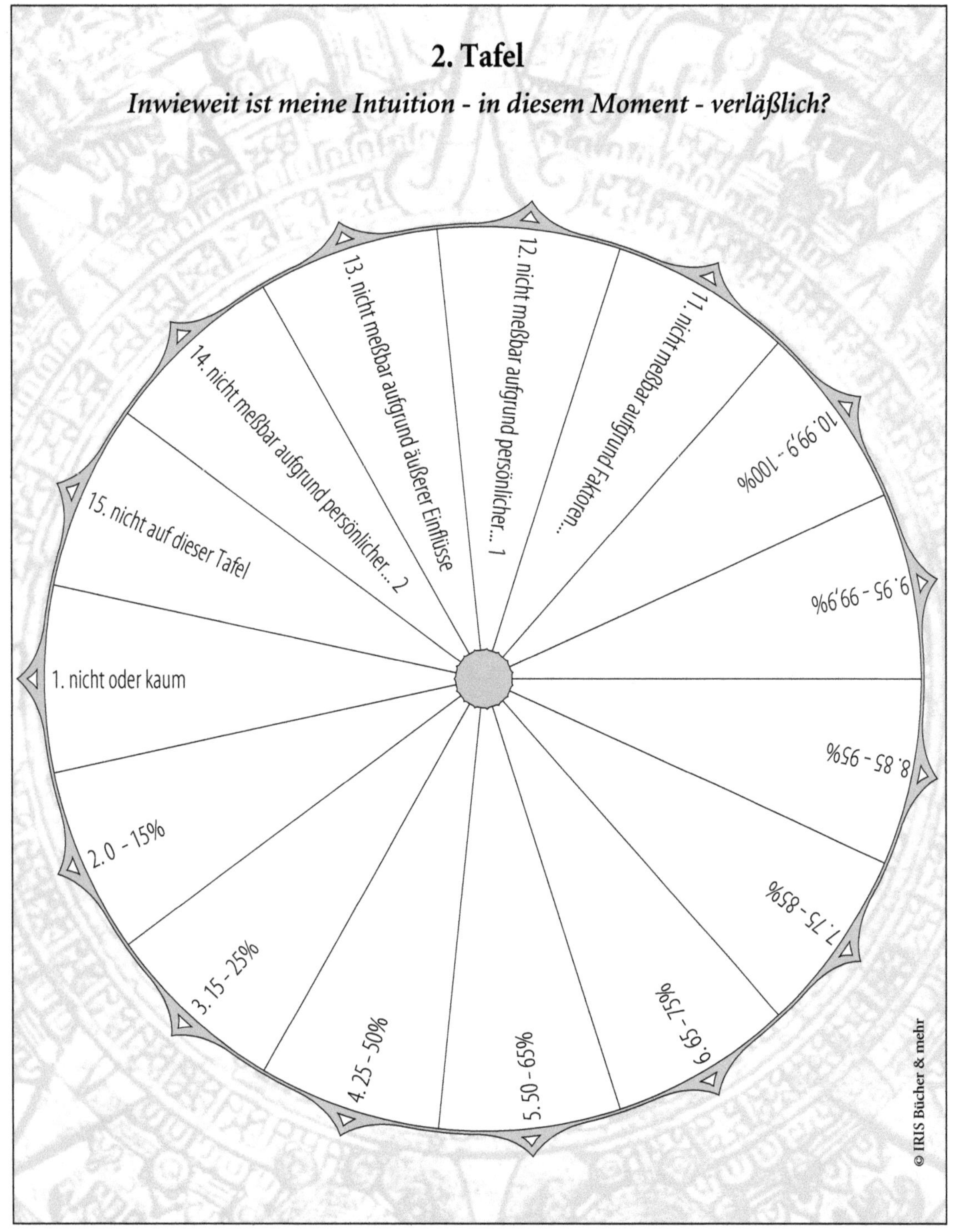

3. Tafel

Welche Themen/Bereiche kann ich heute gut auspendeln?

1. Gesundheit - Ernährung
2. Gesundheit - Körperpflege und (Lebens-) Gewohnheiten
3. Gesundheit - Schwerpunkte (körperlich und geistig)
4. Gesundheit - Krankheiten/Leiden (körperlich)
5. Gesundheit - Krankheiten/Leiden (körperlich und geistig)
6. Gesundheit - Heilmittel (innerlich)
7. Gesundheit - Heilmittel (innerlich und äußerlich)
8. inneres Wachstum und Spiritualität (Richtschnur)
9. inneres Wachstum und Spiritualität (Helfer)
10. persönliche Charakterisierung
11. Ausbildung, Beruf und Talent
12. Freundschaft und Beziehungen
13. Entspannung, Sport und Spiel
14. Umgebung - Faktoren der Umgebung
15. nicht auf dieser Tafel

3. Tafel

Welche Themen/Bereiche kann ich heute gut auspendeln?

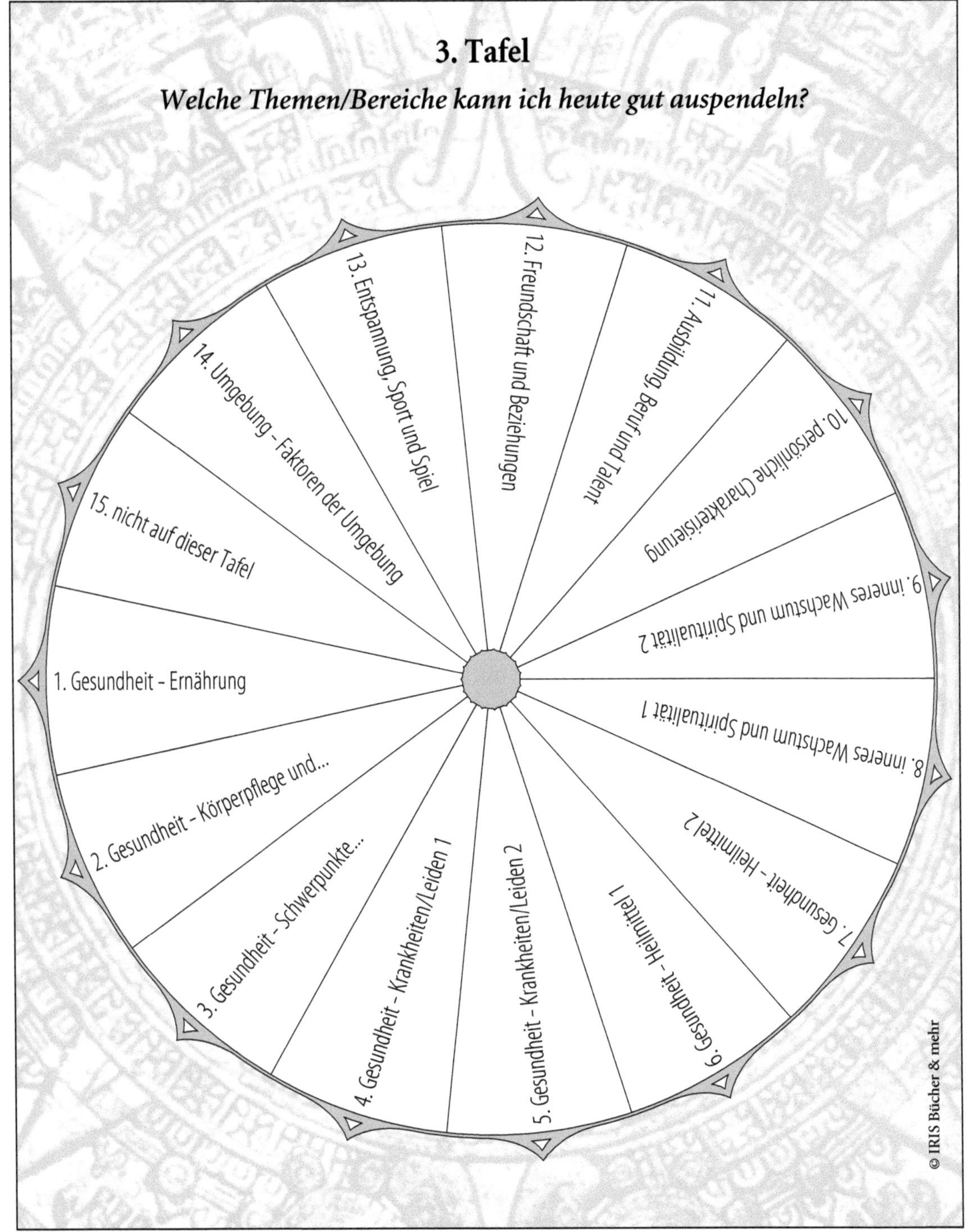

4. Tafel

Welche Themen/Bereiche sollte ich heute lieber nicht auspendeln?

1. Gesundheit - Ernährung
2. Gesundheit - Körperpflege und (Lebens-) Gewohnheiten
3. Gesundheit - Schwerpunkte (körperlich und geistig)
4. Gesundheit - Krankheiten/Leiden (körperlich)
5. Gesundheit - Krankheiten/Leiden (körperlich und geistig)
6. Gesundheit - Heilmittel (innerlich)
7. Gesundheit - Heilmittel (innerlich und äußerlich)
8. inneres Wachstum und Spiritualität (Richtschnur)
9. inneres Wachstum und Spiritualität (Helfer)
10. persönliche Charakterisierung
11. Ausbildung, Beruf und Talent
12. Freundschaft und Beziehungen
13. Entspannung, Sport und Spiel
14. Umgebung - Faktoren der Umgebung
15. nicht auf dieser Tafel

4. Tafel

Welche Themen/Bereiche sollte ich heute lieber nicht auspendeln?

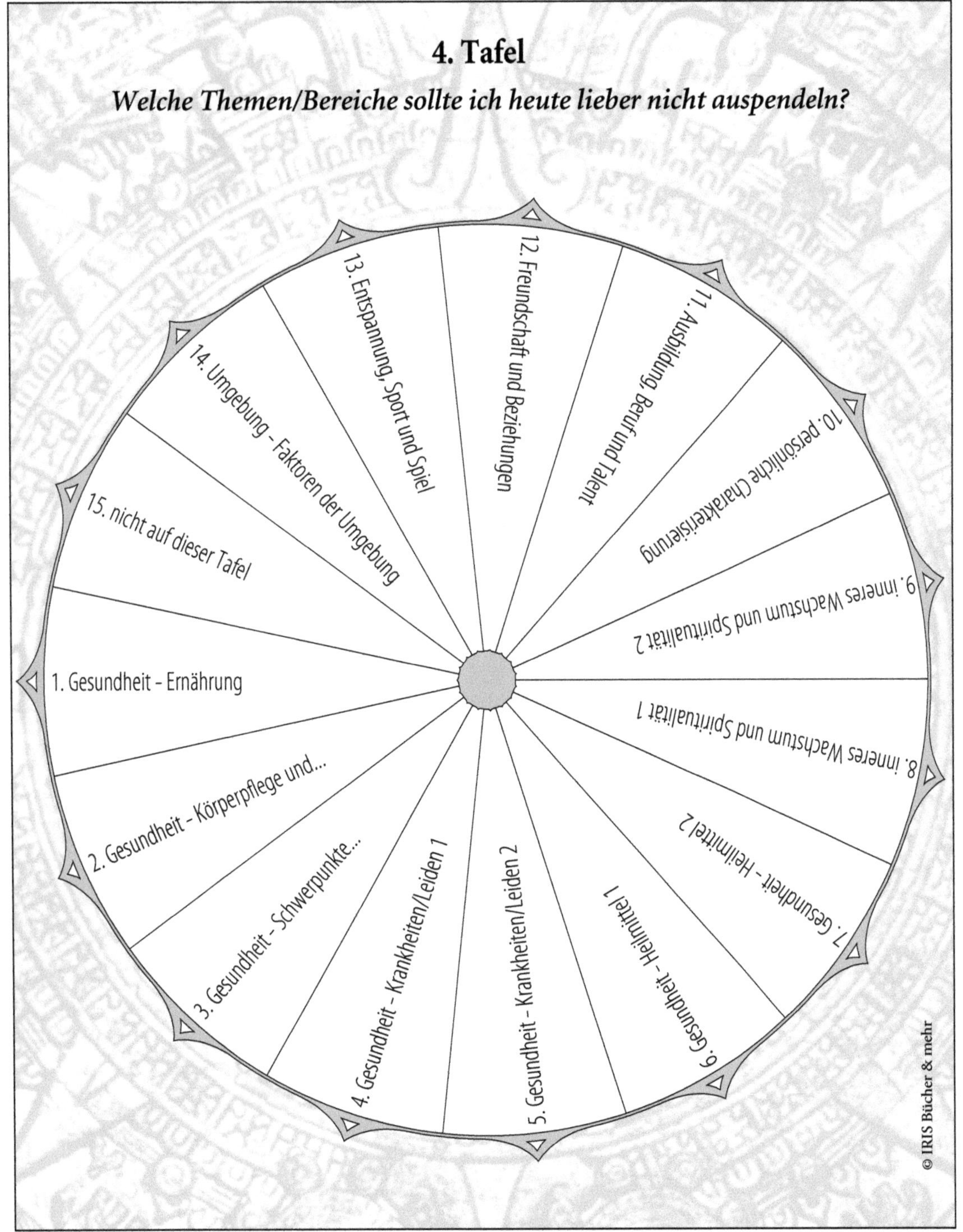

5. Tafel

Welche Pendeltafel enthält die meiste oder die beste Information zu meiner Frage oder zu meinem Problem?

1. Gesundheit - Ernährung: Nährstoffe
2. Gesundheit - Ernährung: Allergie
3. Gesundheit - Ernährung: Geschmack und Diät
4. Gesundheit - Körperpflege und (Lebens)Gewohnheiten
5. Gesundheit - Schwerpunkte
6. Gesundheit - Krankheiten/Leiden: Lokalisierung und Faktoren
7. Gesundheit - Krankheiten/Leiden: Kondition
8. Gesundheit - Krankheiten/Leiden: Allergien
9. Gesundheit - Krankheiten/Leiden: Chakren
10. Gesundheit - Krankheiten/Leiden: Meridiane
11. Gesundheit - Krankheiten/Leiden: Ursachen und Blockaden
12. Gesundheit - Heilmittel: Nahrungsergänzungen, Antioxidantien und Zellsalze
13. Gesundheit - Heilmittel: Alternative Heilverfahren (Kräuter-, Aroma-, Bach-Blütentherapie usw.)
14. Gesundheit - Heilmittel: (Edel-) Steine, Kristalle und Mineralien, (Edel-) Metalle
15. Gesundheit - Heilmittel: Farben
16. Gesundheit - Heilmittel: Meditation
17. Gesundheit - Heilmittel: Einnahme und Anwendung
18. Inneres Wachstum und Spiritualität: Richtschnur und Inspiration
19. Inneres Wachstum und Spiritualität: Orakel und Wegweiser
20. Persönliche Charakterisierung - Eigenschaften und Können, Enneagrammtyp
21. Ausbildung, Beruf und Talent - Ausbildung, Beruf und Talent
22. Freundschaft und Beziehungen - Freundschaft, Beziehungen
23. Entspannung, Sport und Spiel - Entspannung, Sport, Spiel
24. Umgebung - Faktoren der Umgebung: Allgemein, Materialien, Wohnung, Pflanzen, Erholung
25. nicht auf dieser Tafel

5. Tafel

Welche Pendeltafel enthält die meiste oder die beste Information zu meiner Frage oder zu meinem Problem?

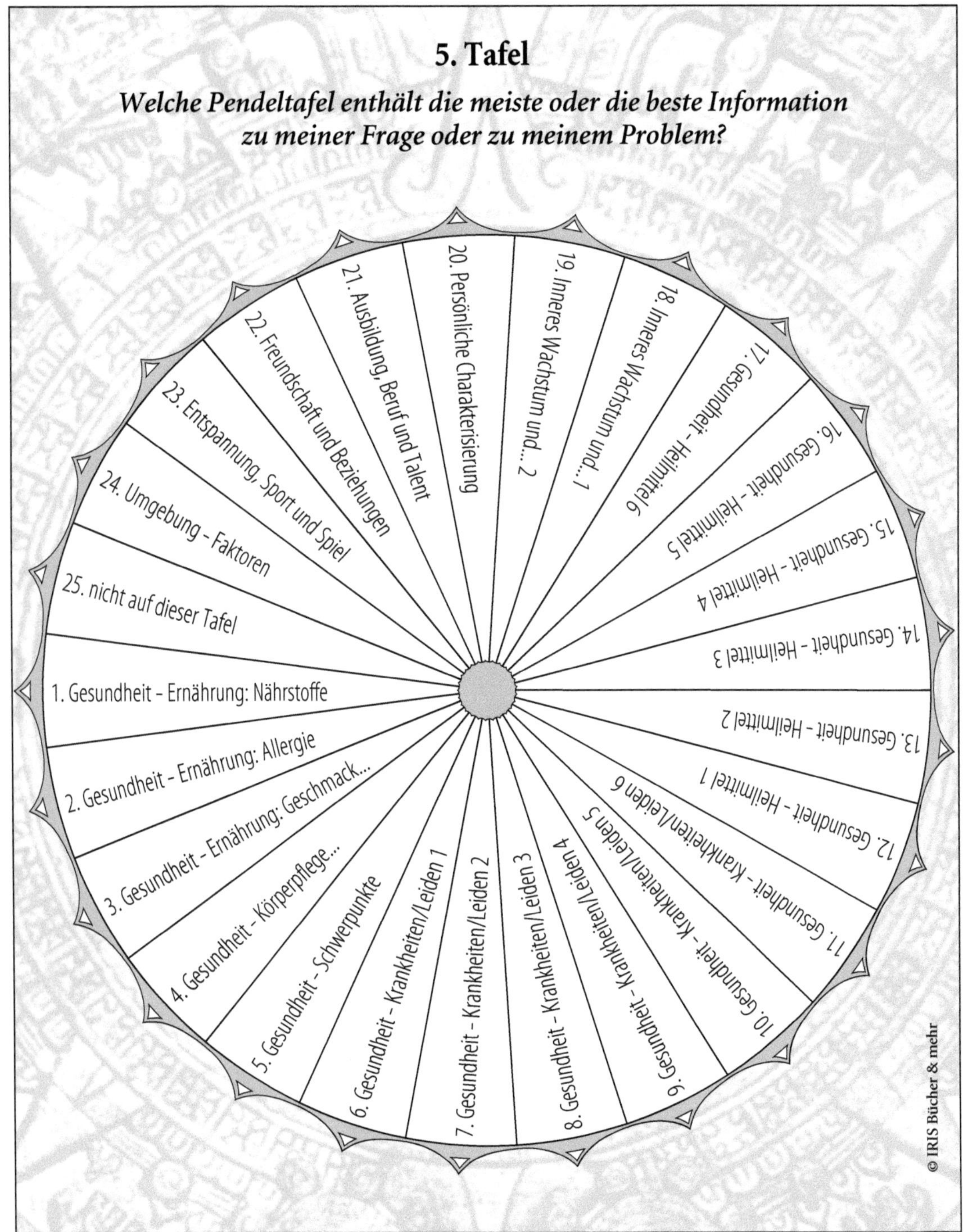

6. Tafel

Ich esse meistens zu wenig:

1. Aufbaustoffe (allgemein)
2. Verbrennungsstoffe
3. Ballaststoffe
4. Vitamine
5. Mineralstoffe
6. Spurenelemente
7. Eiweiße
8. Kohlenhydrate (u.a. Zucker)
9. Enzyme
10. Nahrungsergänzungen
11. Basen
12. Säuren
13. Antioxidantien
14. Fette
15. nicht auf dieser Tafel

6. Tafel

Ich esse meistens zu wenig:

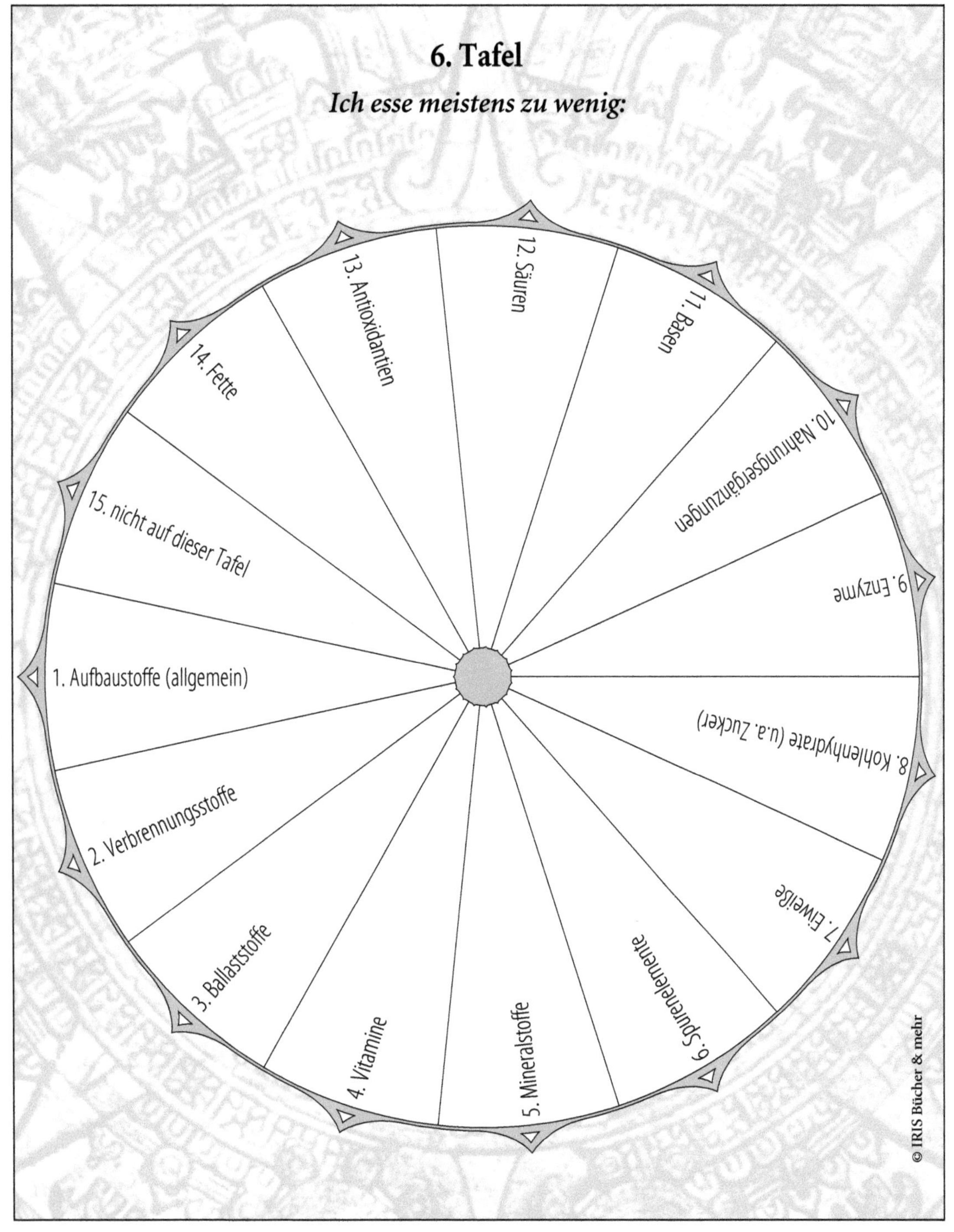

7. Tafel

Ich esse meistens zu viel:

1. Aufbaustoffe (allgemein)
2. Verbrennungsstoffe
3. Ballaststoffe
4. Vitamine
5. Mineralstoffe
6. Spurenelemente
7. Eiweiße
8. Kohlenhydrate (u.a. Zucker)
9. Enzyme
10. Nahrungsergänzungen
11. Basen
12. Säuren
13. Antioxidantien
14. Fette
15. nicht auf dieser Tafel

7. Tafel

Ich esse meistens zu viel:

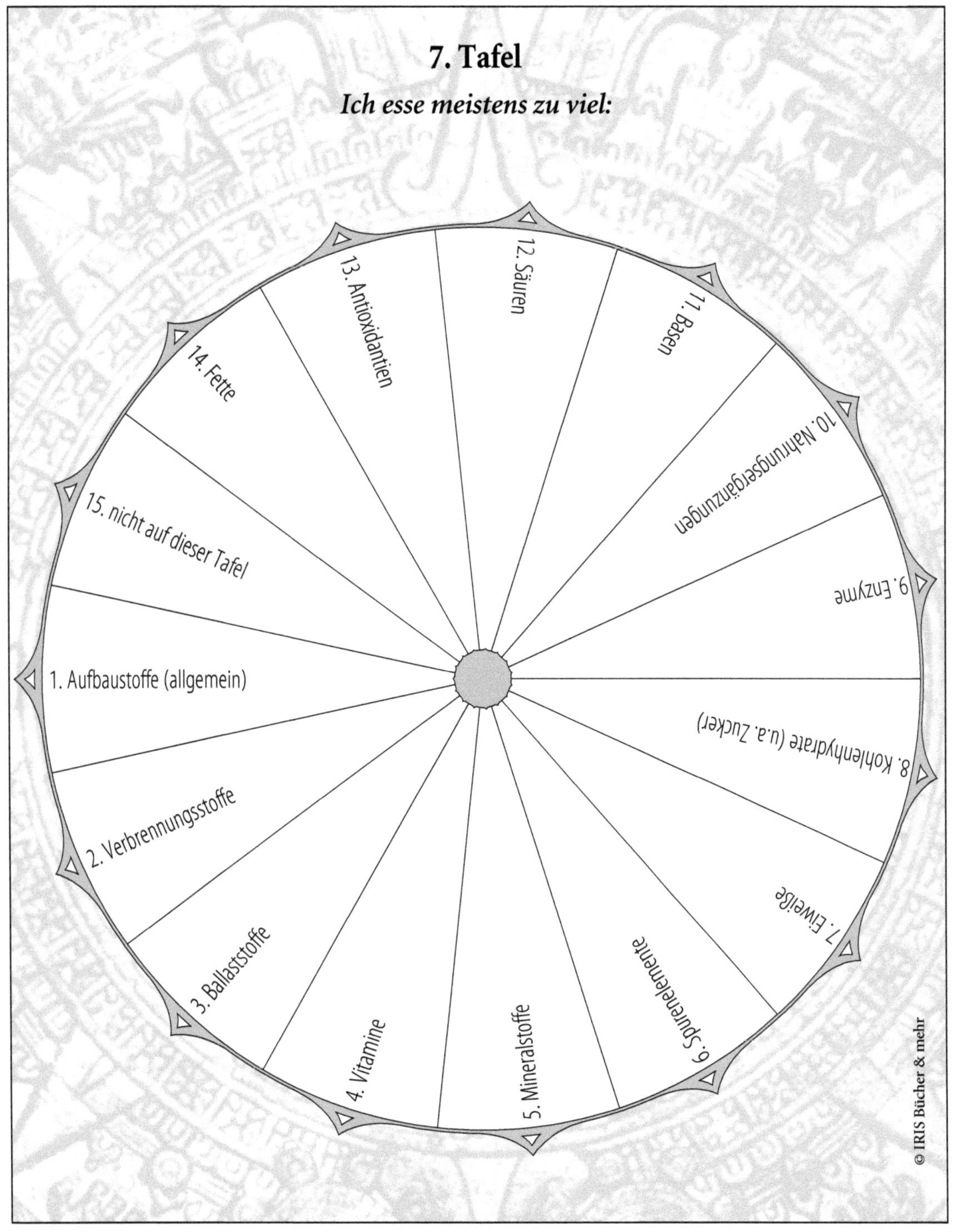

8. Tafel

Welche Nahrungsmittel esse ich zu wenig?

1. rotes Obst (Waldfrüchte)
2. Zitrusfrüchte
3. rotes Fleisch
4. alle grünen Gemüsearten
5. alle Fleischsorten
6. Fisch (Süßwasser)
7. Fisch (Salzwasser)
8. Krusten- und Schalentiere
9. Geflügel
10. diverse (Vollkorn) Getreidearten und -Produkte
11. alle roten Gemüsearten
12. Milch und fetthaltige Milcherzeugnisse (Butter, Käse usw.)
13. saure Milcherzeugnisse (Buttermilch, Joghurt usw.)
14. Eier
15. Nüsse, Samen, Kerne usw.
16. Kartoffeln, Kürbis, Bananen usw.
17. Hülsenfrüchte (Bohnen, Erbsen usw.)
18. Blattgemüse (Spinat usw.)
19. Fruchtgemüse (Tomaten usw.)
20. Möhren, Kohl und Knollengemüse
21. scharfes Gemüse und scharfe Gewürze
22. diverse Pilzarten
23. Soja und Sojaprodukte
24. (Vollkorn) Reis und Reisprodukte
25. nicht auf dieser Tafel

8. Tafel

Welche Nahrungsmittel esse ich zu wenig?

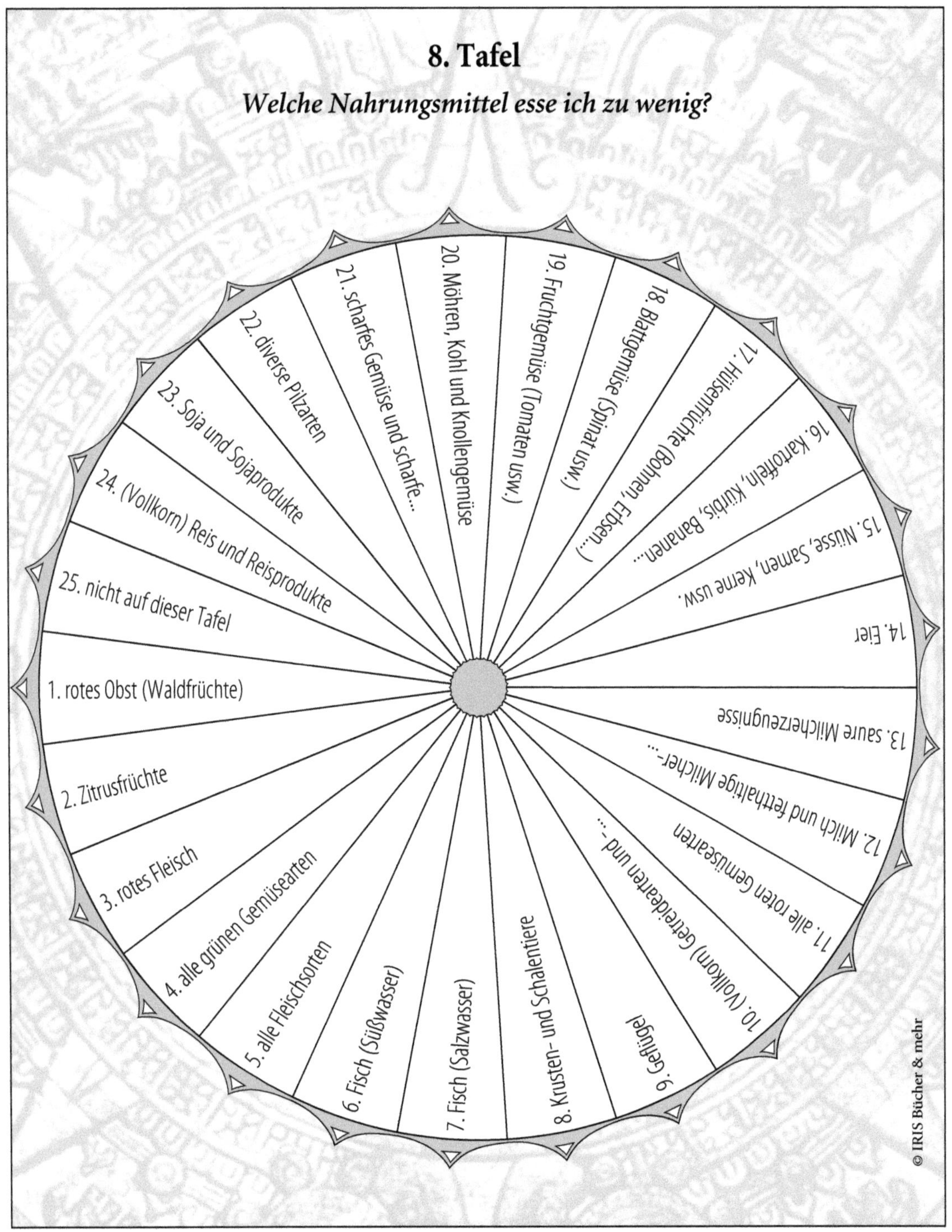

9. Tafel

Mit welchen Nahrungsmitteln sollte ich mäßig sein?

1. rotes Obst (Waldfrüchte)
2. Zitrusfrüchte
3. rotes Fleisch
4. alle grünen Gemüsearten
5. alle Fleischsorten
6. Fisch (Süßwasser)
7. Fisch (Salzwasser)
8. Krusten- und Schalentiere
9. Geflügel
10. diverse (Vollkorn) Getreidearten und -Produkte
11. alle roten Gemüsearten
12. Milch und fetthaltige Milcherzeugnisse (Butter, Käse usw.)
13. saure Milcherzeugnisse (Buttermilch, Joghurt usw.)
14. Eier
15. Nüsse, Samen, Kerne usw.
16. Kartoffeln, Kürbis, Bananen usw.
17. Hülsenfrüchte (Bohnen, Erbsen usw.)
18. Blattgemüse (Spinat usw.)
19. Fruchtgemüse (Tomaten usw.)
20. Möhren, Kohl und Knollengemüse
21. scharfes Gemüse und scharfe Gewürze
22. diverse Pilzarten
23. Soja und Sojaprodukte
24. (Vollkorn) Reis und Reisprodukte
25. nicht auf dieser Tafel

9. Tafel

Mit welchen Nahrungsmitteln sollte ich mäßig sein?

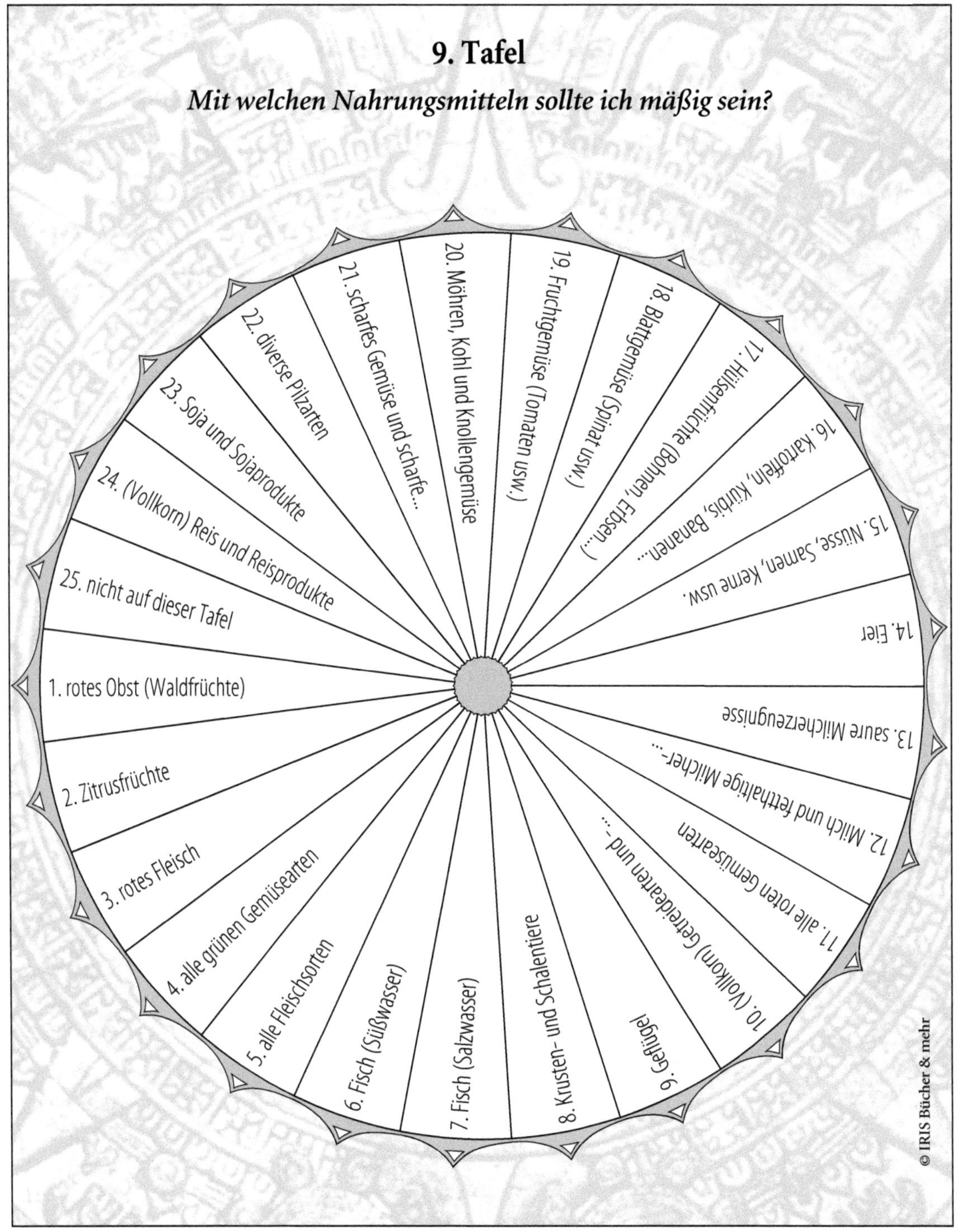

10. Tafel

An welchen Vitaminen mangelt es mir?

1. Vitamin A (Karotin)
2. Vitamin B1 (Thiamin)
3. Vitamin B2 (Riboflavin)
4. Vitamin B3 (Niacin)
5. Vitamin B5 (Pantothensäure)
6. Vitamin B6 (Pirydoxin)
7. Vitamin B9 (Folsäure)
8. Vitamin B12 (Cyanocobalamin)
9. Vitamin C (Ascorbinsäure)
10. Vitamin D (Ergosterin)
11. Vitamin E (Tocoferol)
12. Vitamin F (essentielle Fettsäuren)
13. Vitamin H (Biotin)
14. Vitamin K (Blutgerinnungsvitamin)
15. Vitamin P (Rutin)

Befragen Sie Ihren Arzt bevor Sie Vitamine nehmen!

10. Tafel

An welchen Vitaminen mangelt es mir?

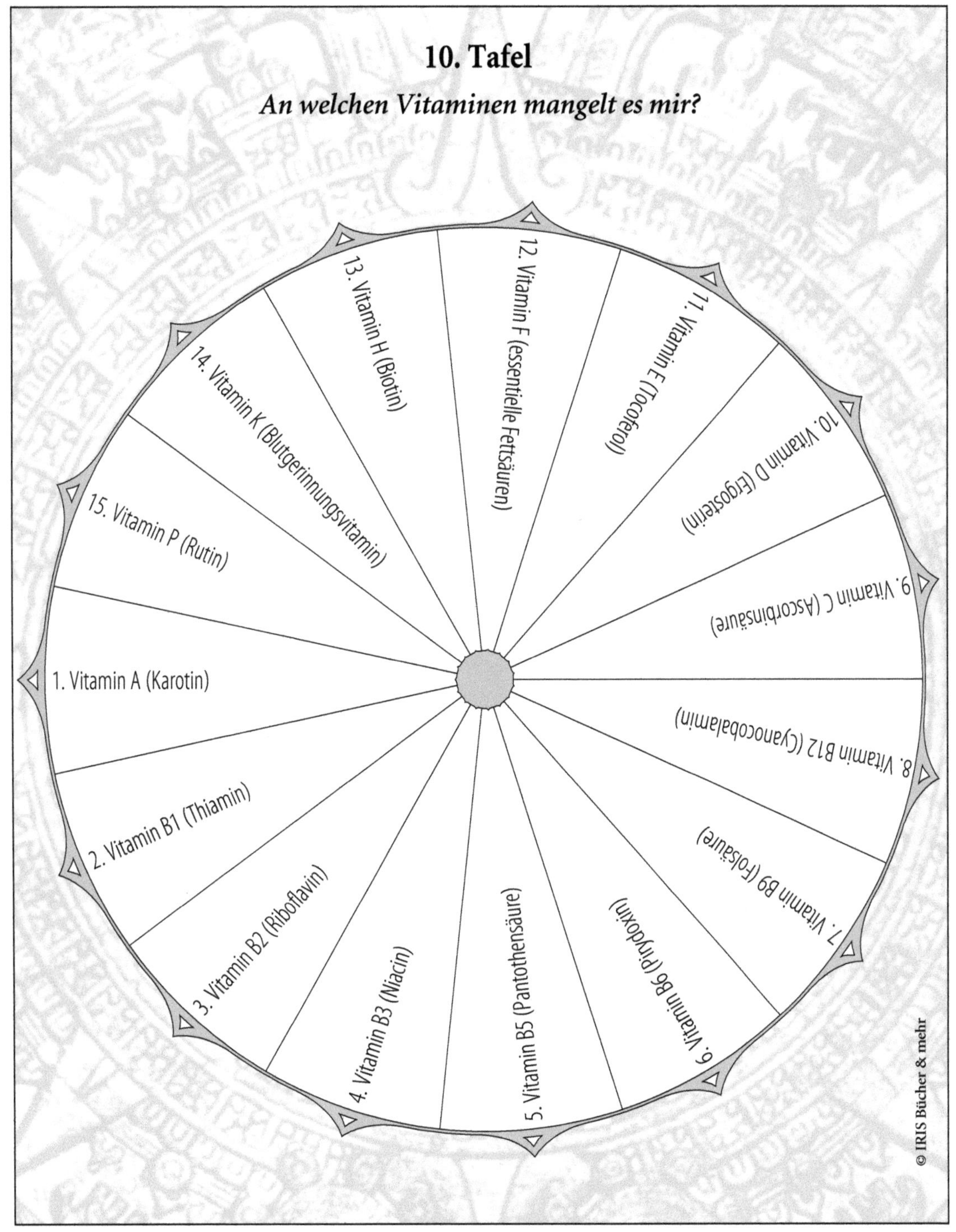

11. Tafel

An welchen Mineralstoffen mangelt es mir?

1. Chrom
2. Magnesium
3. Kalzium
4. Kalium
5. Schwefel
6. Chlor
7. Fluor
8. Selen
9. Eisen
10. Zink
11. Kupfer
12. Jod
13. Phosphor
14. Natrium
15. Mangan

Befragen Sie Ihren Arzt bevor Sie Mineralstoffe nehmen!

11. Tafel

An welchen Mineralstoffen mangelt es mir?

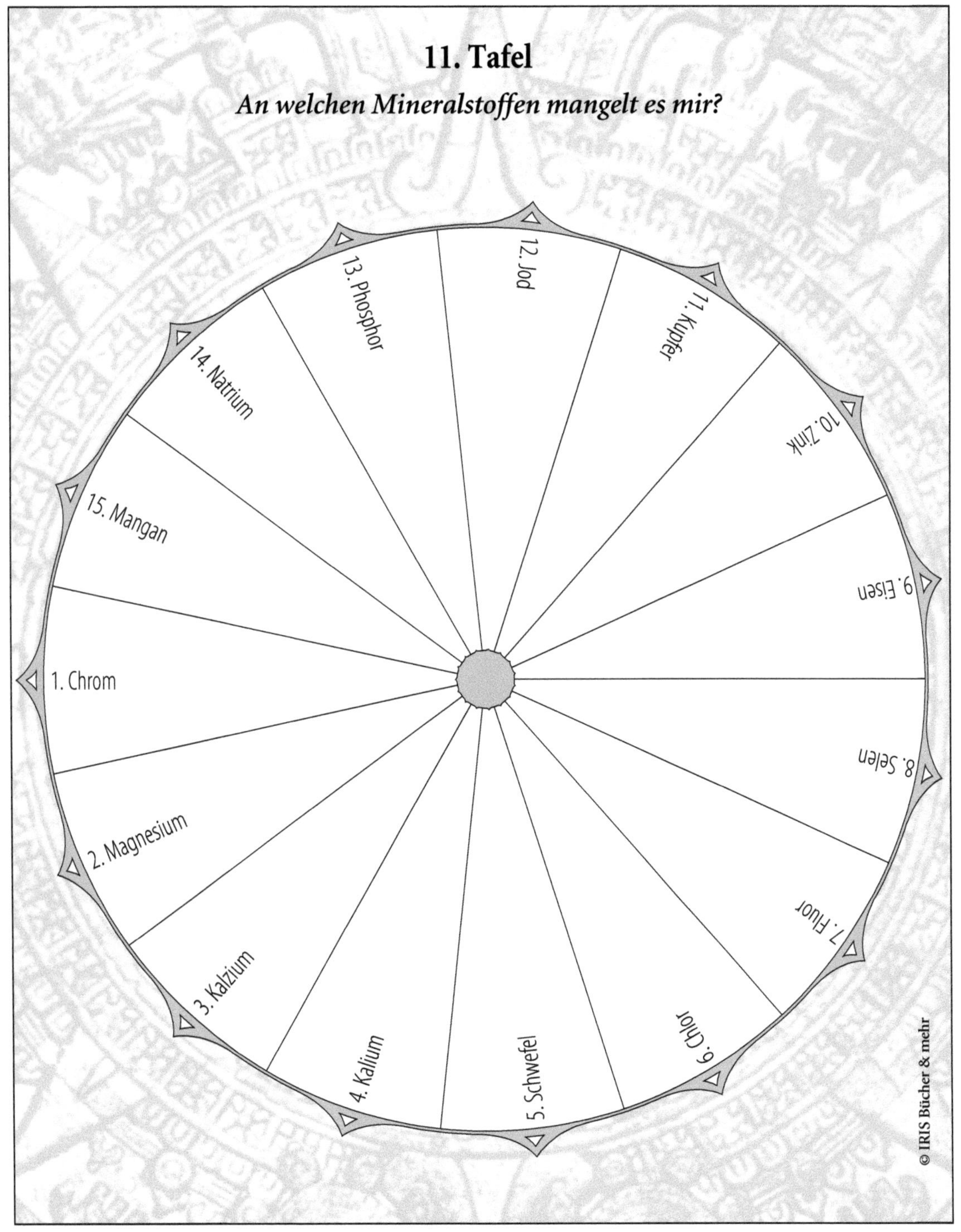

12. Tafel

Welche Nahrungsmittel sollte ich hinsichtlich einer Allergie meiden?

1. tierische Eiweiße - Fleisch
2. tierische Eiweiße - Fisch
3. tierische Eiweiße - Geflügel
4. tierische Eiweiße - Eier
5. tierische Fette
6. Diverse Fette und Öle
7. scharfe Gewürze
8. Geruchs- und Geschmacksstoffe
9. Farbstoffe
10. Konservierungsmittel
11. Getreideprodukte mit Gluten
12. alle Getreideprodukte
13. schwer verdauliche Hülsenfrüchte
14. alle Hülsenfrüchte
15. Krustentiere
16. Schalentiere
17. Nüsse, Samen und Kerne
18. Kuhmilchprodukte
19. alle Milchprodukte
20. raffinierter Zucker
21. alle Zuckersorten
22. fermentierte Produkte
23. Erdbeeren usw.
24. Schokolade usw.
25. nicht auf dieser Tafel

Siehe auch Pendeltafeln 34, 35, 58, 117, 129.

12. Tafel

Welche Nahrungsmittel sollte ich hinsichtlich einer Allergie meiden?

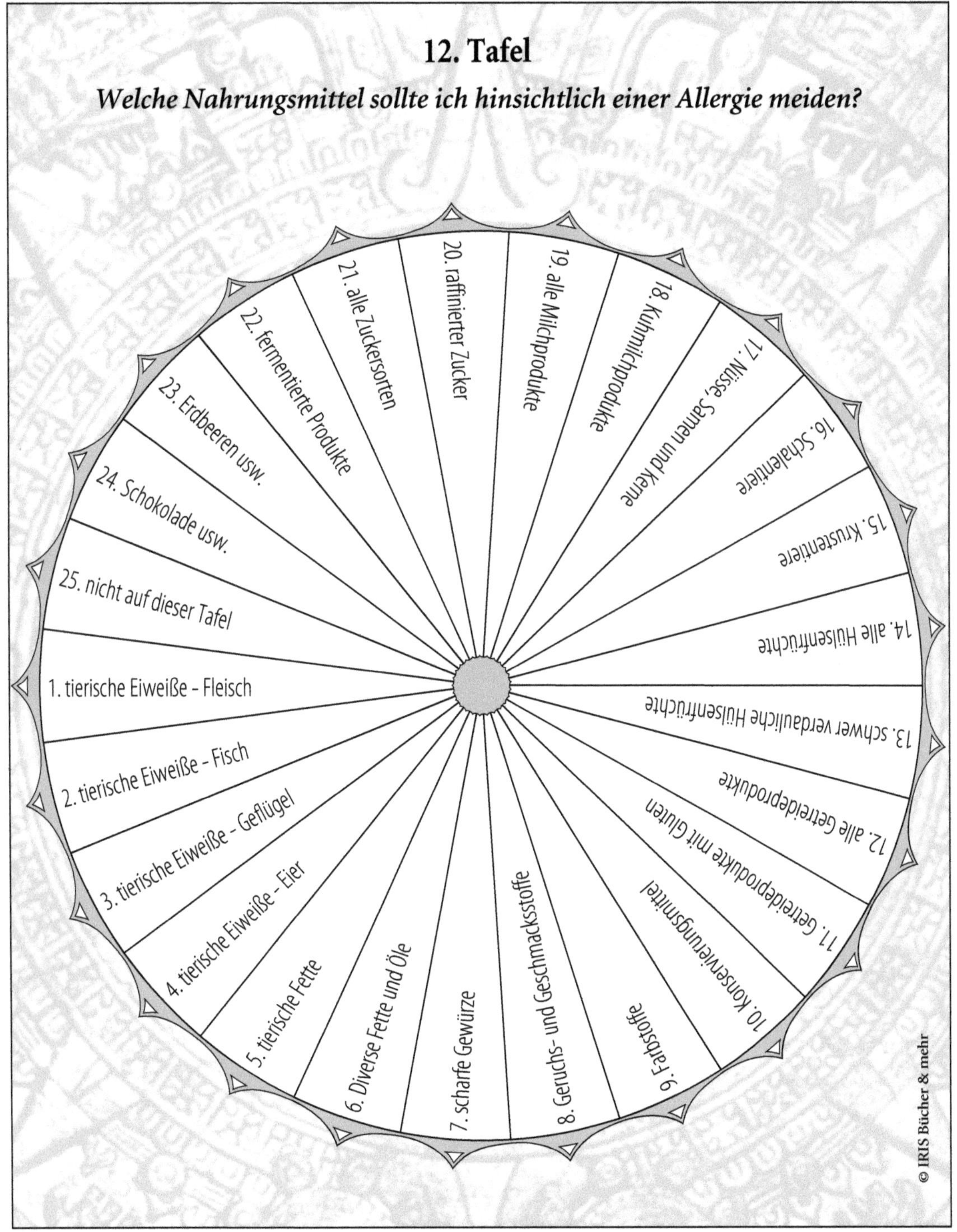

13. Tafel

Welcher Geschmack paßt am besten zu mir?

1. süß
2. süßsauer
3. sauer
4. bitter
5. salzig
6. scharfsüß
7. scharfsalzig
8. erfrischend süß
9. erfrischend sauer
10. fruchtig
11. herzhaft
12. würzig
13. scharf
14. kein spezieller Geschmack
15. nicht auf dieser Tafel

13. Tafel

Welcher Geschmack paßt am besten zu mir?

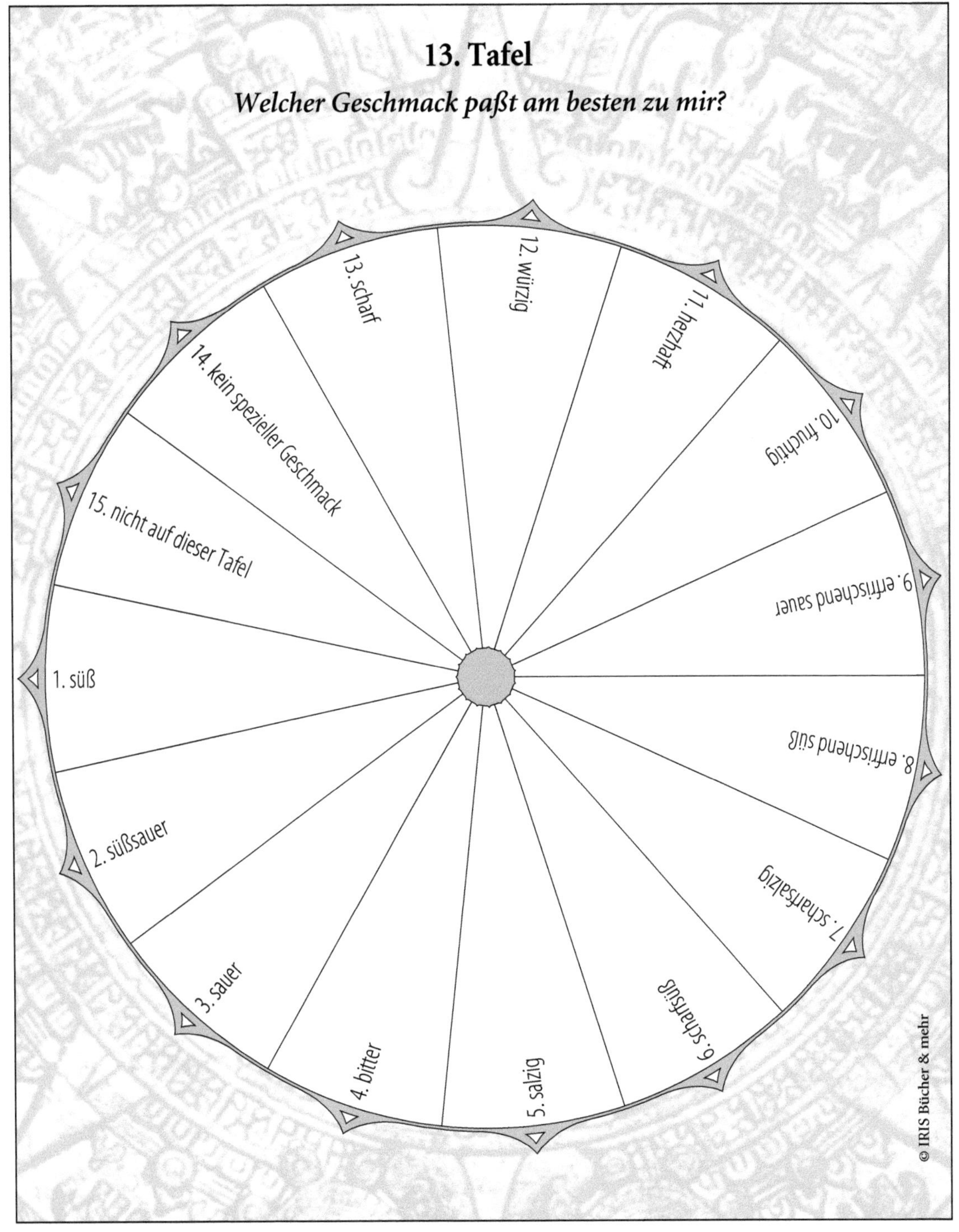

14. Tafel

Welchen Geschmack sollte ich meiden?

1. süß
2. süßsauer
3. sauer
4. bitter
5. salzig
6. scharfsüß
7. scharfsalzig
8. erfrischend süß
9. erfrischend sauer
10. fruchtig
11. herzhaft
12. würzig
13. scharf
14. kein spezieller Geschmack
15. nicht auf dieser Tafel

14. Tafel

Welchen Geschmack sollte ich meiden?

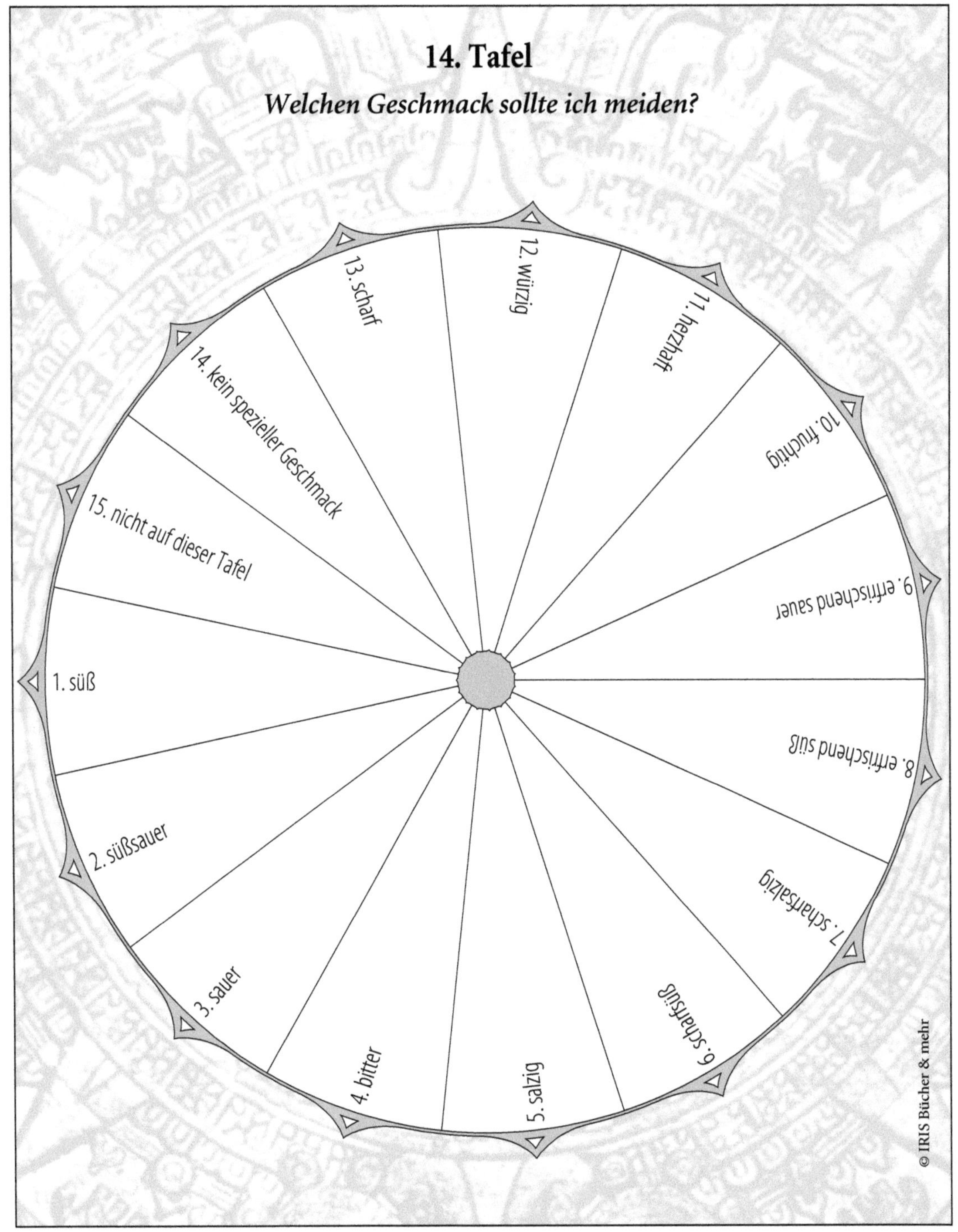

15. Tafel

Welche Diät (oder Ernährung) paßt am besten zu mir?

1. vegetarische Kost
2. Lacto-vegetabile Ernährung
3. streng vegetarische Ernährung
4. Ayurvedische Ernährung
5. Makrobiotik
6. Fit for life-Diät
7. Hypoglycämiediät
8. Entsäuerungstherapie
9. Bircher-Benner-Kost
10. Moerman-Diät
11. Hollywood-Diät
12. Haysche Trennkost
13. Rotationsdiät
14. Sportdiät
15. Brotdiät
16. Fastenkur*
17. Gemüsekur
18. weniger Salz
19. weniger Zucker
20. fettarmer
21. weniger Fleisch
22. mehr trinken
23. (mehr) biologische Nahrung/Produkte
24. mehr frisches Gemüse und Obst
25. nicht auf dieser Tafel

* *Eine Fastenkur sollte ausschließlich unter Aufsicht Ihres Arztes vorgenommen werden.*

15. Tafel

Welche Diät (oder Ernährung) paßt am besten zu mir?

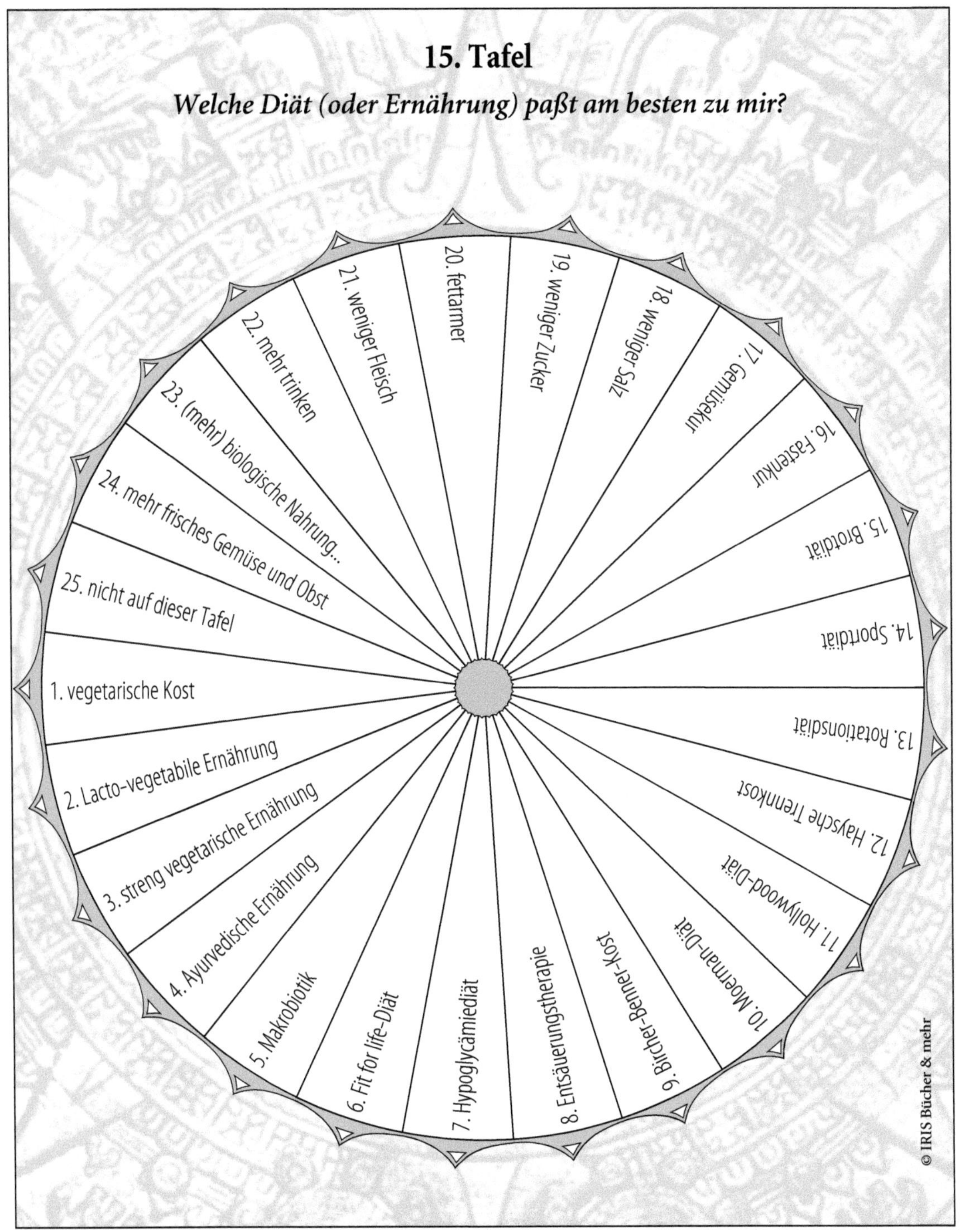

16. Tafel

Welche Diät (oder Ernährung) sollte ich meiden?

1. vegetarische Kost
2. Lacto-vegetabile Ernährung
3. streng vegetarische Ernährung
4. Ayurvedische Ernährung
5. Makrobiotik
6. Fit for life-Diät
7. Hypoglycämiediät
8. Entsäuerungstherapie
9. Bircher-Benner-Kost
10. Moerman-Diät
11. Hollywood-Diät
12. Haysche Trennkost
13. Rotationsdiät
14. Sportdiät
15. Brotdiät
16. Fastenkur*
17. Gemüsekur
18. weniger Salz
19. weniger Zucker
20. fettarmer
21. weniger Fleisch
22. mehr trinken
23. (mehr) biologische Nahrung/Produkte
24. mehr frisches Gemüse und Obst
25. nicht auf dieser Tafel

* *Eine Fastenkur sollte ausschließlich unter Aufsicht Ihres Arztes vorgenommen werden.*

16. Tafel

Welche Diät (oder Ernährung) sollte ich meiden?

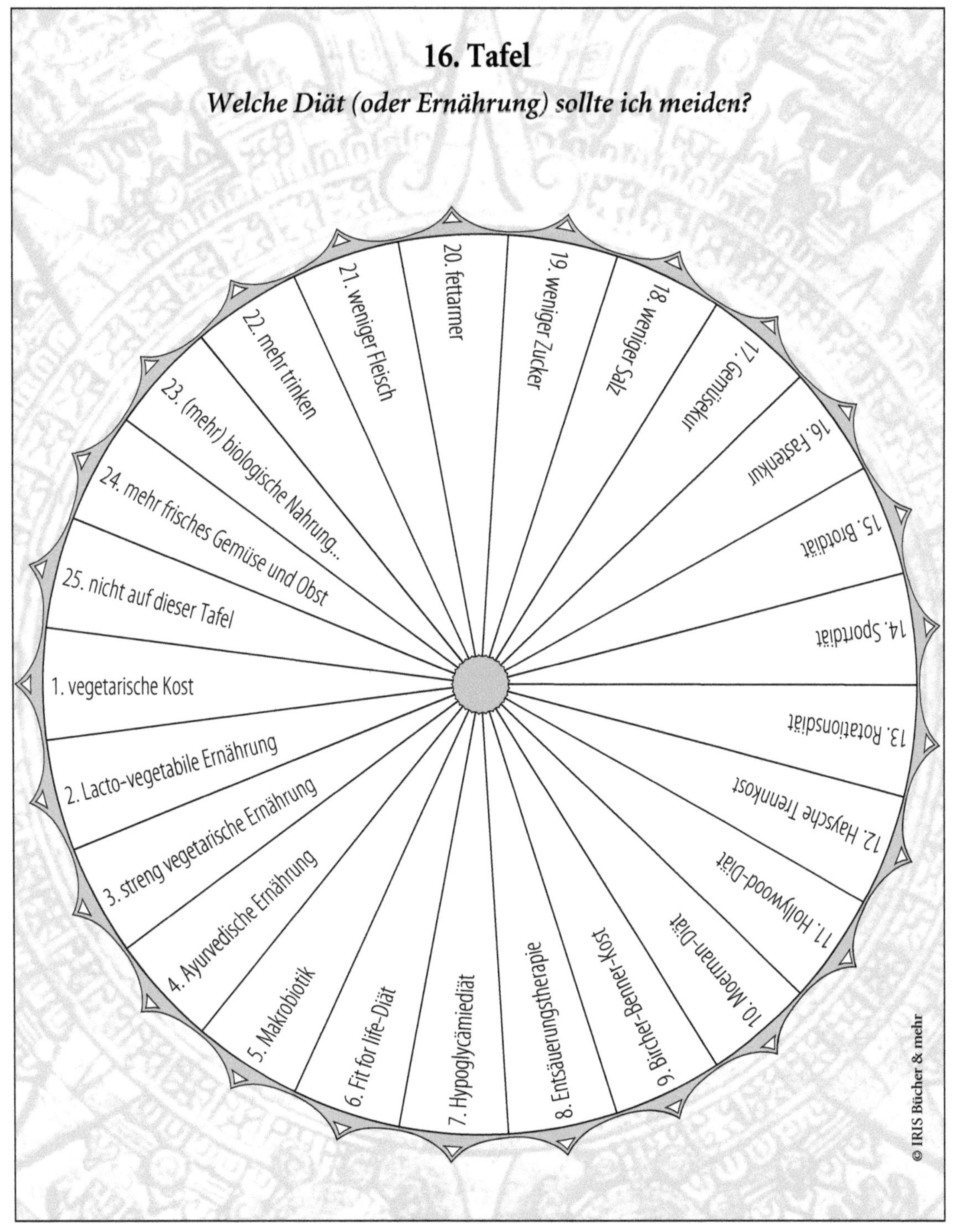

17. Tafel

Welche Mahlzeit ist mir am wichtigsten?

1. Frühstück, einfach
2. Frühstück, reichhaltig
3. Mittagessen, einfach
4. Mittagessen, umfangreich
5. frühes Abendessen, einfach
6. frühes Abendessen, umfangreich
7. Abendessen spät am Abend, einfach
8. Abendessen spät am Abend, umfangreich
9. Brunch, einfach
10. Brunch, umfangreich
11. Imbiß: süß
12. Imbiß: herzhaft
13. ich esse am liebsten den ganzen Tag
14. ich esse am liebsten nicht
15. ich bevorzuge nichts

17. Tafel

Welche Mahlzeit ist mir am wichtigsten?

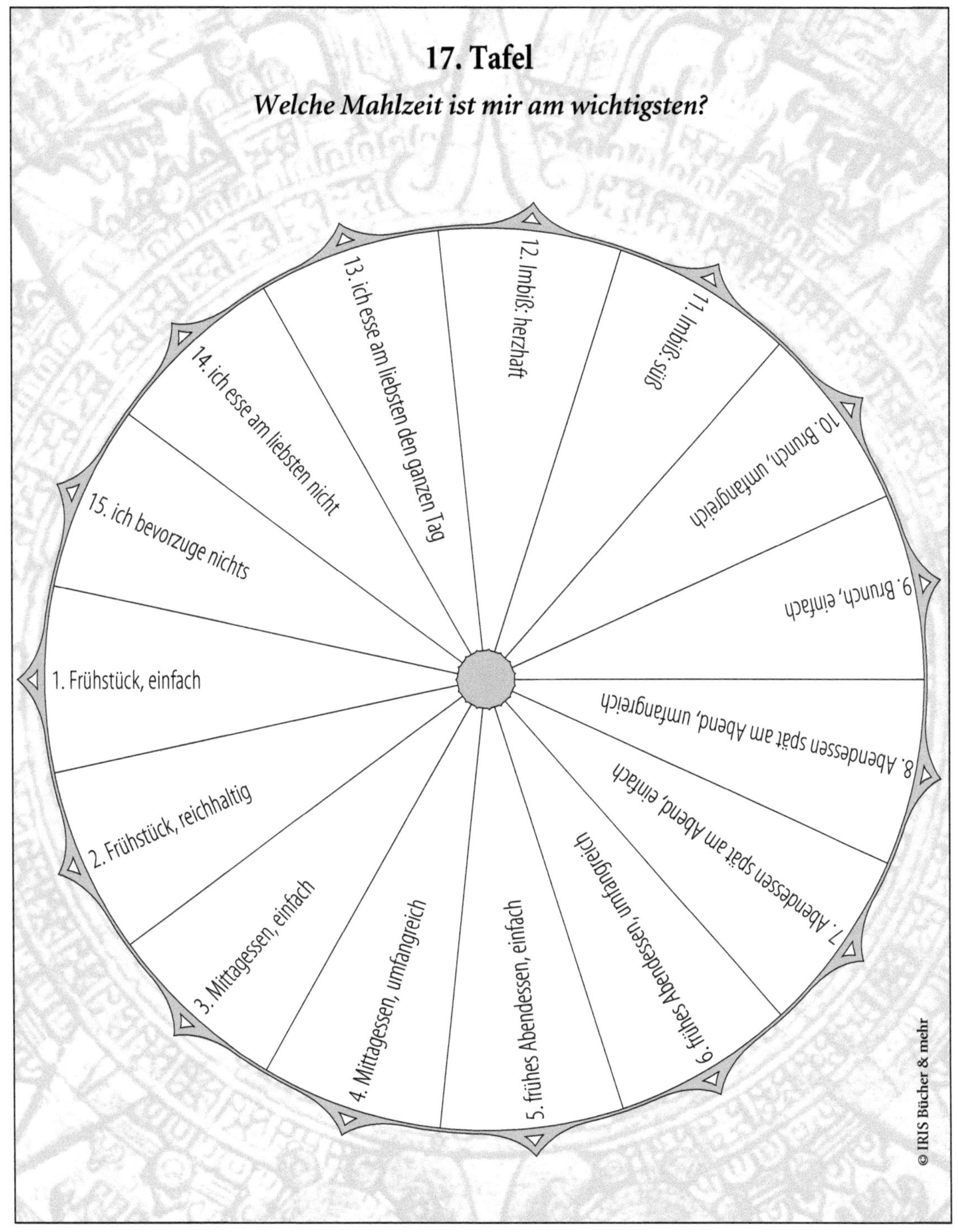

18. Tafel

Auf welche (Lebens-) Gewohnheiten sollte ich mich konzentrieren?

1. ich bekomme zu wenig Nachtruhe
2. ich entspanne mich zu wenig
3. ich betätige mich körperlich zu wenig
4. ich bekomme zu wenig frische Luft
5. ich esse zu wenig nahrhafte Mahlzeiten
6. ich trinke zu viel Kaffee
7. ich nehme zu viel Nikotin zu mir
8. ich trinke zu viel Alkohol
9. ich nehme zu viele Anregungsmittel/Beruhigungsmittel
10. ich esse zu viele salzige/fettreiche Mahlzeiten
11. ich nehme mir zu wenig Zeit für mich selbst
12. ich nehme mir zu wenig Zeit für andere
13. ich fühle mich viel zu verantwortlich für meine Arbeit
14. ich fühle mich viel zu verantwortlich für andere
15. nicht auf dieser Tafel

18. Tafel

Auf welche (Lebens-) Gewohnheiten sollte ich mich konzentrieren?

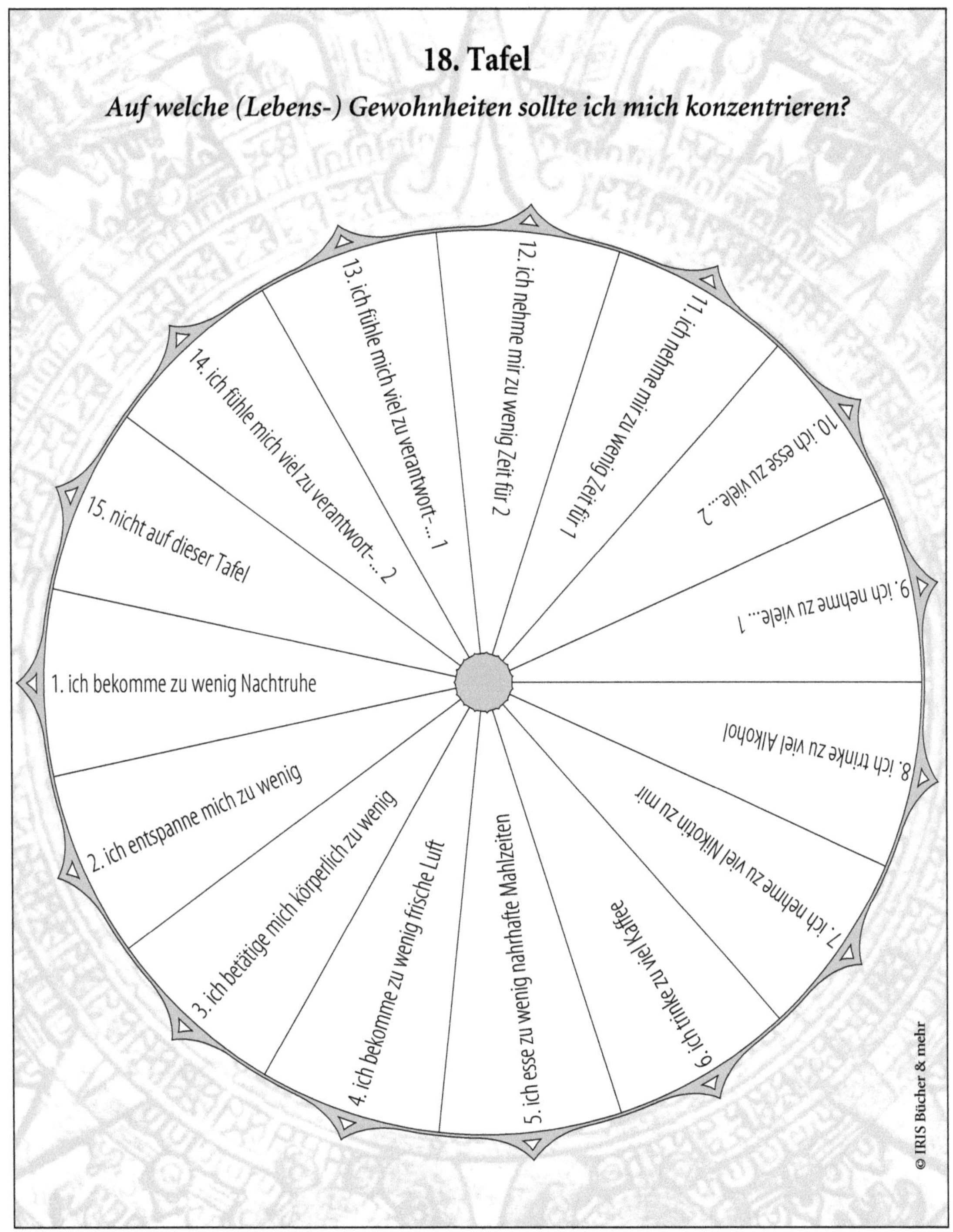

19. Tafel

Ich bin zu gestreßt. Der Grund:

1. zu große Arbeitsbelastung
2. Sorgen (Geldsorgen)
3. (Liebes-) Kummer
4. unerklärliche Ängste/Phobien
5. ich bürde mir zu viel auf
6. ich kann meine Zeit schlecht planen
7. ich lasse mich schnell von meiner Arbeit ablenken
8. ich kann mich nicht entspannen
9. ich kümmere mich zu viel um Probleme anderer
10. ich kann schlecht nein sagen
11. ich habe zuviel Verantwortung
12. ich wage es nicht um Hilfe zu fragen
13. ich kann keine Kritik ertragen
14. ich treffe oft falsche Entscheidungen
15. nicht auf dieser Tafel

19. Tafel

Ich bin zu gestreßt. Der Grund:

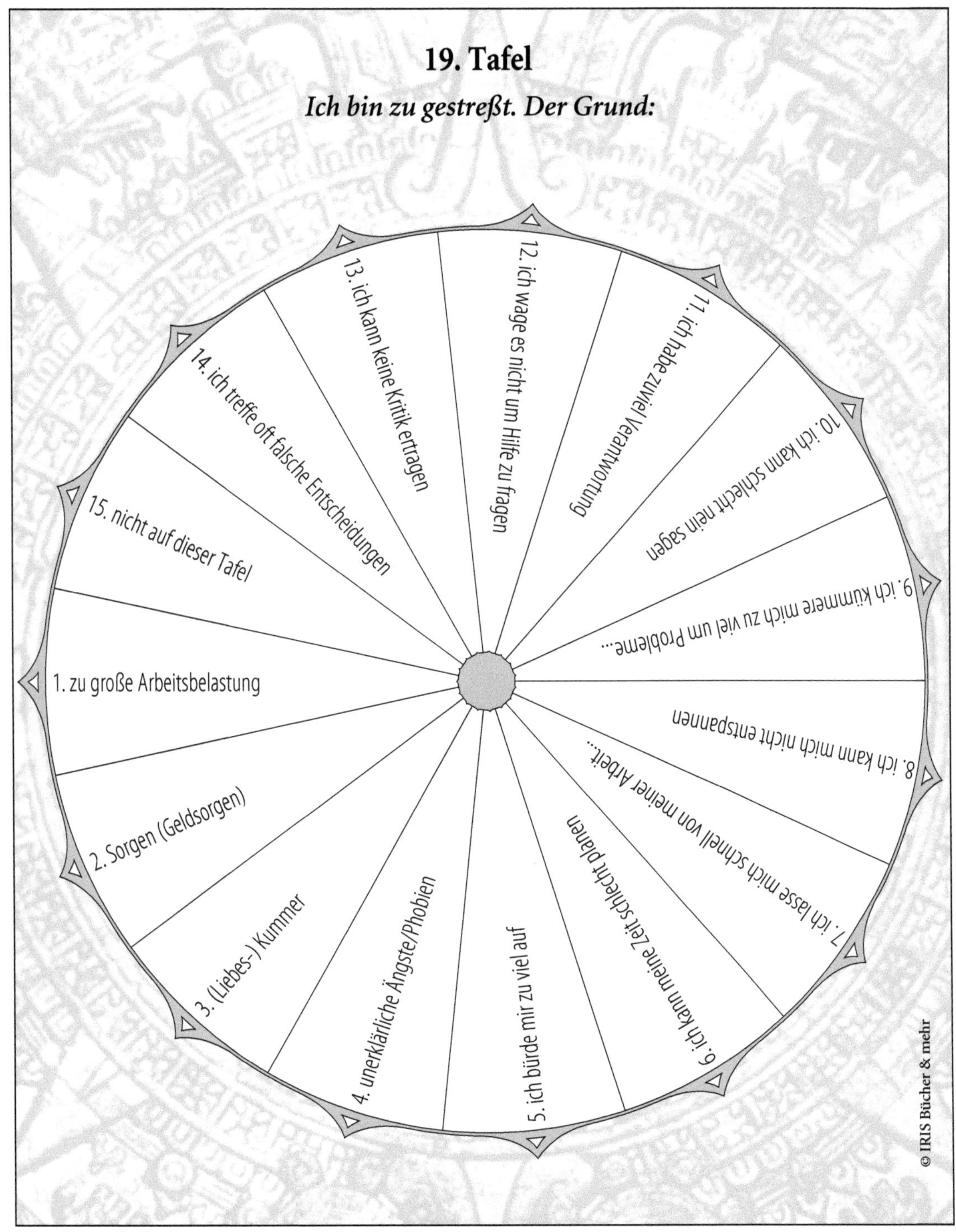

20. Tafel

Auf welche Schönheitspflege sollte ich mich konzentrieren?

1. tägliche Hygiene
2. Kleidung - komfortabel
3. Kleidung - sportlich
4. Kleidung - sehr modern
5. Kleidung - korrekt
6. Frisur
7. Nägel
8. Gebiß
9. Make-up
10. Haut
11. Parfüm
12. Schmuck
13. Accessoires
14. Schuhe
15. nicht auf dieser Tafel

20. Tafel

Auf welche Schönheitspflege sollte ich mich konzentrieren?

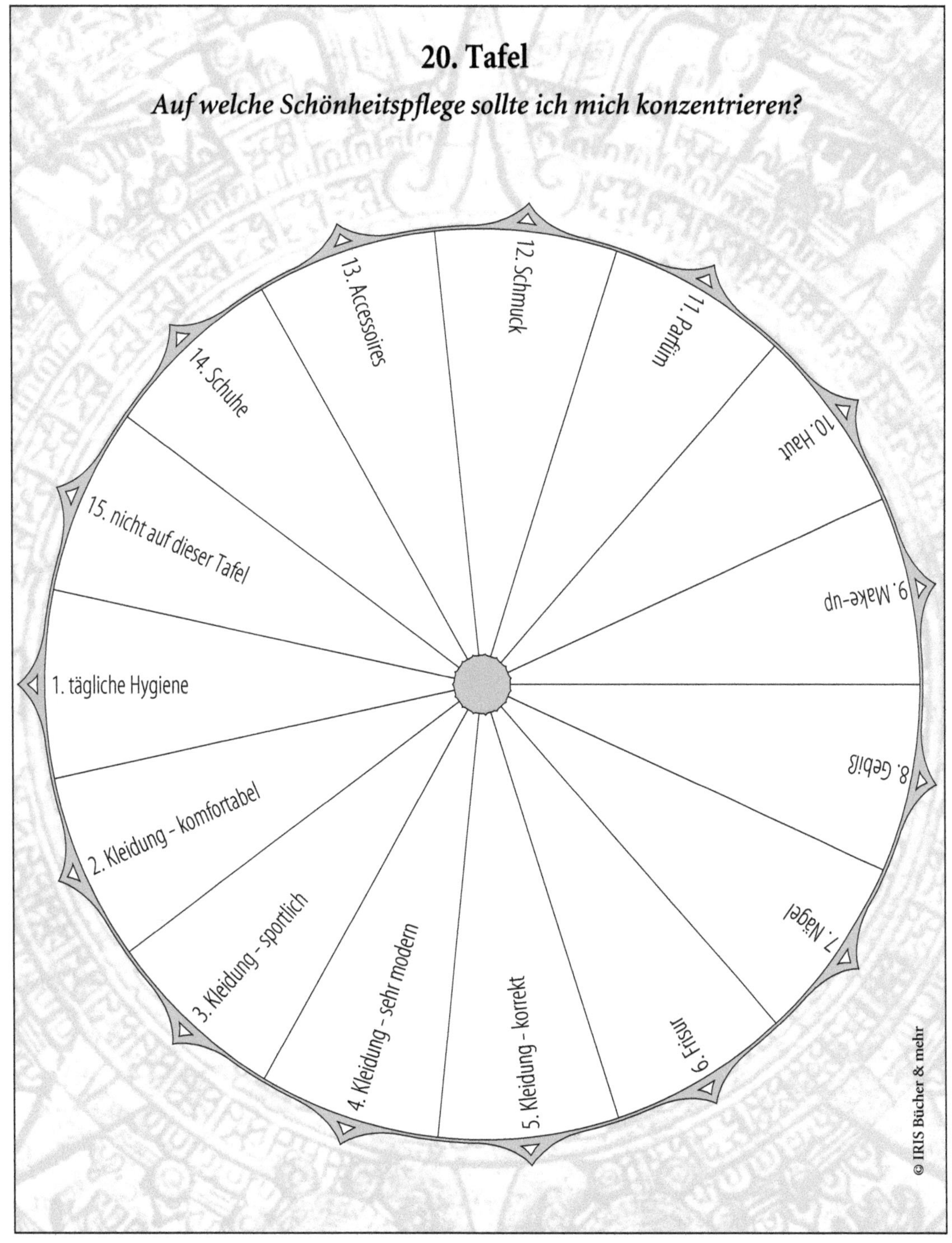

21. Tafel

Welche regelmäßige Körperpflege/Behandlung paßt am besten zu mir?

1. Friseur, Haarschnitt und Frisieren
2. Friseur, besondere Frisur und Farben
3. kosmetische Behandlung
4. Gesichtsmassage
5. Körpermassage
6. pflegende Masken/Packungen
7. Nährmasken/Packungen
8. Solarium
9. Sportmassage
10. Lymphdrainage
11. Maniküre
12. Pediküre
13. spezielle Hautpflege
14. sorgfältiges Make-up
15. nicht auf dieser Tafel

21. Tafel

Welche regelmäßige Körperpflege/Behandlung paßt am besten zu mir?

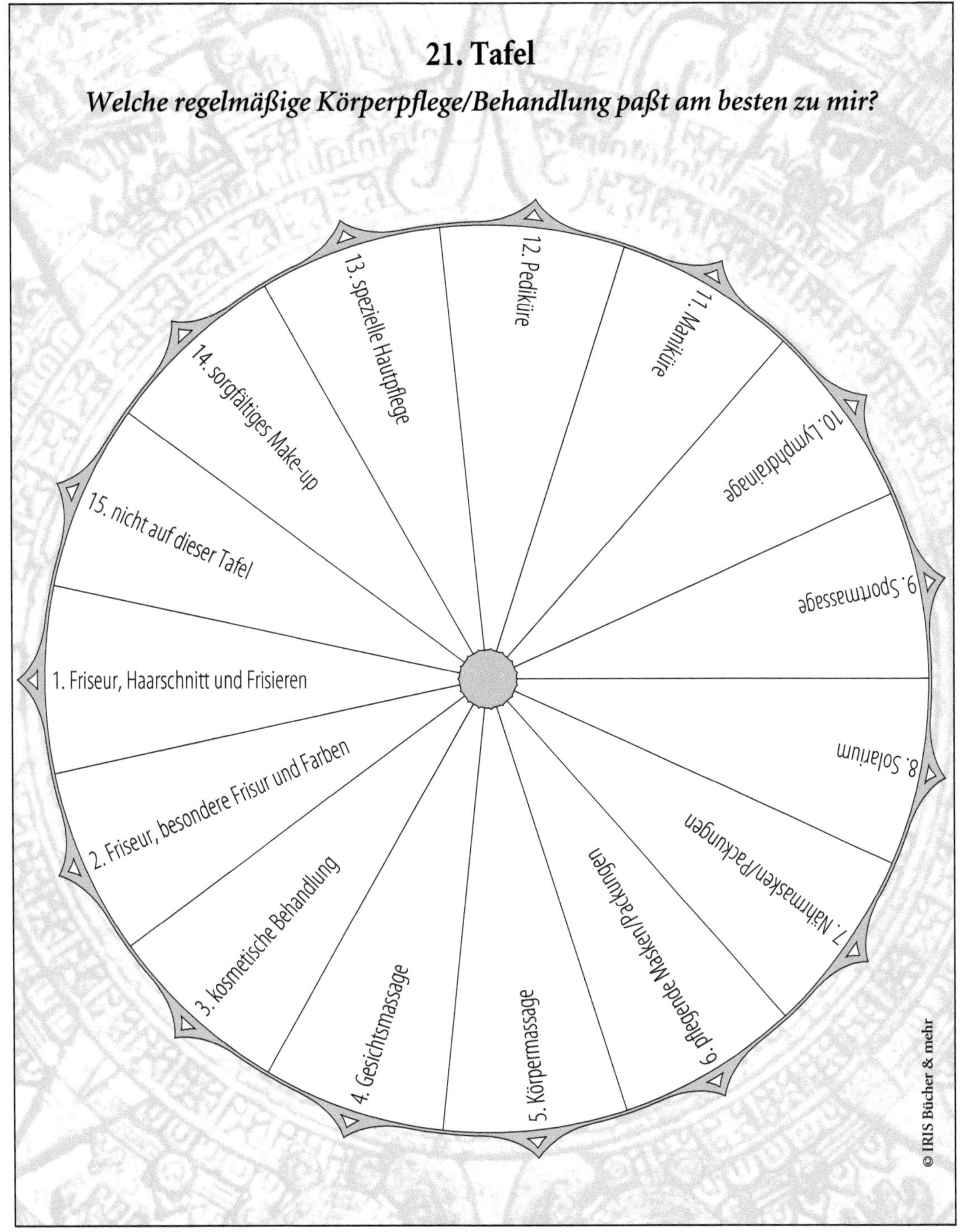

22. Tafel

Welche Art der Reinigung paßt am besten zu mir?

1. warmes Kräuterbad - anregend
2. warmes Kräuterbad - beruhigend
3. warmes Bad, ohne Zusätze
4. lauwarmes Bad, ohne Zusätze
5. lange warm duschen
6. lange lauwarm duschen
7. warmes Ölbad
8. warmes Schaumbad
9. kurz warm duschen
10. kurz lauwarm duschen
11. mit einem Gefäß Wasser über den Körper gießen
12. warmes, kurzes Abspülen
13. lauwarmes, kurzes Abspülen
14. ich bevorzuge nichts
15. nicht auf dieser Tafel

22. Tafel

Welche Art der Reinigung paßt am besten zu mir?

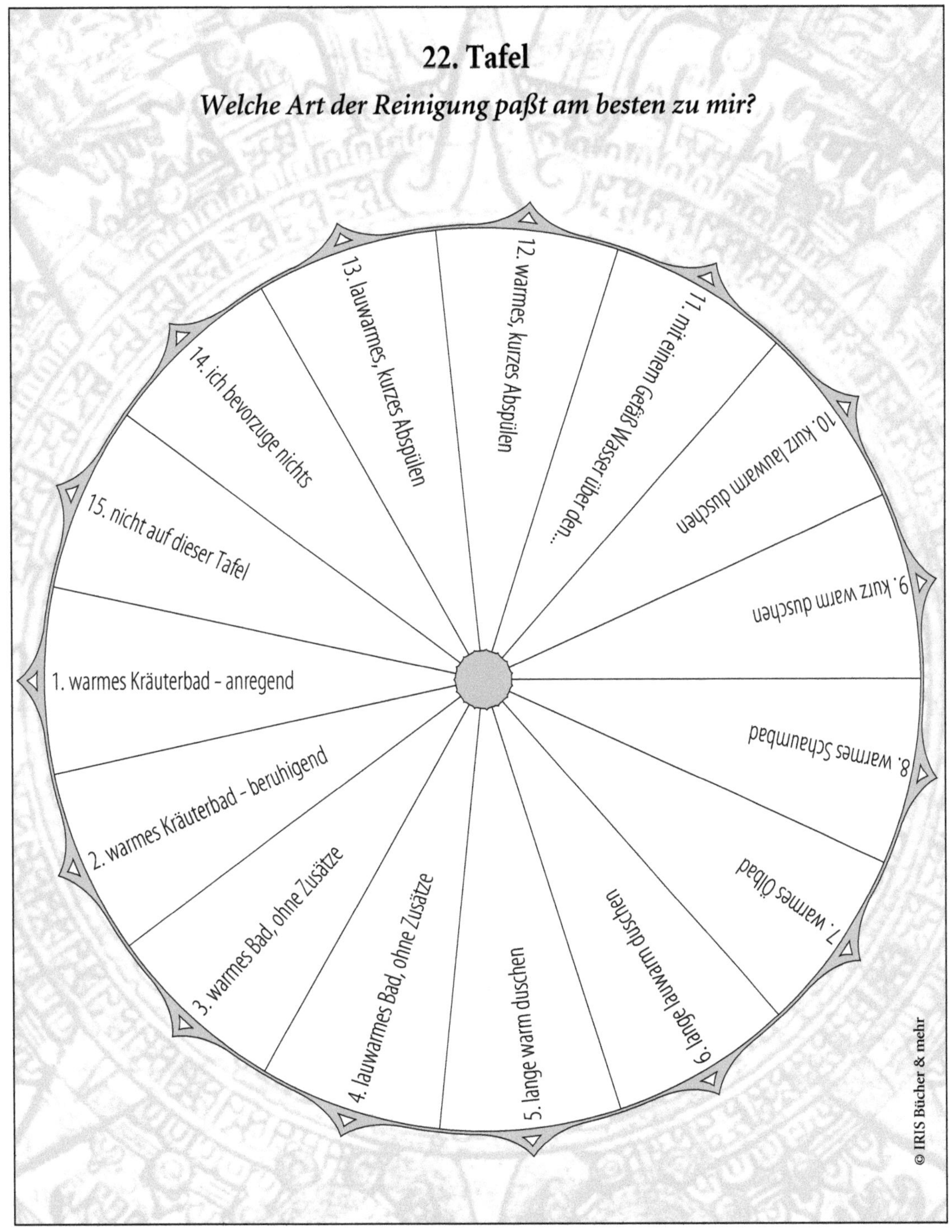

23. Tafel

Auf welche geistige Bereiche sollte ich mich konzentrieren?

1. Gleichgewichtigkeit
2. Entspannung
3. Energie
4. Spiritualität
5. Verflochtenheit
6. (Selbst-) Vertrauen
7. inneres Wachstum
8. intellektueller Anreiz
9. kreativer Anreiz
10. Inspiration
11. Streß
12. Konzentration
13. Aufgewecktheit
14. Selbstbetrachtung
15. Offenheit
16. Flexibilität
17. Begeisterung
18. Disziplin
19. Liebe
20. sich lösen
21. aus Fehlern lernen
22. (Selbst-) Bejahung
23. Motivation
24. Verzeihen
25. nicht auf dieser Tafel

Siehe auch 31. Pendeltafel.

23. Tafel

Auf welche geistige Bereiche sollte ich mich konzentrieren?

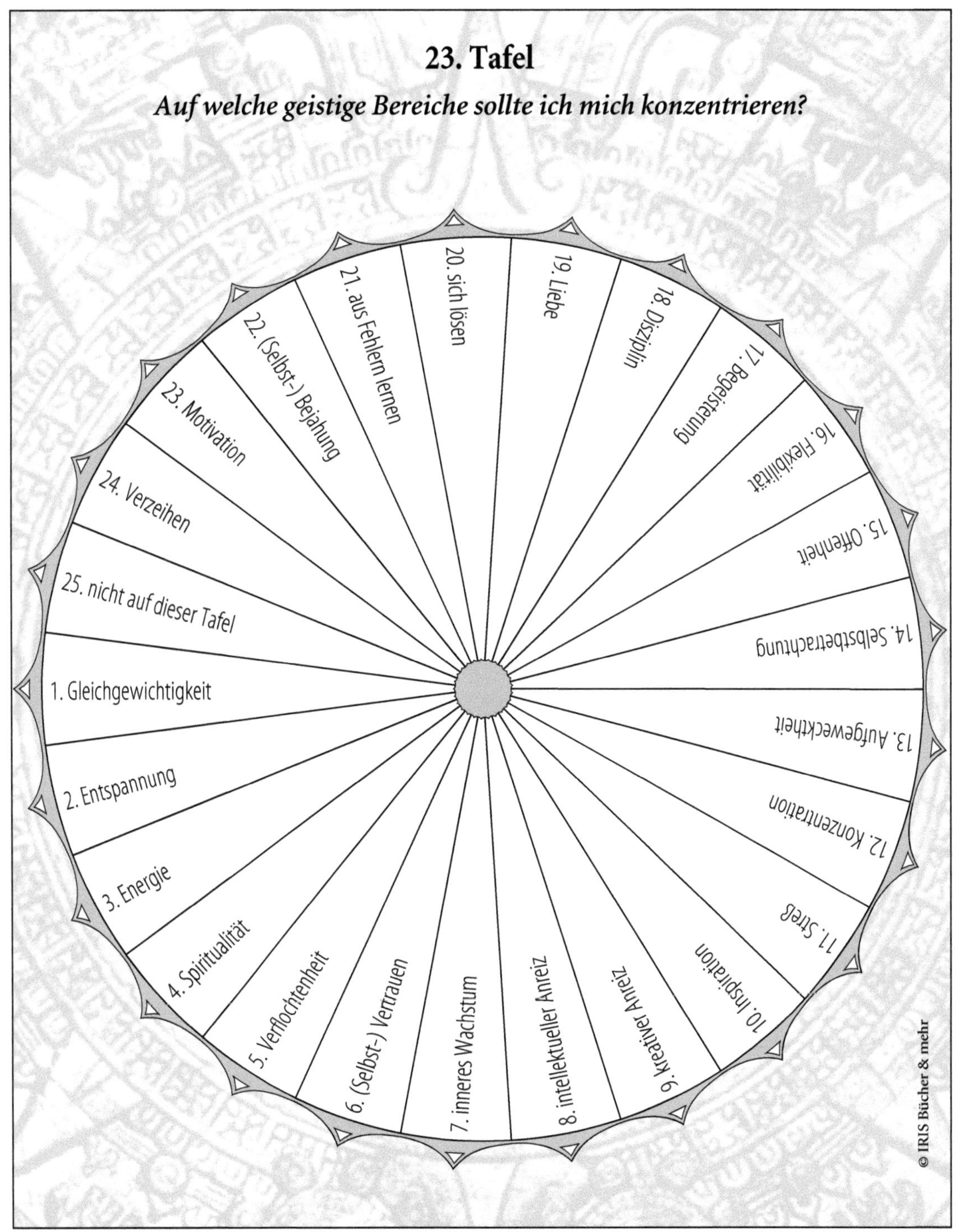

24. Tafel

Auf welche körperliche Bereiche sollte ich mich konzentrieren?

1. Immunsystem
2. Kreislauf
3. Wasserhaushalt
4. Blase und Harnwege
5. Drüsen
6. Skelett
7. Gelenke
8. Nervensystem
9. Haut
10. Haare und Nägel
11. Geschlechtsorgane
12. Verdauung (Verdauungsorgane)
13. Atmung/Luftwege
14. Muskeln und Sehnen
15. Bindegewebe und Knorpel
16. Rückgrat und Halswirbel
17. Sehkraft
18. Tastsinn
19. Geruch
20. Geschmack
21. Gehör
22. Motorik
23. Gebiß
24. Energiehaushalt
25. nicht auf dieser Tafel

Siehe auch 30. Pendeltafel.

24. Tafel

Auf welche körperliche Bereiche sollte ich mich konzentrieren?

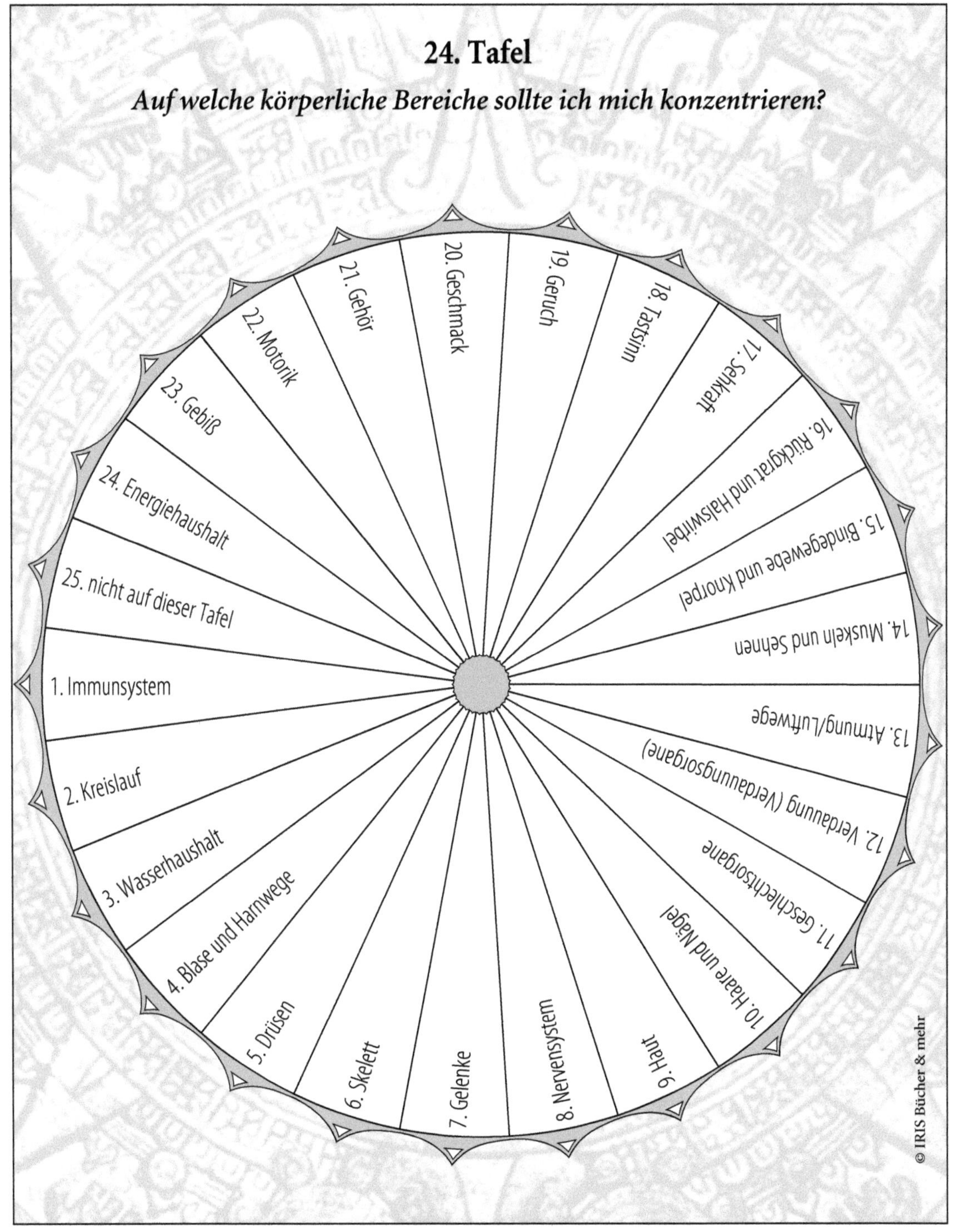

25. Tafel

Auf welche Schmerzen/Entzündung sollte ich mich konzentrieren?

1. Kopfschmerzen
2. Bauchschmerzen
3. Gelenkschmerzen
4. Nervenschmerzen
5. Muskelschmerzen
6. Halsschmerzen
7. Haarausfall
8. Ohrentzündung
9. Magen-/Darminfektion
10. Blasen-/Harnwegentzündung
11. Infektion der Luftwege
12. Augenentzündung
13. Hautausschlag
14. Zahnfleischentzündung
15. nicht auf dieser Tafel

25. Tafel

Auf welche Schmerzen/Entzündung sollte ich mich konzentrieren?

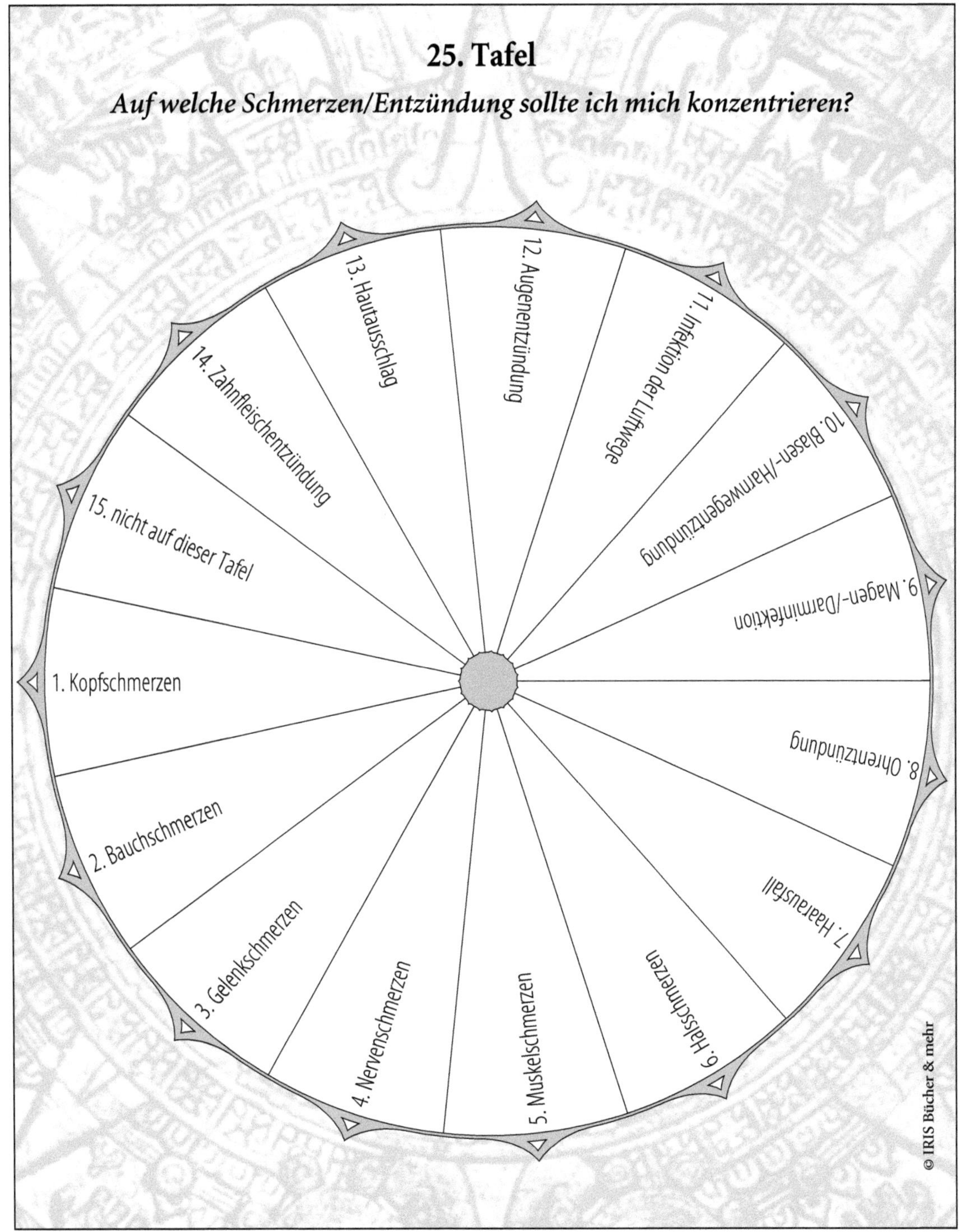

26. Tafel

Auf welche körperliche Reaktionen sollte ich mich konzentrieren?

1. Schläfrigkeit
2. Hyperaktivität
3. Infektionen/Entzündungen
4. schnell außer Atem
5. schnell erschöpft
6. übermäßiges Schwitzen
7. übermäßiges Erröten
8. Allergien
9. Konzentrationsschwäche
10. hoher Blutdruck
11. niedriger Blutdruck
12. keinen Appetit
13. zu viel Appetit
14. Muskelzucken
15. nicht auf dieser Tafel

26. Tafel

Auf welche körperliche Reaktionen sollte ich mich konzentrieren?

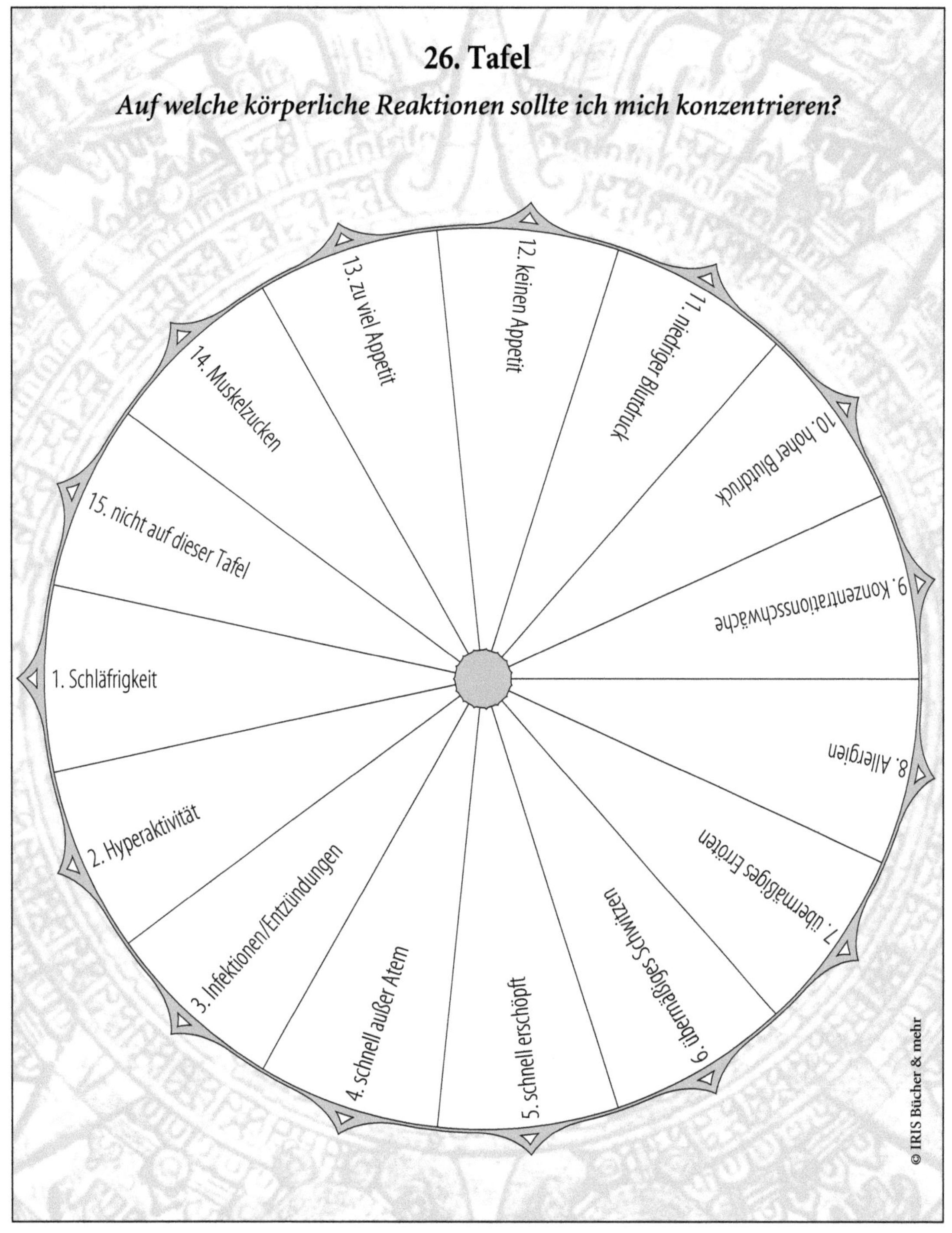

27. Tafel

Wo im Körper finde ich die wichtigste Ursache meiner Krankheit/meines Leidens? (1)

1. Großhirn, Nervenzentrum
2. Hirnhaut
3. Augen
4. Ohren
5. Nasenbein
6. Kiefergelenk
7. Mandeln
8. Kehlkopf
9. Schilddrüse
10. Luftröhre
11. Schultergelenk
12. Bronchien
13. rechte Lunge
14. Leber
15. Gallenblase
16. Bauchspeicheldrüse
17. Dickdarm, querliegender Teil
18. unterer Teil der Hauptschlagader
19. untere Hohlvene
20. Dickdarm, unterer Teil
21. Mastdarm
22. Dünndarm, gewundener Teil
23. Blinddarm, vorne rechts
24. Wurmfortsatz (Blinddarm)
25. Drüsen
26. Kreislauf:
    Arterien (aus dem Herzen)
    Venen (zum Herzen)
27. Fußgelenk
28. Haare
29. Hirnanhangdrüse (Hypophyse)
30. Kleinhirn
31. Rückenmark (Hauptnerv)
32. Hauptschlagader
33. Lungenspitze
34. Brustdrüse (Thymusdrüse)
35. linkes Auge
36. Speiseröhre
37. Herz
38. Magen
39. Ellbogengelenk
40. Milz
41. Nieren
42. Becken
43. Harnröhren
44. Hüftgelenk
45. Blase
46. Handgelenk
47. Geschlechtsorgane
48. Kniegelenk

Befragen Sie bitte Ihren Arzt, damit die richtige Diagnose der Art Ihrer Beschwerden gestellt wird.

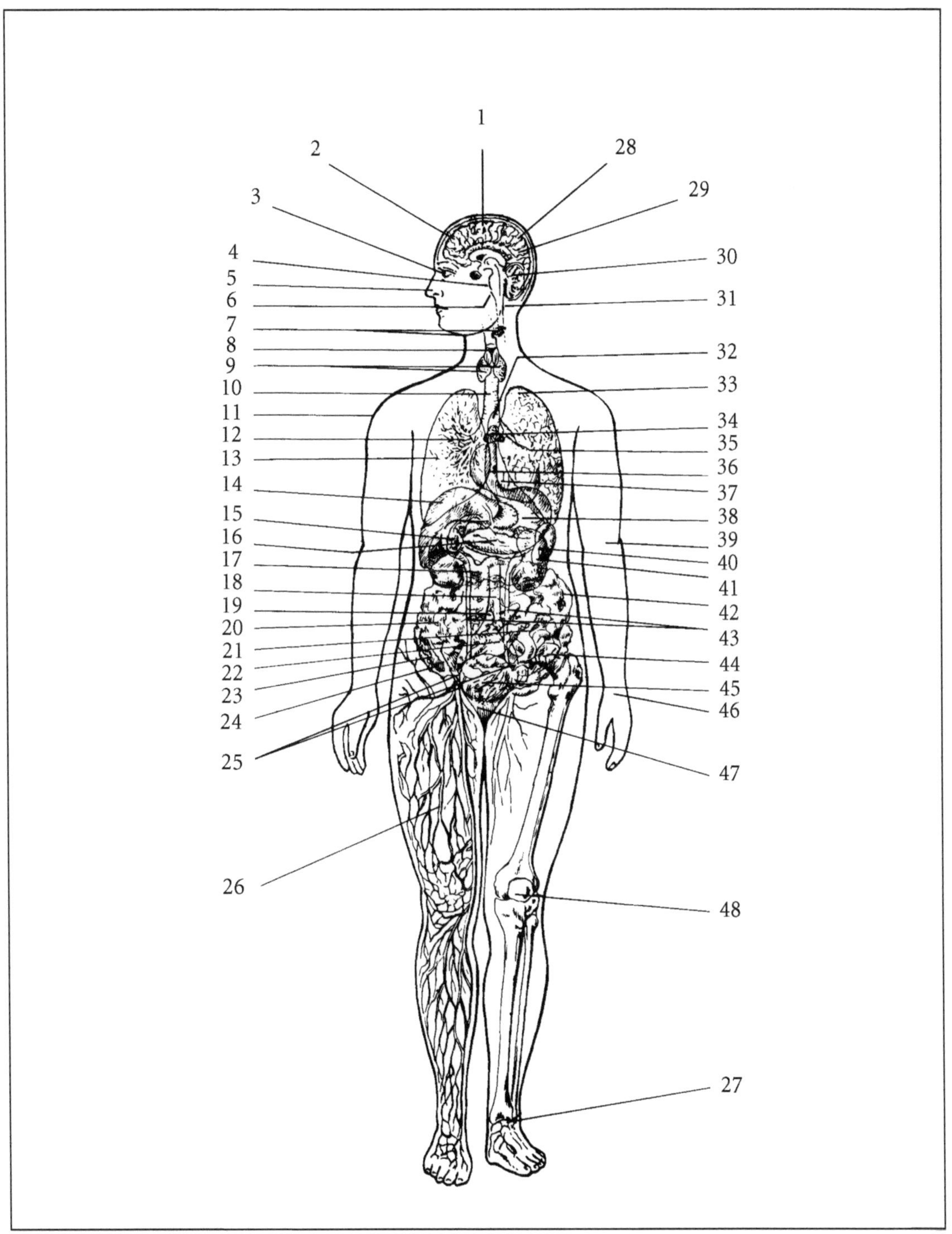
1
2
28
3
29
4
5
30
6
31
7
8
32
9
10
33
11
34
12
35
13
36
14
37
15
38
16
39
17
40
18
41
19
42
20
43
21
44
22
45
23
46
24
25
47
26
48
27

28. Tafel

Wo im Körper finde ich die wichtigste Ursache meiner Krankheit/meines Leidens? (2)

1. Großhirn, Nervenzentrum
2. Hirnhaut
3. Augen
4. Ohren
5. Nasenbein
6. Kiefergelenk
7. Mandeln
8. Kehlkopf
9. Schilddrüse
10. Luftröhre
11. Schultergelenk
12. Bronchien
13. rechte Lunge
14. Leber
15. Gallenblase
16. Bauchspeicheldrüse
17. Dickdarm, querliegender Teil
18. unterer Teil der Hauptschlagader
19. untere Hohlvene
20. Dickdarm, unterer Teil
21. Mastdarm
22. Dünndarm, gewundener Teil
23. Blinddarm, vorne rechts
24. Wurmfortsatz (Blinddarm)
25. Drüsen

Befragen Sie bitte Ihren Arzt, damit die richtige Diagnose der Art Ihrer Beschwerden gestellt wird.

28. Tafel

Wo im Körper finde ich die wichtigste Ursache meiner Krankheit/meines Leidens?

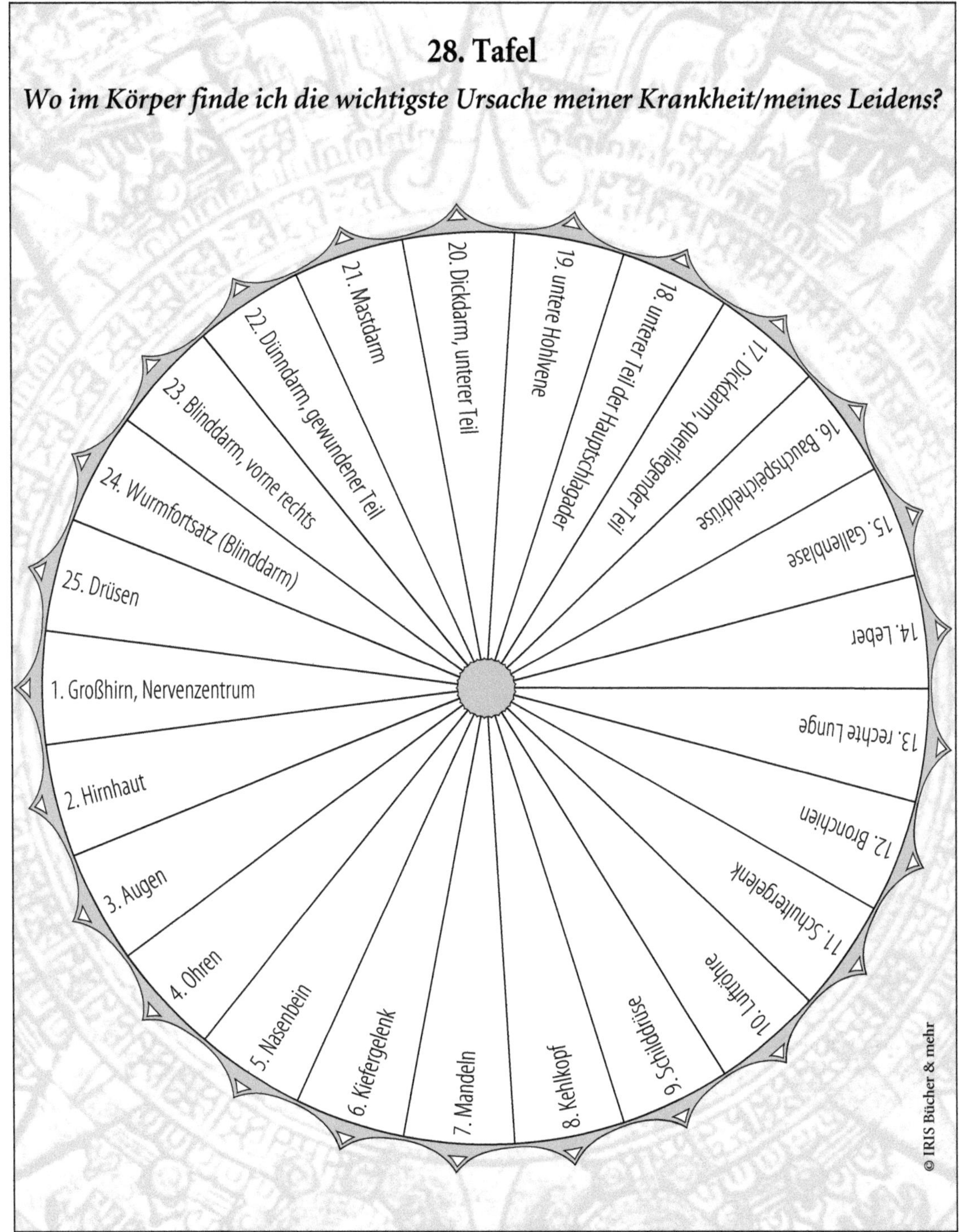

29. Tafel

Wo im Körper finde ich die wichtigste Ursache meiner Krankheit/meines Leidens? (3)

1. Drüsen
2. Kreislauf, Arterien (aus dem Herzen) und Venen (zum Herzen)
3. Fußgelenk
4. Haare
5. Hirnanhangdrüse (Hypophyse)
6. Kleinhirn
7. Rückenmark (Hauptnerv)
8. Hauptschlagader
9. Lungenspitze
10. Brustdrüse (Thymusdrüse)
11. linkes Auge
12. Speiseröhre
13. Herz
14. Magen
15. Ellbogengelenk
16. Milz
17. Nieren
18. Becken
19. Harnröhren
20. Hüftgelenk
21. Blase
22. Handgelenk
23. Geschlechtsorgane
24. Kniegelenk
25. nicht auf dieser Tafel

Befragen Sie bitte Ihren Arzt, damit die richtige Diagnose der Art Ihrer Beschwerden gestellt wird.

29. Tafel

Wo im Körper finde ich die wichtigste Ursache meiner Krankheit/meines Leidens?

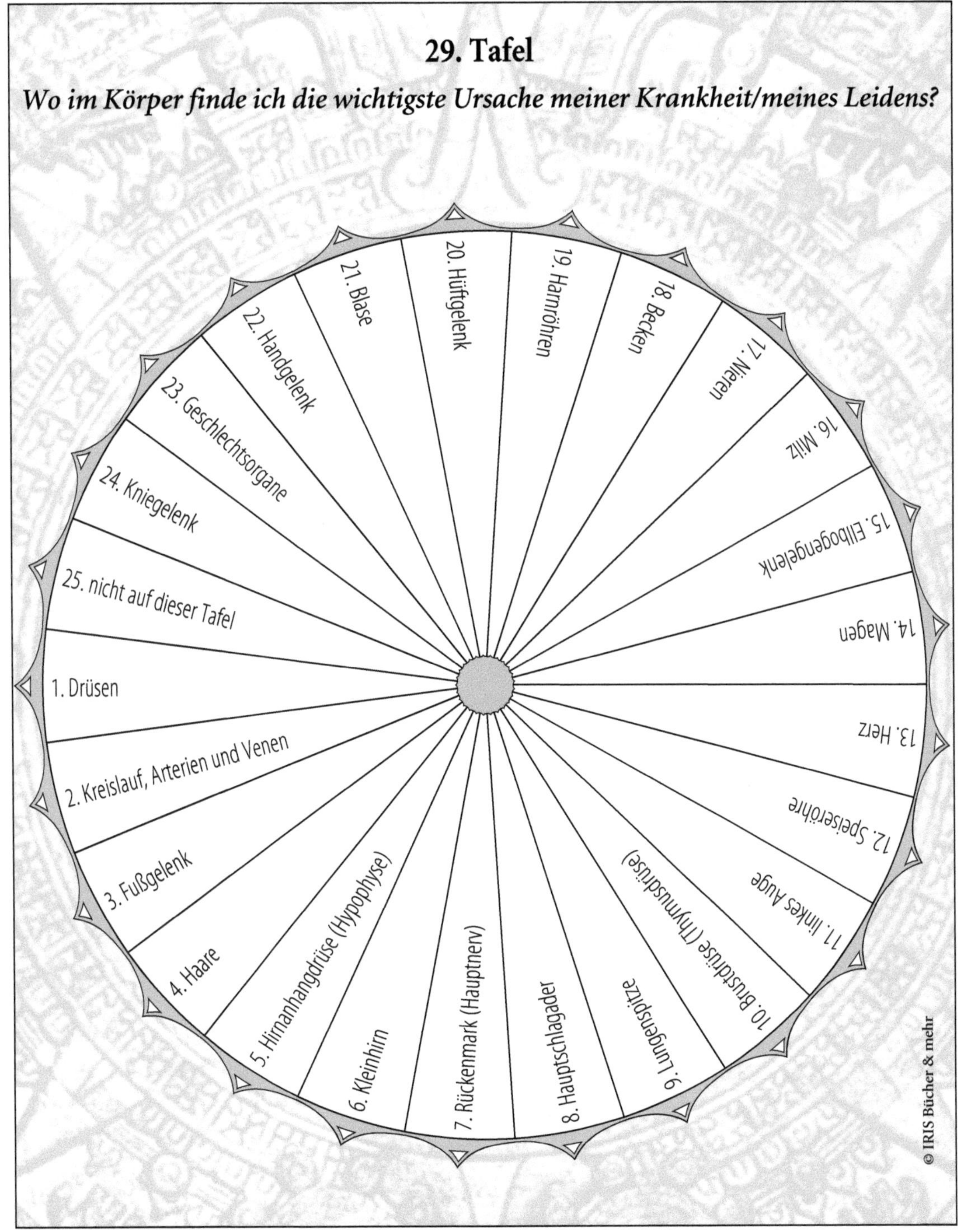

30. Tafel

Welcher wichtige körperliche Faktor ist die Ursache meiner Krankheit/meines Leidens?

1. körperliche Überlastung
2. Mangel an Körperbewegung
3. Mangel an lebenswichtigen Nährstoffen
4. schlechte Aufnahme lebenswichtiger Nährstoffe
5. schlechte Entgiftung
6. zu wenig Wasser
7. zu wenig frische Luft
8. schlechte Körperhaltung/zu wenig Bewegung
9. chronische (unbekannte) Infektion
10. (unbekannte) Funktionsstörung der Organe/lebenswichtigen Funktionen
11. falsche Atmung
12. störende (Erd-) Strahlung
13. (energetische) Unausgeglichenheit
14. (Mißbrauch) von Medikamenten
15. nicht auf dieser Tafel

Befragen Sie bitte Ihren Arzt, damit die richtige Diagnose der Art Ihrer Beschwerden gestellt wird.

Siehe auch 24. Pendeltafel.

30. Tafel

Welcher wichtige körperliche Faktor ist die Ursache meiner Krankheit/meines Leidens?

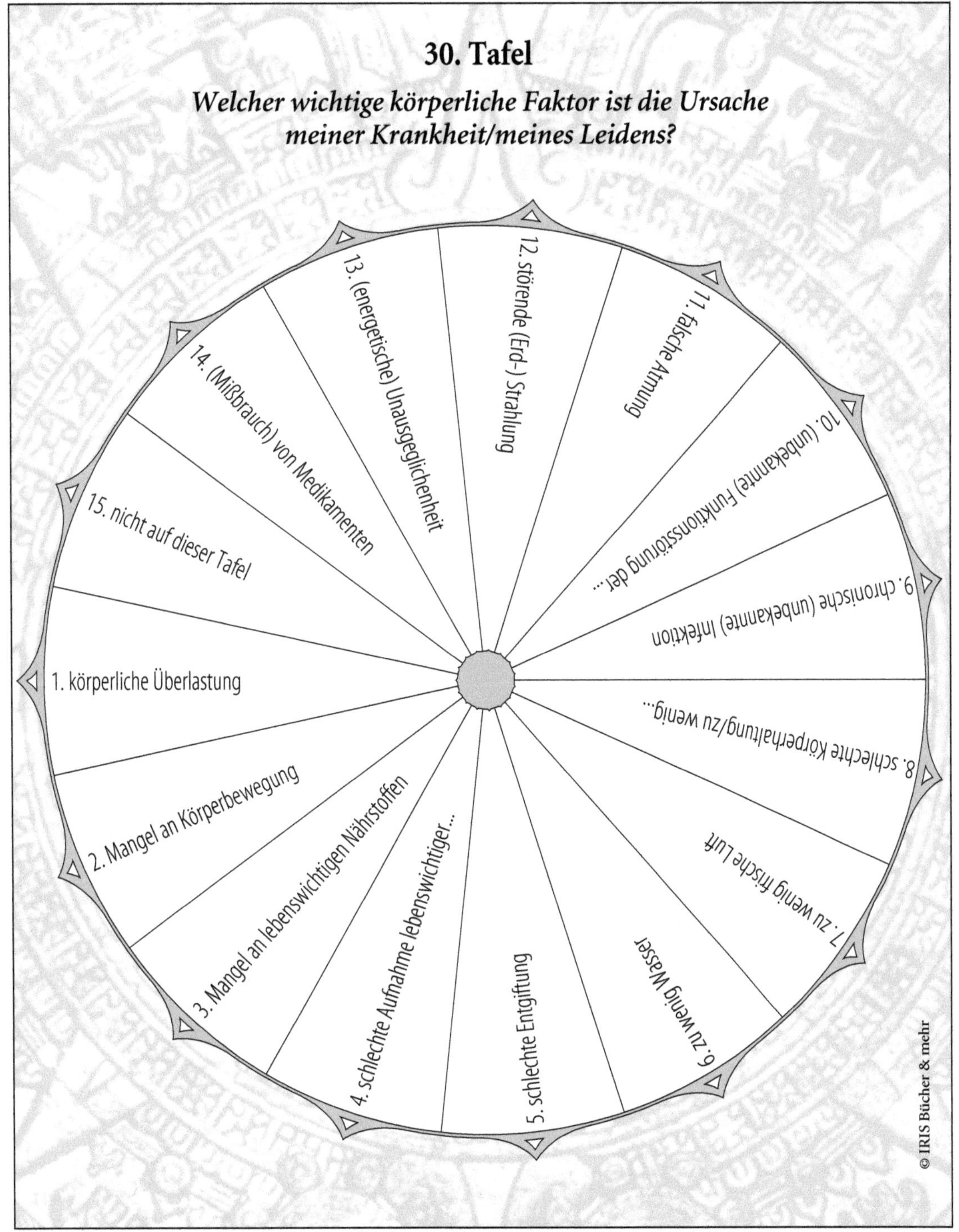

31. Tafel

Welcher wichtige geistige Faktor ist die Ursache meiner Krankheit/meines Leidens?

1. akuter Kummer
2. chronischer Kummer (Liebeskummer, Trauer)
3. Angst (vor dem Unbekannten)
4. Angst vor dem Verlassenwerden
5. zu wenig Selbstvertrauen
6. zu wenig Vertrauen in Menschen im direkten Umkreis
7. das Gefühl unterbewertet zu werden
8. Eifersucht oder Neid
9. (unverarbeitete) Wut
10. Verzweiflung
11. verdrängte Gefühle
12. Gefühl der Aussichtslosigkeit
13. Panik
14. Streß
15. nicht auf dieser Tafel

Befragen Sie bitte Ihren Arzt, damit die richtige Diagnose der Art Ihrer Beschwerden gestellt wird.

Siehe auch 23. Pendeltafel.

31. Tafel

Welcher wichtige geistige Faktor ist die Ursache meiner Krankheit/meines Leidens?

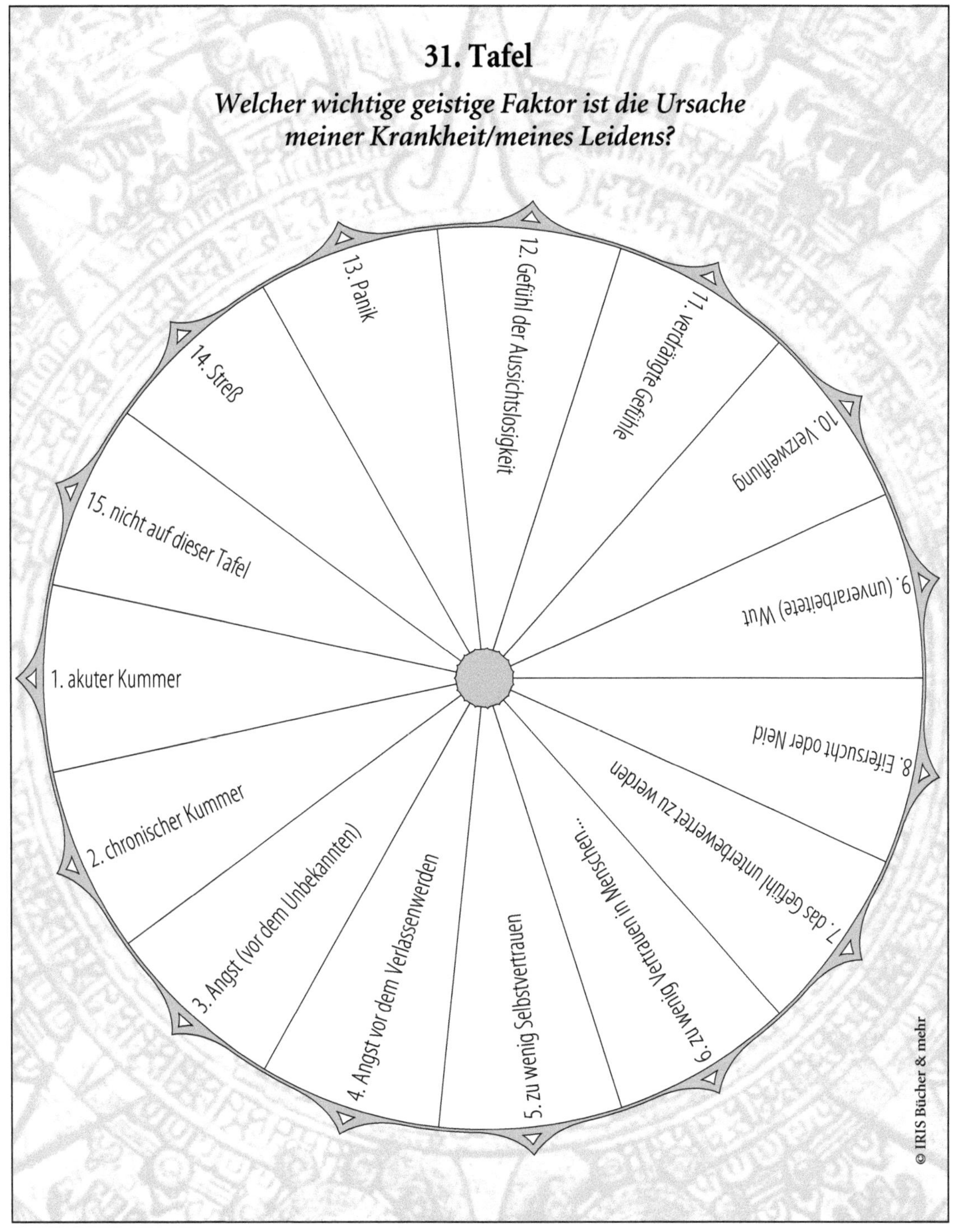

32. Tafel

Meine (schlechte) Kondition wird u.a. beeinflußt durch:

1. (einseitige) Ernährung
2. akute Infektion (bakteriell/viral)
3. chronische Infektion (bakteriell/viral)
4. Unfall/Verletzung
5. erbliches Leiden
6. Allergie
7. (zu) strenge Diät
8. Pilzbefall u.ä.
9. Parasiten u.ä.
10. traumatische Erfahrungen
11. (unbewußte) Emotionen
12. unverarbeitete Erfahrungen
13. unverarbeitete Emotionen
14. vernachlässigte Verletzung
15. verschleppte Infektion
16. zuviel Giftstoffe (Nahrung)
17. zuviel Giftstoffe (Umgebung)
18. Einnahme von Medikamenten (aktuell)
19. Einnahme von Medikamenten in der (Vergangenheit)
20. eigene Verhaltensmuster
21. übernommene Verhaltensmuster
22. Mangel an (Sonnen-) Licht
23. eigene Denkweise
24. übernommene Denkweisen
25. nicht auf dieser Tafel

Befragen Sie bitte Ihren Arzt, damit die richtige Diagnose der Art Ihrer Beschwerden gestellt wird.

32. Tafel

Meine (schlechte) Kondition wird u.a. beeinflußt durch:

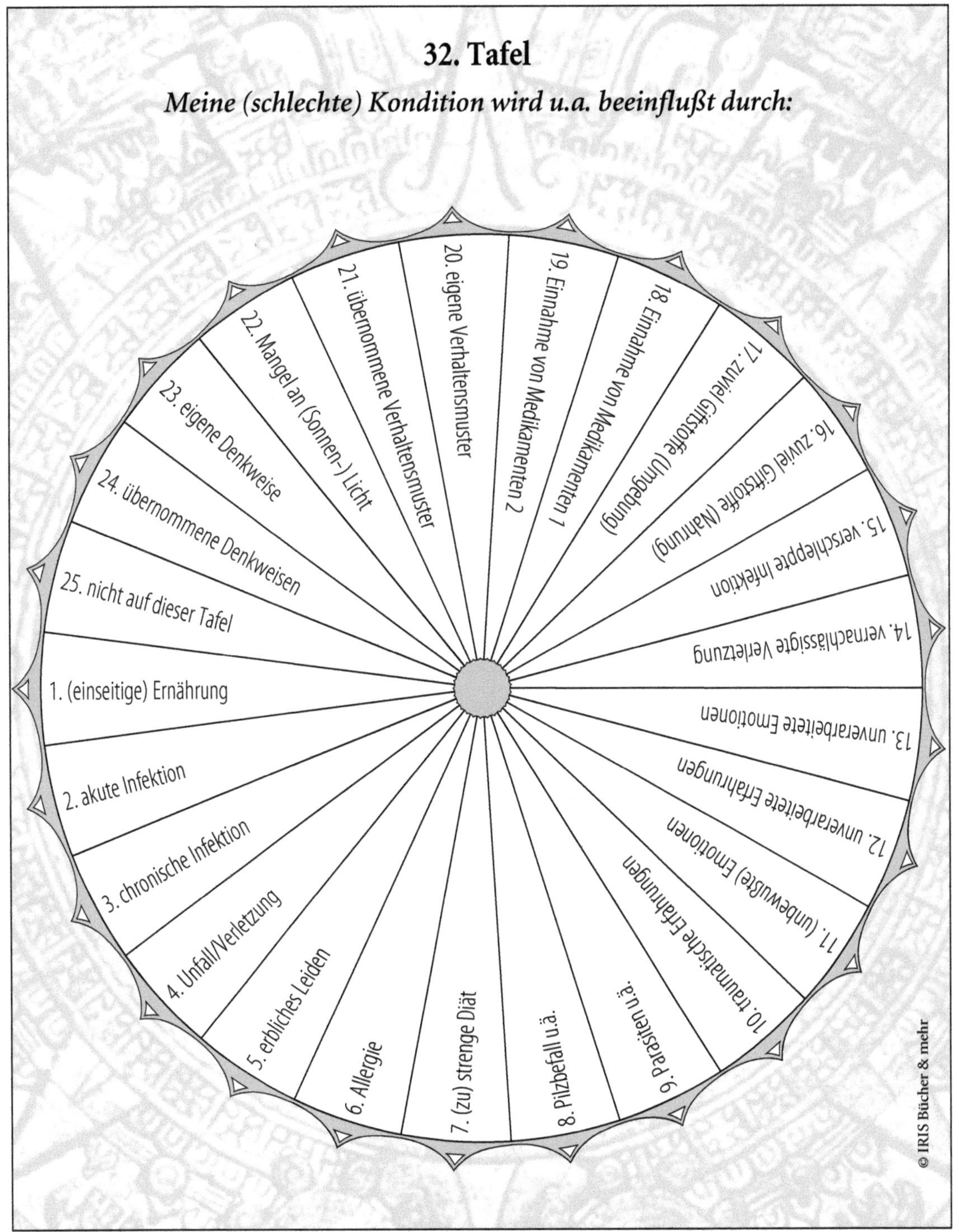

33. Tafel

Wie zeigt sich die Störung (der Kondition)?

1. akut
2. vorhersagbar
3. nicht vorhersagbar
4. von Zeit zu Zeit
5. sehr aktiv
6. aktiv
7. kaum aktiv
8. kaum
9. chronisch
10. sichtbar
11. unsichtbar
12. schmerzhaft
13. nicht schmerzhaft
14. unbemerkt
15. nicht auf dieser Tafel

Befragen Sie bitte Ihren Arzt, damit die richtige Diagnose der Art Ihrer Beschwerden gestellt wird.

33. Tafel

Wie zeigt sich die Störung (der Kondition)?

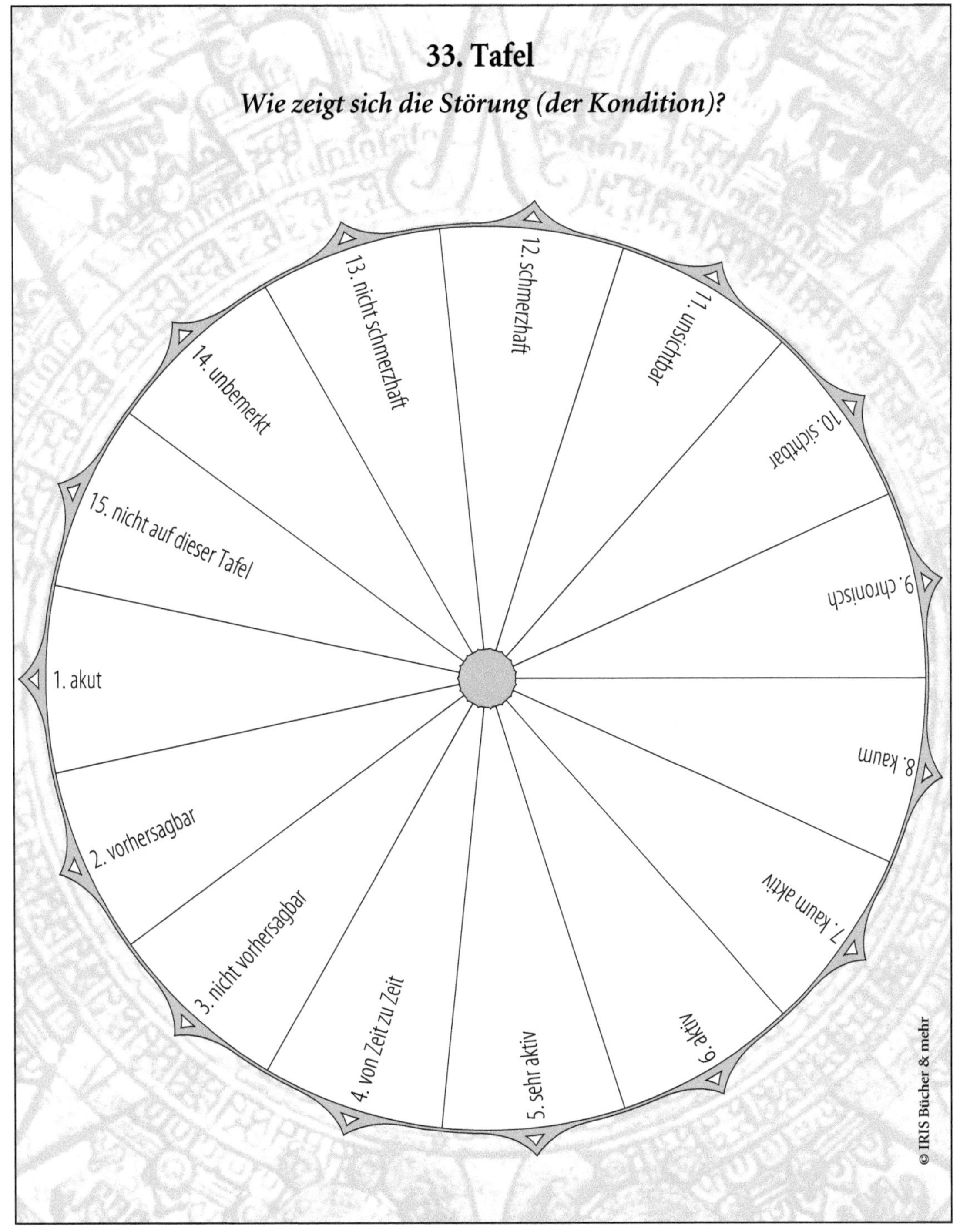

34. Tafel

Gegen welche Stoffe bin ich allergisch?

1. Katzen (-Haare)
2. Hunde (-Haare)
3. Nagetiere (Haare, Staub)
4. Vögel (Milben, Staub)
5. Bienen (Bienenstich)
6. Wespen (Wespenstich)
7. Zecken (Zeckenbiß)
8. Mücken (Mückenstich)
9. Flöhe (Flohstich)
10. Hausmilben
11. Heu- und Getreidestaub
12. diverse Pollen
13. Rauch, Nikotin (Zigaretten usw.)
14. Holz, Rauch (Kamin usw.)
15. nicht auf dieser Tafel

Siehe auch Pendeltafeln 12, 35, 58, 117, 129.

34. Tafel

Gegen welche Stoffe bin ich allergisch?

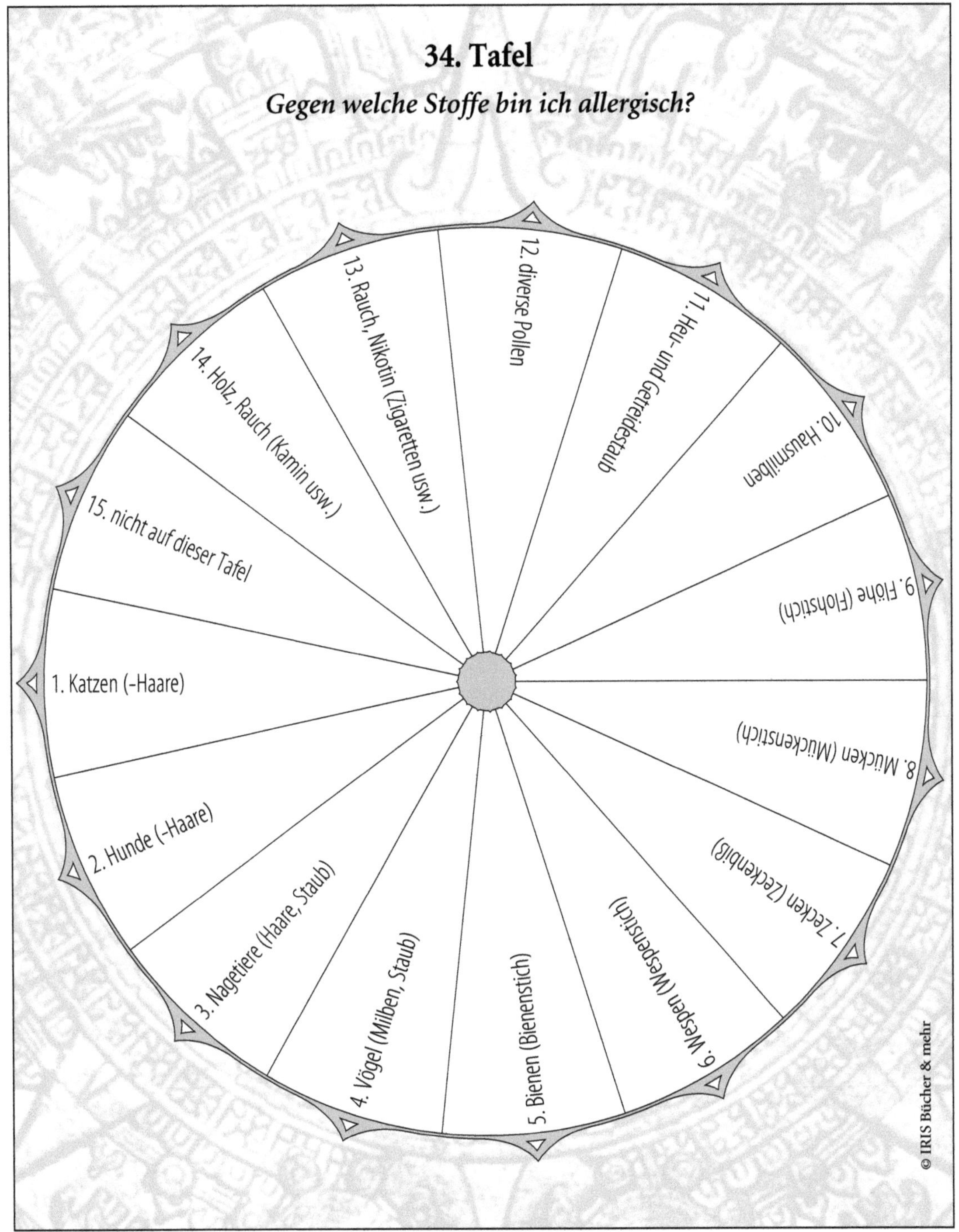

35. Tafel

Gegen welche Stoffe/Umstände bin ich allergisch?

1. Hausstaub
2. synthetische Farbe
3. synthetische Lackfarbe
4. Auspuffgase
5. Ammoniak
6. Formaldehyd
7. Insektizide/Kunstdünger
8. (unterirdische) Energieströme
9. elektromagnetische Felder
10. zu viel direktes Sonnenlicht
11. Chlor
12. Salz
13. Wasser
14. Seife
15. nicht auf dieser Tafel

Siehe auch Pendeltafeln 12, 24, 58, 117, 129.

35. Tafel

Gegen welche Stoffe/Umstände bin ich allergisch?

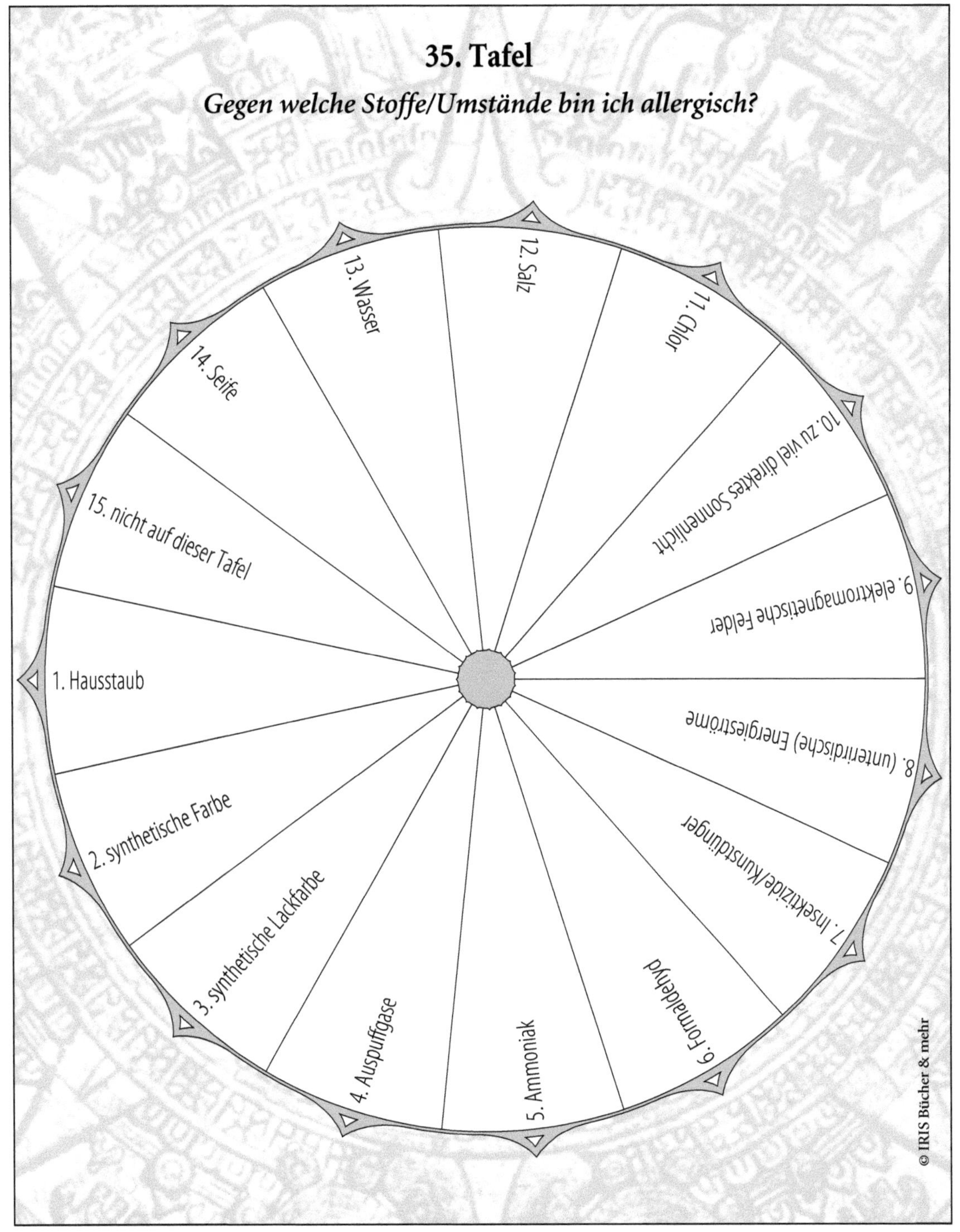

36. Tafel

Welches meiner sieben Chakren ist blockiert oder sollte gereinigt werden, und inwieweit?

1. erstes Chakra (Wurzelchakra) - ein wenig
2. zweites Chakra (Sexualchakra) - ein wenig
3. drittes Chakra (Solarplexuschakra) - ein wenig
4. viertes Chakra (Herzchakra) - ein wenig
5. fünftes Chakra (Halschakra) - ein wenig
6. sechstes Chakra (Stirnchakra) - ein wenig
7. siebtes Chakra (Scheitelchakra) - ein wenig
8. erstes Chakra (Wurzelchakra) - stark
9. zweites Chakra (Sexualchakra) - stark
10. drittes Chakra (Solarplexuschakra) - stark
11. viertes Chakra (Herzchakra) - stark
12. fünftes Chakra (Halschakra) - stark
13. sechstes Chakra (Stirnchakra) - stark
14. siebtes Chakra (Scheitelchakra) - stark
15. keines der Chakren

(Stellen Sie diese Frage, wenn nötig, sieben Mal!)

In einschlägiger Literatur zu den Chakren finden Sie spezielle Übungen und Heilmittel.

36. Tafel

Welches meiner sieben Chakren ist blockiert oder sollte gereinigt werden, und inwieweit?

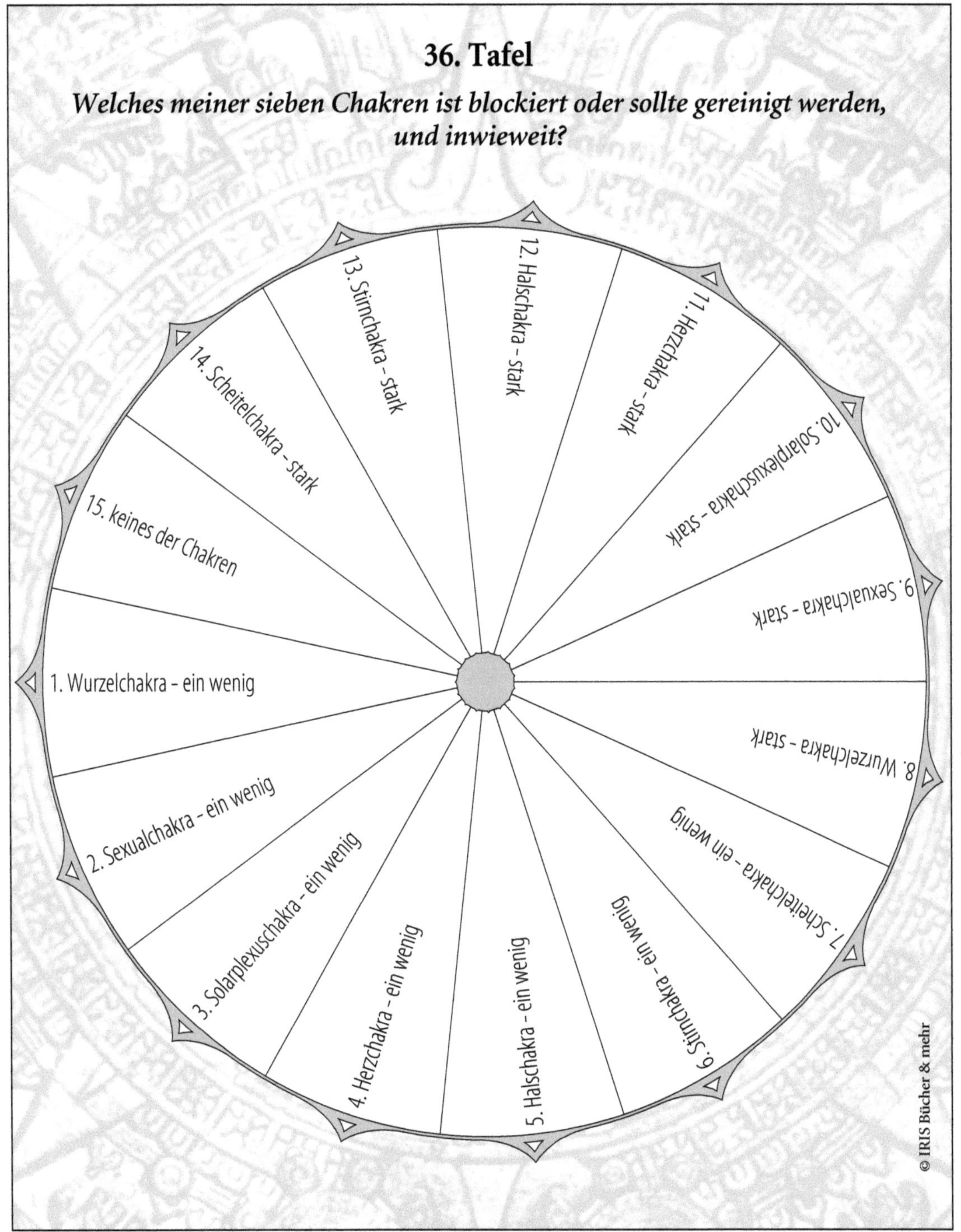

37. Tafel

Welches meiner sieben Chakren dominiert?

1. erstes Chakra (Wurzelchakra) - ein wenig
2. zweites Chakra (Sexualchakra) - ein wenig
3. drittes Chakra (Solarplexuschakra) - ein wenig
4. viertes Chakra (Herzchakra) - ein wenig
5. fünftes Chakra (Halschakra) - ein wenig
6. sechstes Chakra (Stirnchakra) - ein wenig
7. siebtes Chakra (Scheitelchakra) - ein wenig
8. erstes Chakra (Wurzelchakra) - stark
9. zweites Chakra (Sexualchakra) - stark
10. drittes Chakra (Solarplexuschakra) - stark
11. viertes Chakra (Herzchakra) - stark
12. fünftes Chakra (Halschakra) - stark
13. sechstes Chakra (Stirnchakra) - stark
14. siebtes Chakra (Scheitelchakra) - stark
15. keines der Chakren

In einschlägiger Literatur zu den Chakren finden Sie spezielle Übungen und Heilmittel.

37. Tafel

Welches meiner sieben Chakren dominiert?

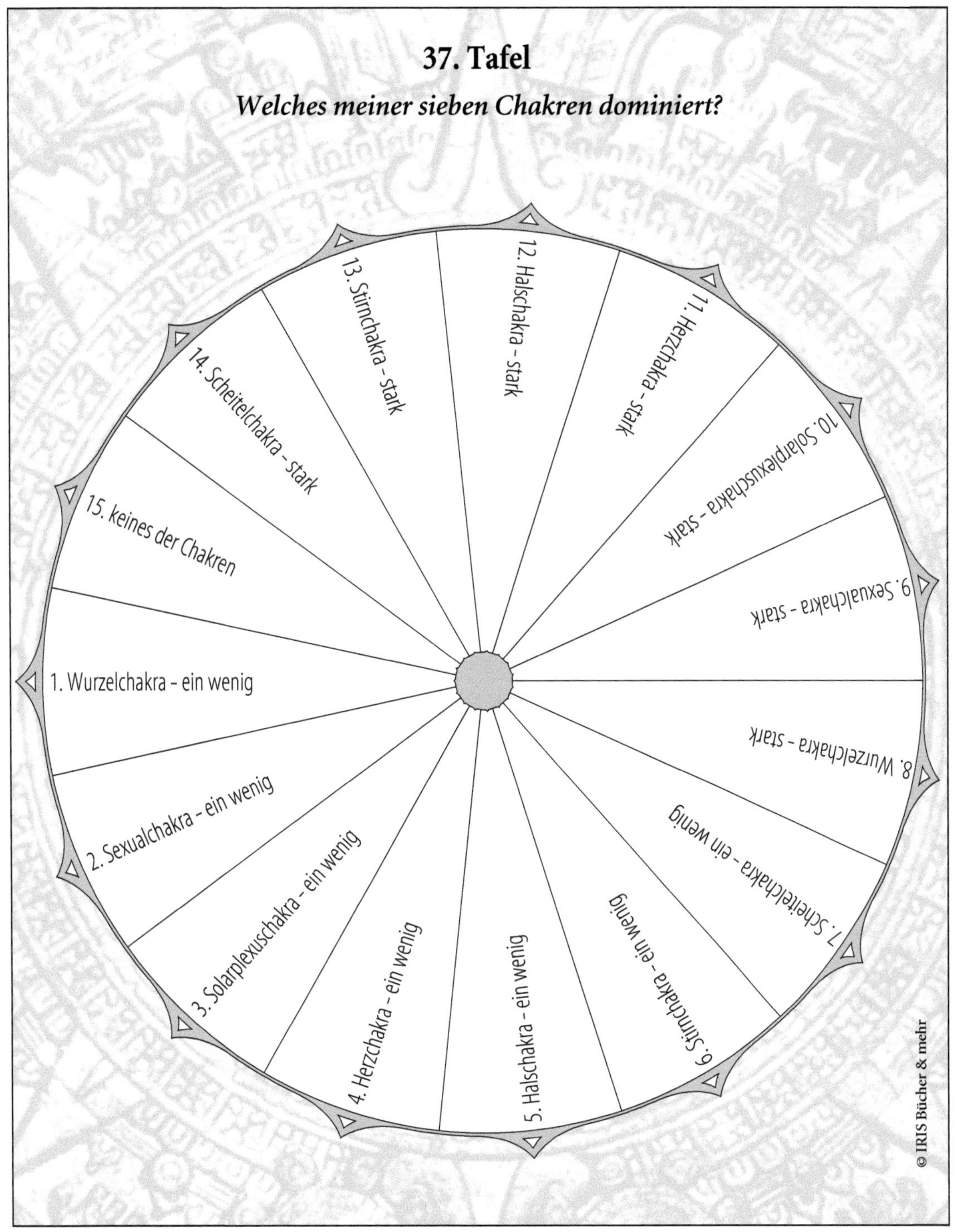

38. Tafel

Welcher meiner Hauptmeridiane ist blockiert?

1. Leber-Meridian
2. Herz-Meridian
3. Milz-Pankreas-Meridian
4. Lungen-Meridian
5. Nieren-Meridian
6. Kreislauf/Sexus-Meridian
7. Gallenblasen-Meridian
8. Dünndarm-Meridian
9. Magen-Meridian
10. Dickdarm-Meridian
11. Blasen-Meridian
12. Dreifacher-Erwärmer-Meridian
13. Empfängnis-Meridian
14. Perikard-Meridian
15. nicht auf dieser Tafel

In einschlägiger Literatur zu den Meridianen finden Sie spezielle Übungen und Heilmittel.

38. Tafel

Welcher meiner Hauptmeridiane ist blockiert?

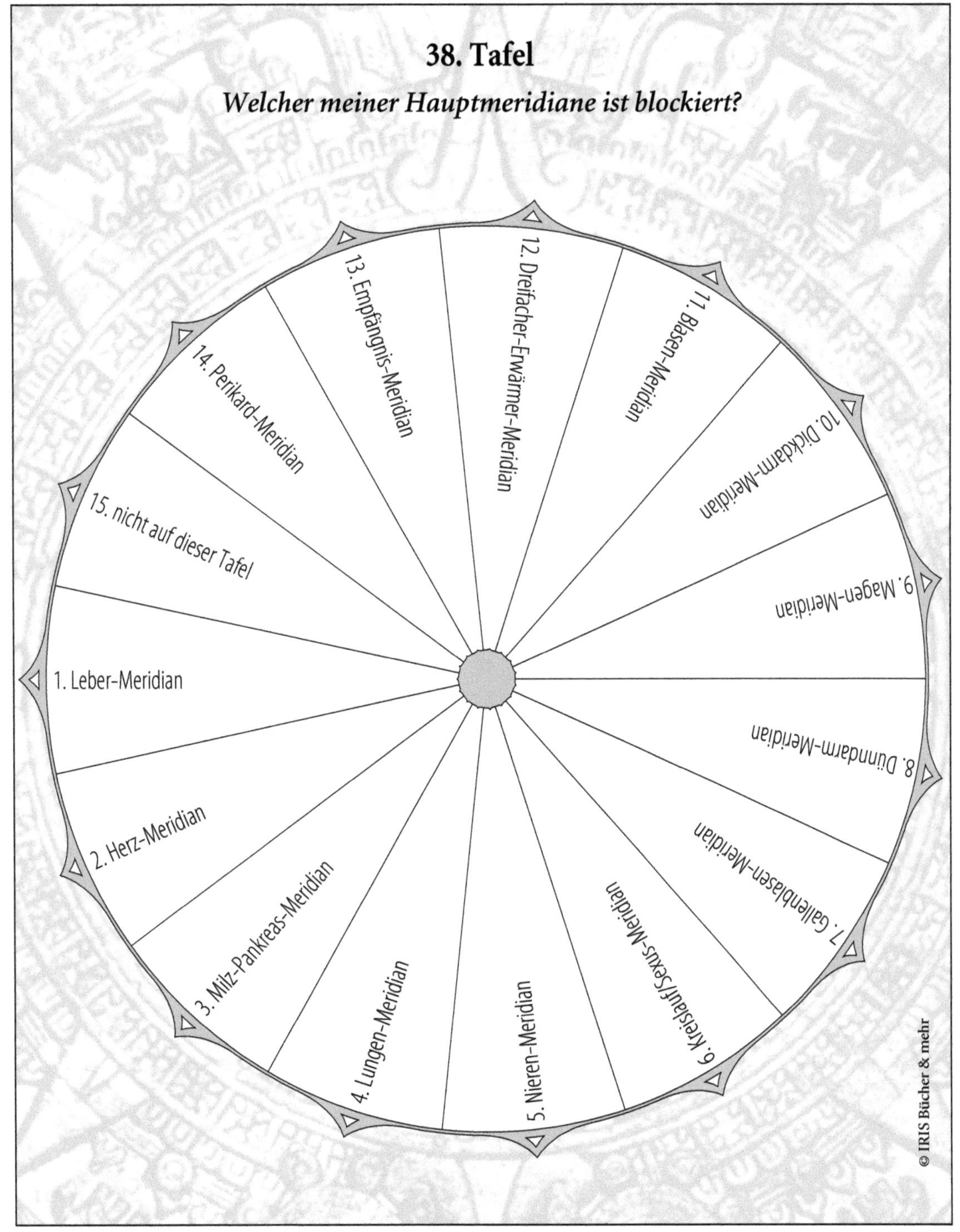

39. Tafel

Welche Symptome treten bei einer (Chakra/Meridian-) Blockierung auf?

1. ich kann nur mit Mühe "vergeben und vergessen"
2. ich denke zu sehr "schwarzweiß"
3. ich denke zu theoretisch
4. ich stelle meine eigenen Interessen zurück
5. ich handele nur aus Eigennutz
6. ich lehne (Teile) von mir ab
7. ich will keine Verantwortung tragen
8. ich will meinen Willen unbedingt durchsetzen
9. ich kann nichts "ohne weiteres" akzeptieren
10. ich leide am "Hilfbereitschaftssyndrom"
11. meine Voreingenommenheit hindert mich
12. ich täusche mit etwas vor
13. ich will (unbewußt) leiden
14. ich vernachlässige meine Gefühle
15. nicht auf dieser Tafel

Siehe auch 73. bis 79. Pendeltafel.

39. Tafel

Welche Symptome treten bei einer (Chakra/Meridian-) Blockierung auf?

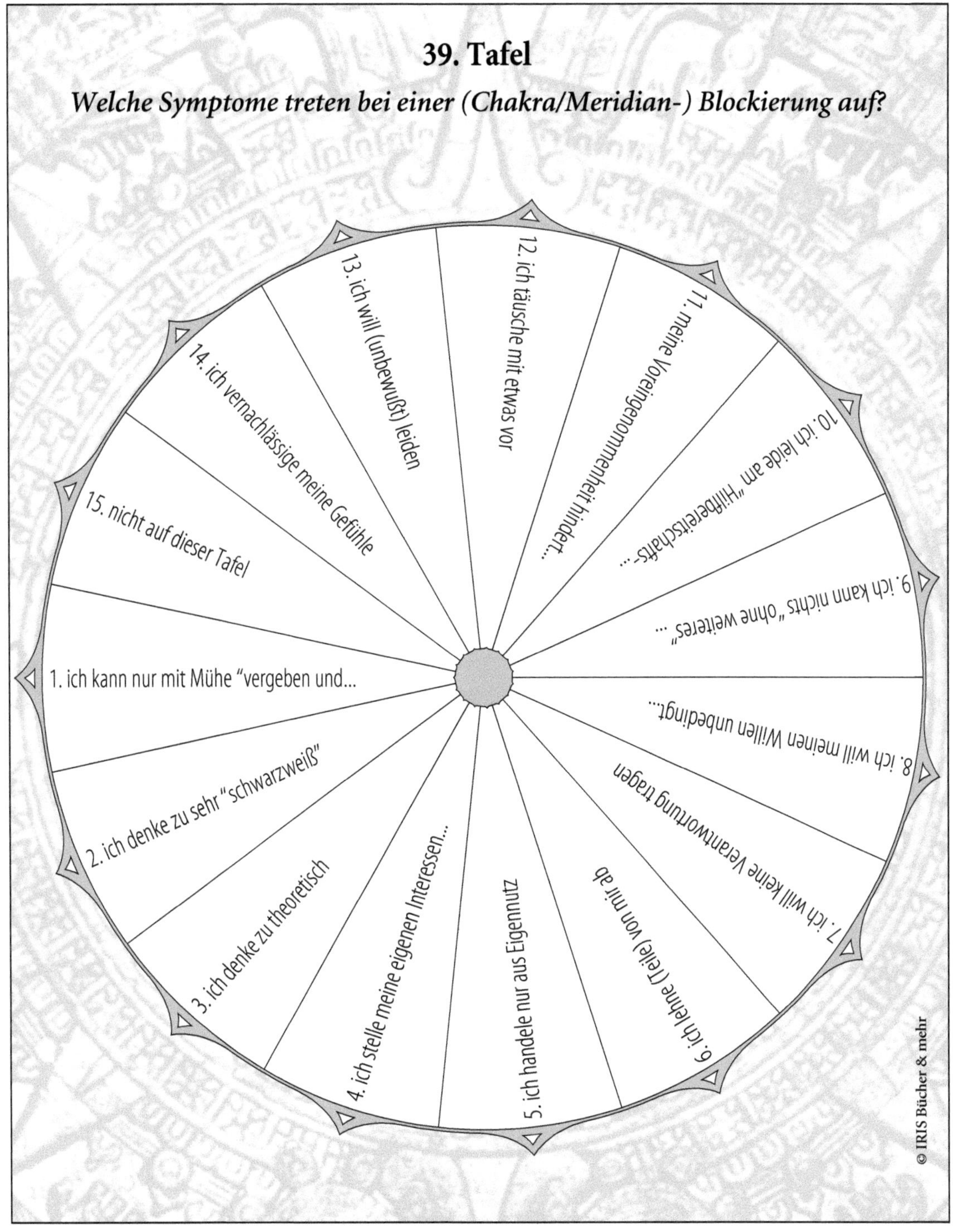

40. Tafel

Welche Nahrungsergänzung sollte ich nehmen?

1. Lebertran
2. Bierhefe
3. Spirulina
4. Kelp
5. Gelée royale
6. Bienenpollen
7. Aloe vera
8. Ballaststoffe
9. Weizenkeime
10. Knoblauch (Kapseln)
11. Lezithin
12. Jojoba
13. Chlorophyll
14. Alfalfa
15. nicht auf dieser Tafel

Befragen Sie Ihren Arzt bevor Sie Nahrungsergänzungen nehmen!

40. Tafel

Welche Nahrungsergänzung sollte ich nehmen?

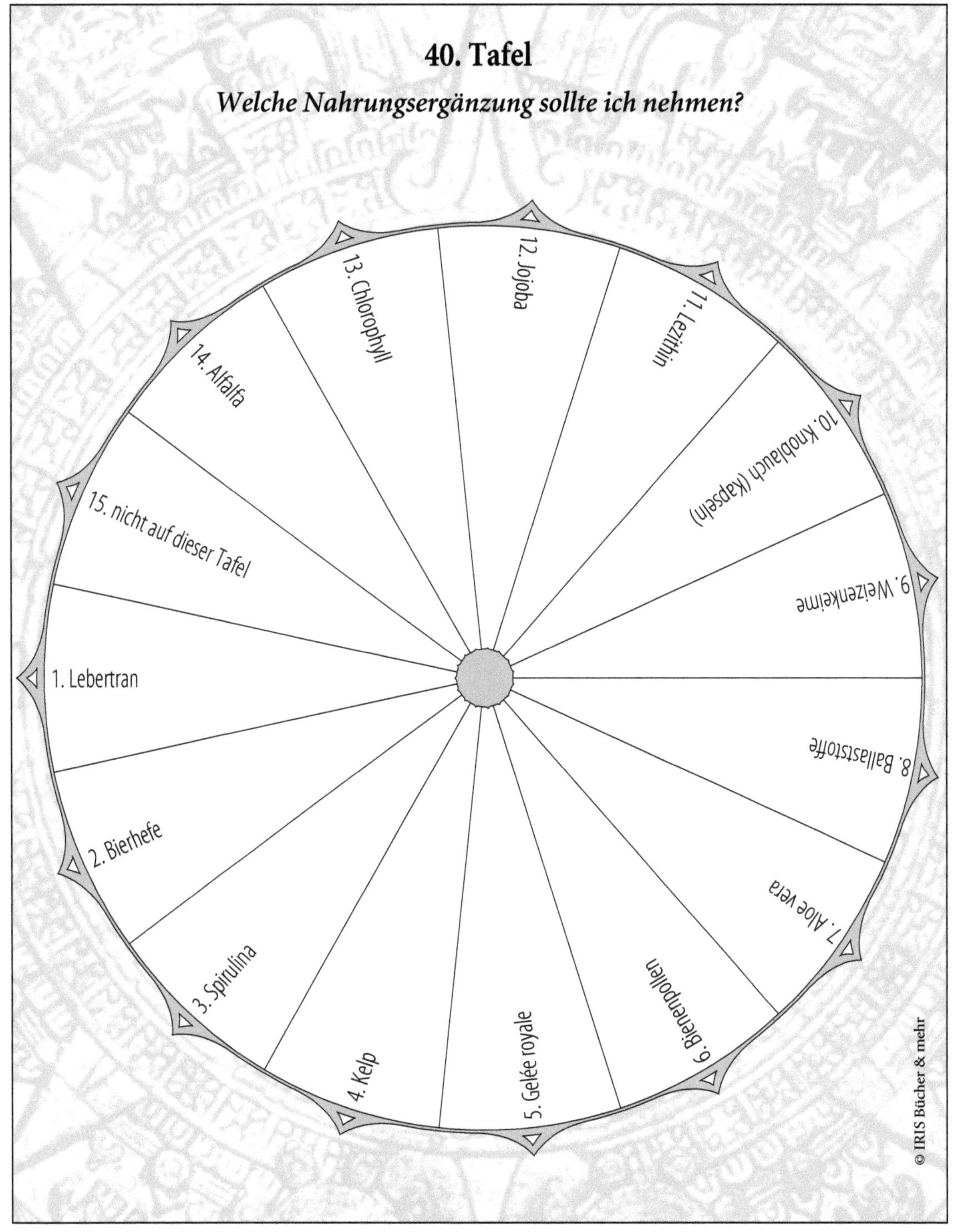

41. Tafel

Welche Antioxidantien sollte ich nehmen?

1. Selen
2. Vitamin C
3. Vitamin E
4. Superoxid-Dismutase (SOD)
5. Shitake-Pilze
6. Reishi-Pilze (Ling Chin)
7. Betakarotin
8. Germanium
9. Glutathion
10. Gammalinolsäure
11. Co-Enzym Q10
12. Weizenkeimöl
13. Tyrosin
14. Lecithin
15. nicht auf dieser Tafel

Befragen Sie Ihren Arzt bevor Sie Antioxidantien nehmen!

41. Tafel

Welche Antioxidantien sollte ich nehmen?

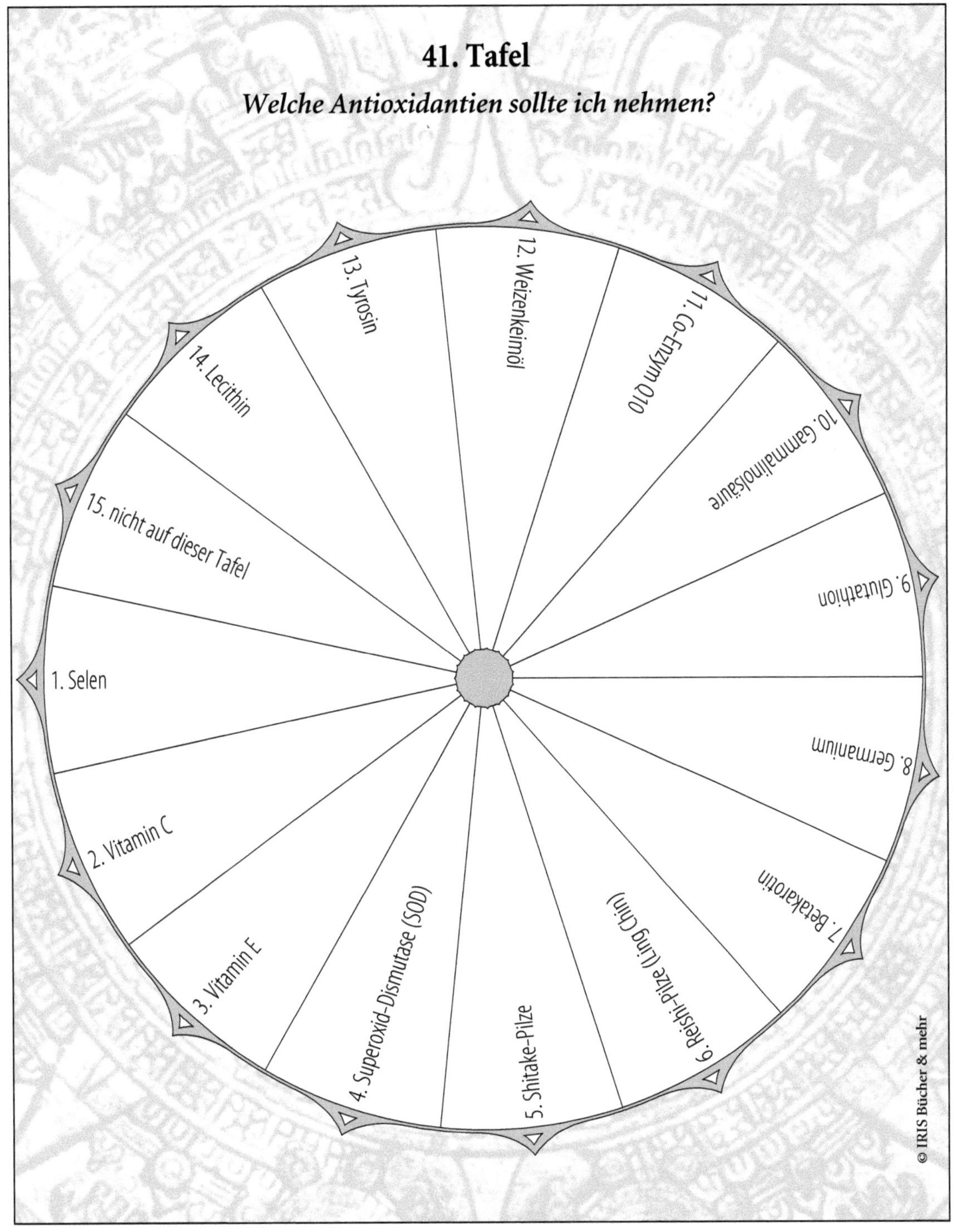

42. Tafel

Welche Zellsalze sollte ich nehmen?

1. Kalium Phosphoricum
2. Kalium Sulfuricum
3. Kalium Chloratum
4. Natrium Sulfuricum
5. Natrium Muriaticum
6. Calcium Sulfuricum
7. Calcium Phosphoricum
8. Calcium Fluoricum
9. Magnesium Phosphoricum
10. Natrium Phosphoricum
11. Eisen Phosphoricum
12. Silicea
13. keine
14. mehrere
15. nicht auf dieser Tafel

Befragen Sie Ihren Arzt bevor Sie Zellsalze nehmen!

42. Tafel

Welche Zellsalze sollte ich nehmen?

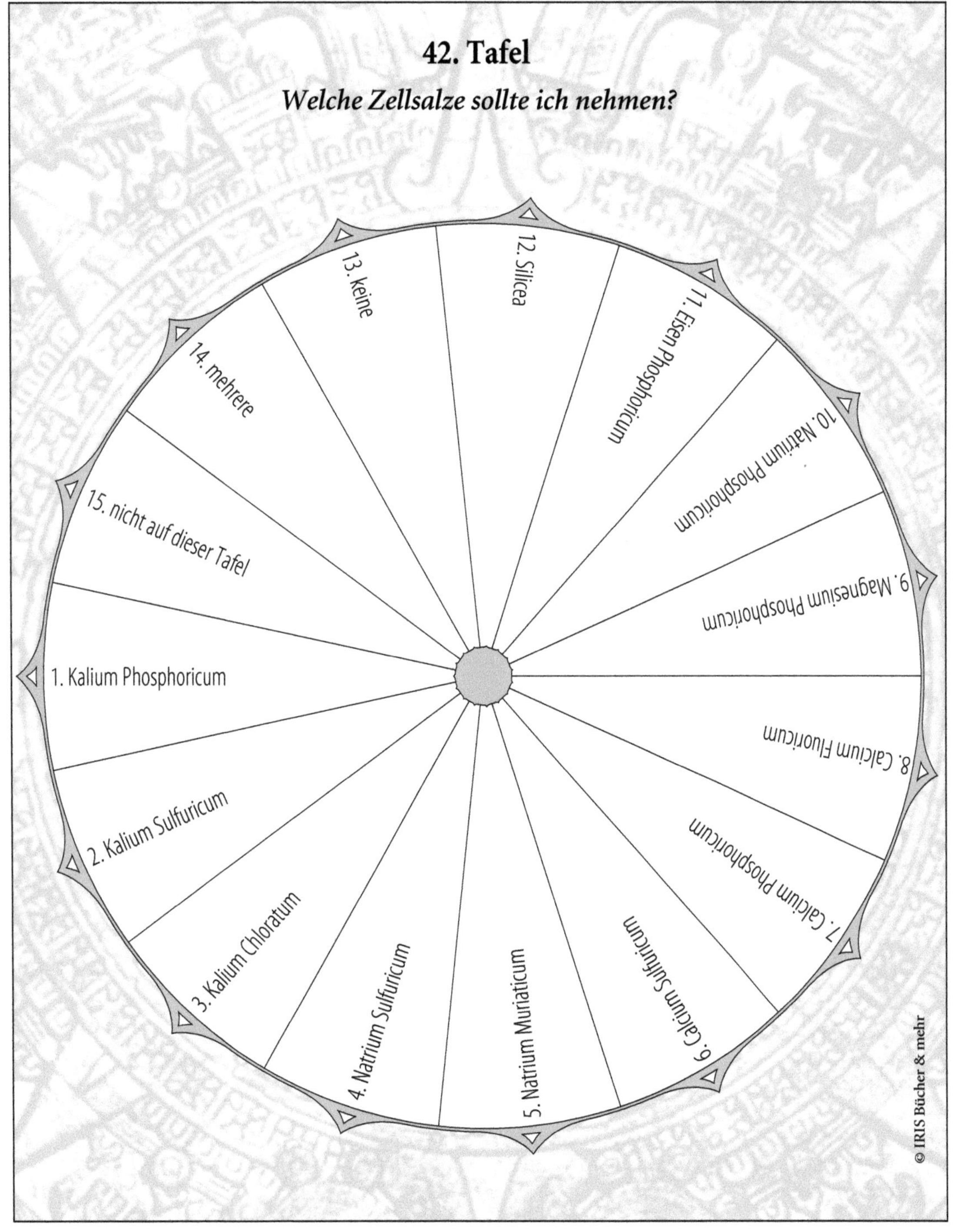

43. Tafel

Welche Heilkräuter sollte ich verwenden? (1)

1. Agrimonia
2. Helmkraut
3. Amerikanische Hamamelis
4. Bärentraube
5. Borretsch
6. Betonie
7. Schnittlauch
8. Blaue Iris *(größere Dosen können Übelkeit und Durchfall hervorrufen)*
9. Beifuß *(nicht während der Schwangerschaft und in der Stillzeit verwenden)*
10. Brennessel, große
11. Brunelle, gemeine
12. Eberraute *(nicht während der Schwangerschaft verwenden)*
13. Zitronenmelisse
14. Zitronenthymian
15. Bärenlauch
16. Taubnessel, weiße
17. Feldraute, gemeine
18. Schafgarbe, gemeine
19. Schneeball
20. Ringelblume
21. Alant
22. Goldrute
23. Löwenschwanz *(nicht in den ersten drei Schwangerschaftsmonaten verwenden)*
24. Althee
25. nicht auf dieser Tafel

Fragen Sie Ihren Arzt oder Heilpraktiker nach der richtigen Anwendung von Heilkräutern.

In einschlägiger Literatur zu Heilkräutern finden Sie die genaue Anwendung (z.B.: innerliche oder äußerliche Anwendung, nur die Bätter, die Stiele oder die Wurzel usw.)

43. Tafel

Welche Heilkräuter sollte ich verwenden?

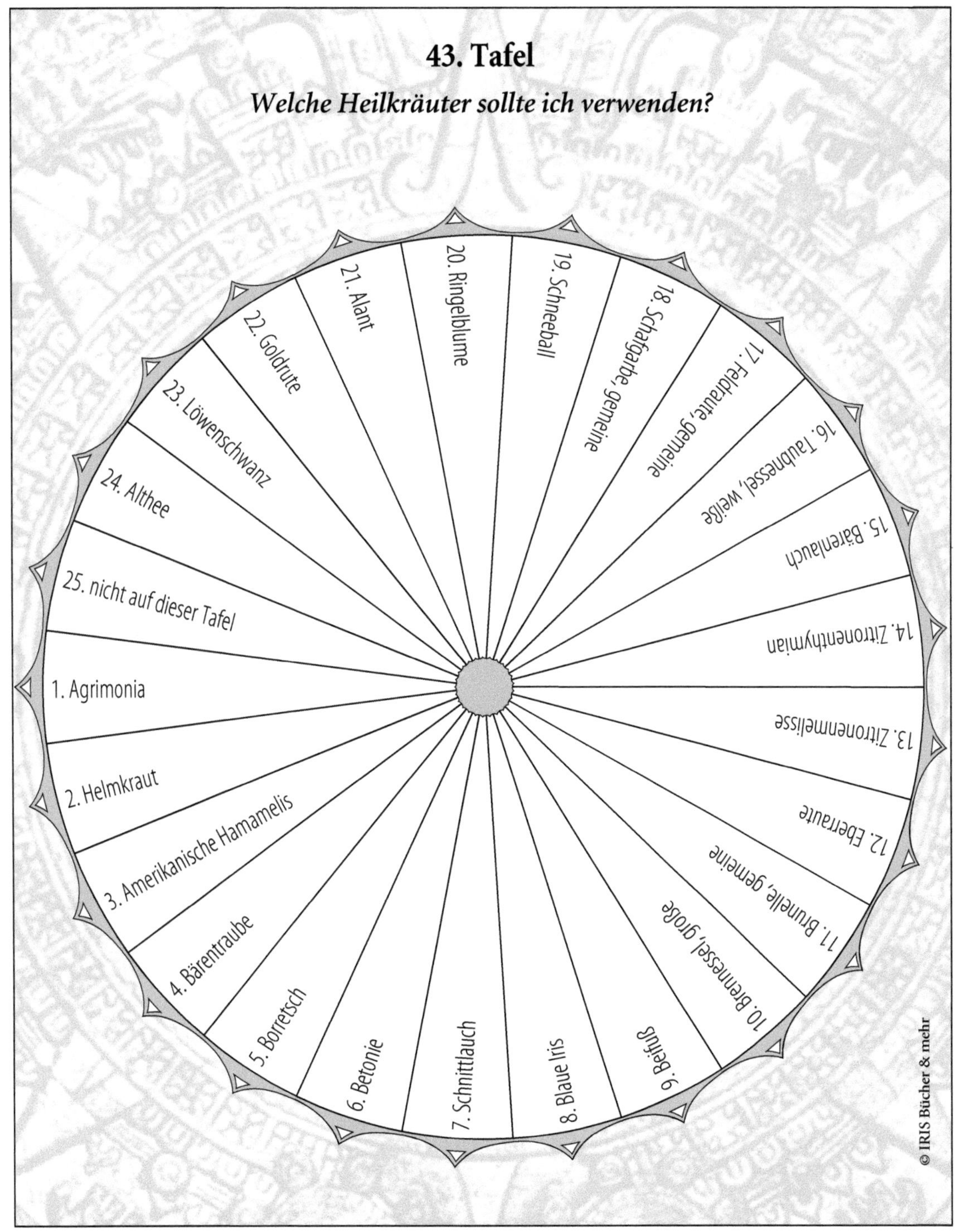

44. Tafel

Welche Heilkräuter sollte ich verwenden? (2)

1. Hirtentäschel
2. Gundermann
3. Hundsrose
4. Hopfen
5. Ysop
6. Lupine
7. Wacholderbeeren
8. Malve
9. Kamille, echte
10. Kamille, römische
11. Katzenkraut (wildes)
12. Klee, roter
13. Huflattich
14. Knoblauch
15. Wasserdost
16. Ampfer
17. Lavendel
18. Löffelkraut, echtes
19. Luzerne
20. Mariendistel
21. Majoran, wilder
22. Mutterkraut *(kann Geschwüre im Mund hervorrufen, nicht verwenden bei Einnahme von Anti-Gerinnungsmitteln)*
23. Mädesüß
24. Augentrost
25. nicht auf dieser Tafel

Fragen Sie Ihren Arzt oder Heilpraktiker nach der richtigen Anwendung von Heilkräutern.

In einschlägiger Literatur zu Heilkräutern finden Sie die genaue Anwendung (z.B.: innerliche oder äußerliche Anwendung, nur die Bätter, die Stiele oder die Wurzel usw.)

44. Tafel

Welche Heilkräuter sollte ich verwenden?

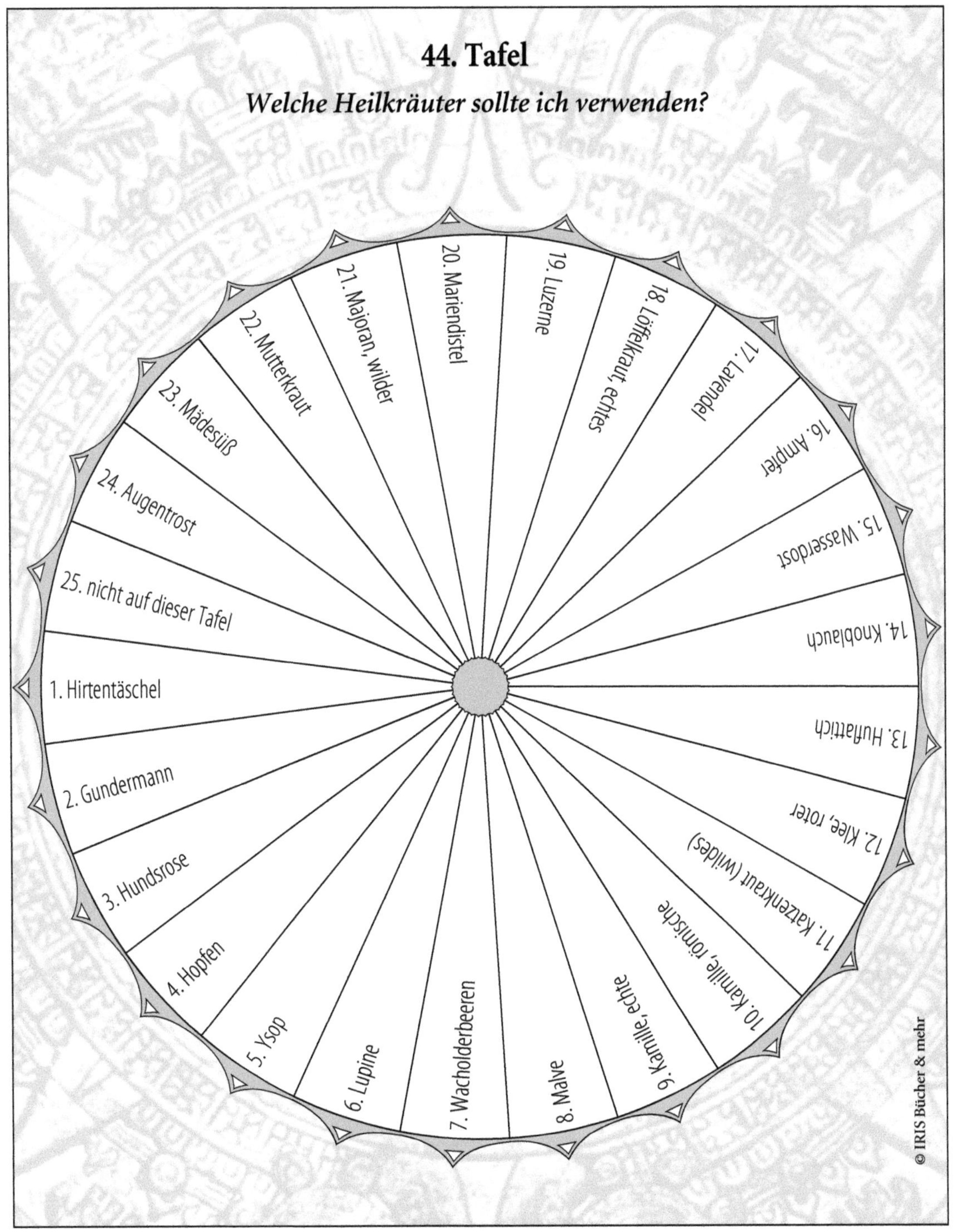

45. Tafel

Welche Heilkräuter sollte ich verwenden? (3)

1. Kapuzinerkresse
2. Pfefferminze
3. Petersilie *(während der Schwangerschaft geringe Dosis verwenden)*
4. Ackergauchheil
5. Rosmarin
6. Salbei, echter
7. Weißwurz, gemeiner
8. Goldmohn
9. Beinwell, gemeiner *(nicht auf infizierte Wunden auftragen)*
10. Schwarznessel
11. Feigwurz *(nicht während der Schwangerschaft verwenden)*
12. Tüpfeljohanniskraut *(lange Anwendung kann Lichtempfindlichkeit hervorrufen)*
13. Nachtkerze, gemeine
14. Thymian, wilder
15. nicht auf dieser Tafel

Fragen Sie Ihren Arzt oder Heilpraktiker nach der richtigen Anwendung von Heilkräutern.

In einschlägiger Literatur zu Heilkräutern finden Sie die genaue Anwendung (z.B.: innerliche oder äußerliche Anwendung, nur die Bätter, die Stiele oder die Wurzel usw.)

45. Tafel

Welche Heilkräuter sollte ich verwenden?

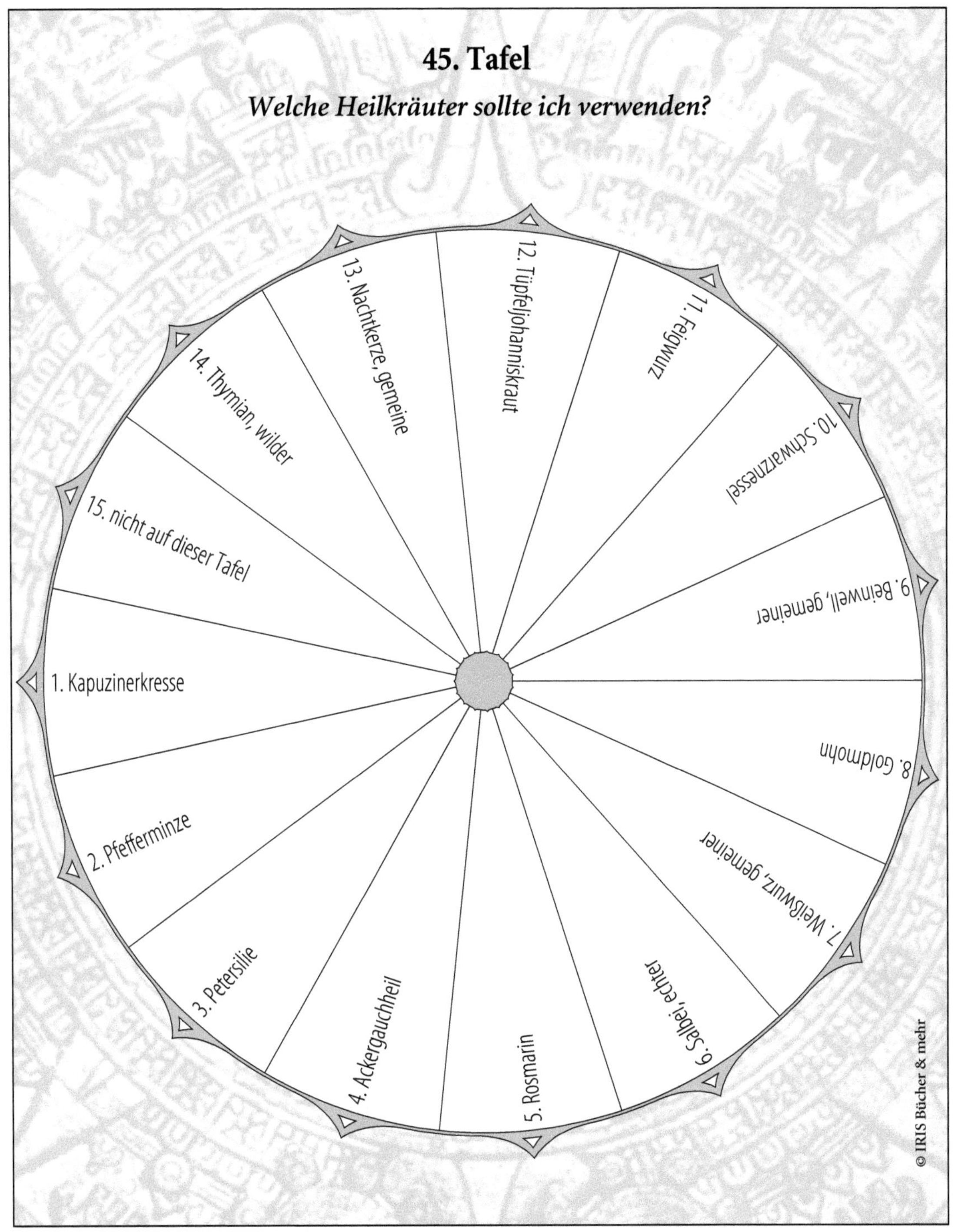

46. Tafel

Welche Heilkräuter sollte ich verwenden? (4)

1. Baldrian (nicht gleichzeitig mit Schlafmitteln verwenden)
2. Fenchel
3. Verbene (Eisenkraut)
4. Stiefmütterchen
5. Vogelmiere
6. Frauenmantel (bei eventueller Schwangerschaft nicht verwenden)
7. Wegerich, großer
8. Spitzwegerich
9. Arnika (nicht einnehmen oder auf Wunden auftragen)
10. Möhre, wilde
11. Gänsefingerkraut
12. Sonnenhut, roter
13. Ampfer (geringe Dosis bei Rheuma oder Nierensteinen)
14. Köngigskerze, schwarze
15. nicht auf dieser Tafel

Fragen Sie Ihren Arzt oder Heilpraktiker nach der richtigen Anwendung von Heilkräutern.

In einschlägiger Literatur zu Heilkräutern finden Sie die genaue Anwendung (z.B.: innerliche oder äußerliche Anwendung, nur die Bätter, die Stiele oder die Wurzel usw.)

46. Tafel

Welche Heilkräuter sollte ich verwenden?

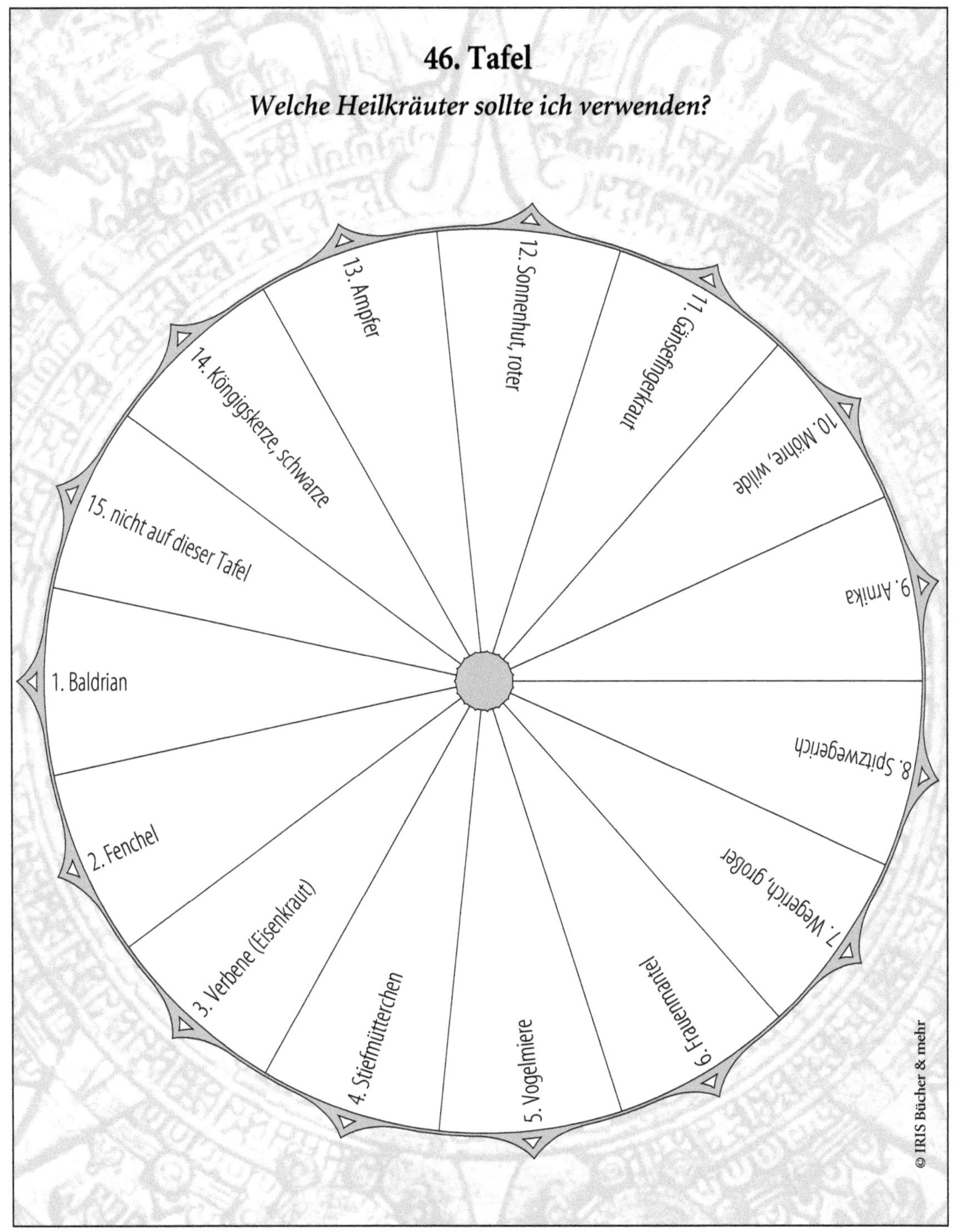

47. Tafel

Welches ätherische Öl nützt mir am meisten? (1)

1. Tagetes, gelbgrün
2. Anis, grüner
3. Anis (Sternanis)
4. Basilikum, französisches
5. Benzoe
6. Bergamotte
7. Birke
8. Kajeput
9. Zedernholz
10. Zypresse
11. Zistrose
12. Zitrone
13. Citronella
14. Kiefer
15. Dill
16. Estragon
17. Teufelsdreck
18. Schafgarbe
19. Engelwurz
20. Eukalyptus
21. Galbanum
22. Ingwerwurzel
23. Geranie
24. Ringelblume
25. nicht auf dieser Tafel

Fragen Sie Ihren Arzt oder Heilpraktiker nach der richtigen Anwendung von ätherischen Ölen.

In einschlägiger Literatur zu ätherischen Ölen finden Sie die genaue Anwendung (z.B.: innerliche oder äußerliche Anwendung).

47. Tafel

Welches ätherische Öl nützt mir am meisten?

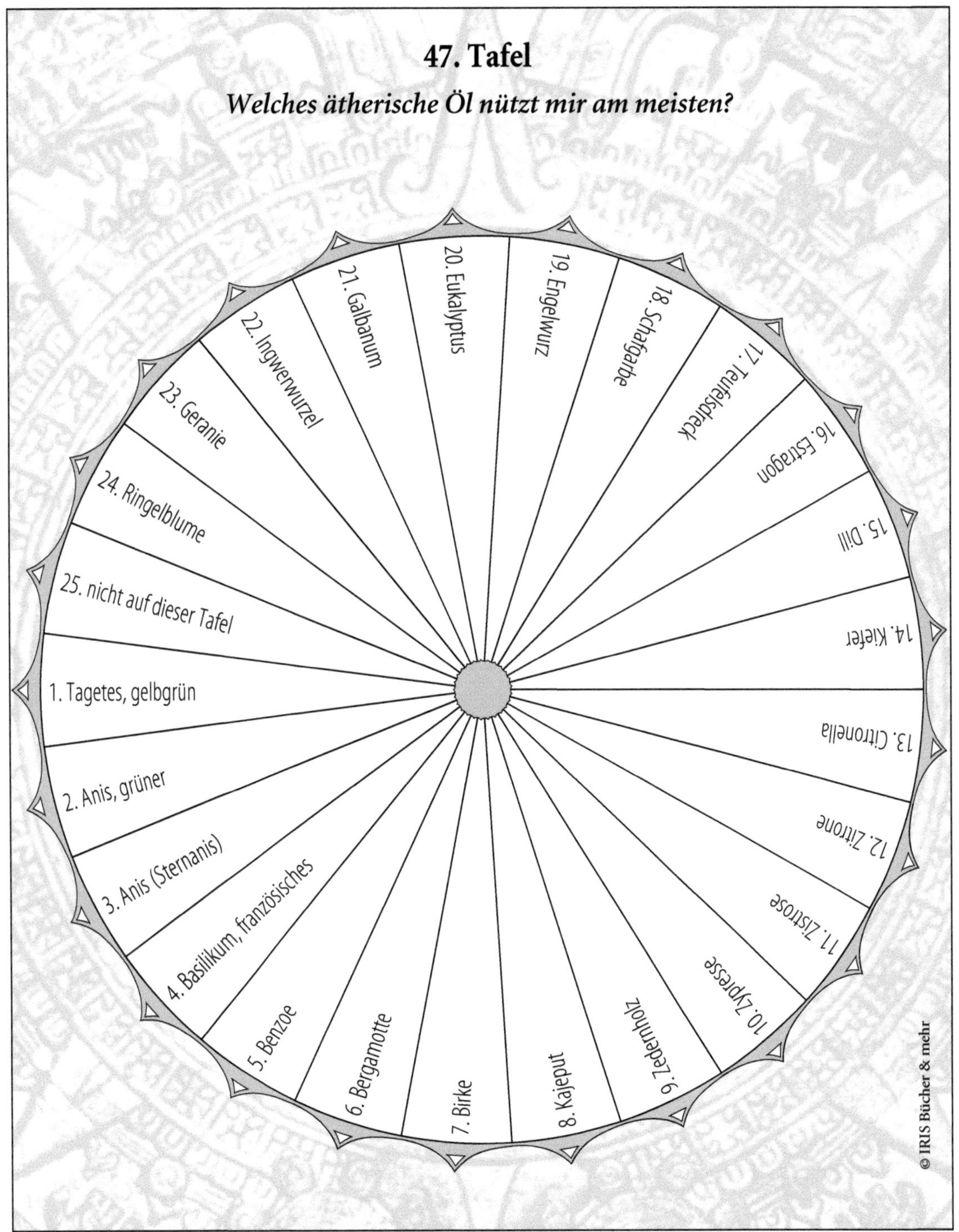

48. Tafel

Welches ätherische Öl nützt mir am meisten? (2)

1. Hopfen
2. Hyacinthe
3. Ysop
4. Jasmin
5. Wacholderbeere
6. Kampfer
7. Kampfer, weißer
8. Kamille, Färberkamille
9. Kamille, römische
10. Zimt
11. Kardamom
12. Kümmelsamen
13. Kümmel, weißer
14. Koriander
15. Gewürznelke
16. Kurkuma
17. Lorbeer
18. Liebstöckel
19. Lavendel
20. Lavendel, echter
21. Lemongrass
22. Limone
23. Linde
24. Litsea
25. nicht auf dieser Tafel

Fragen Sie Ihren Arzt oder Heilpraktiker nach der richtigen Anwendung von ätherischen Ölen.

In einschlägiger Literatur zu ätherischen Ölen finden Sie die genaue Anwendung (z.B.: innerliche oder äußerliche Anwendung).

48. Tafel

Welches ätherische Öl nützt mir am meisten?

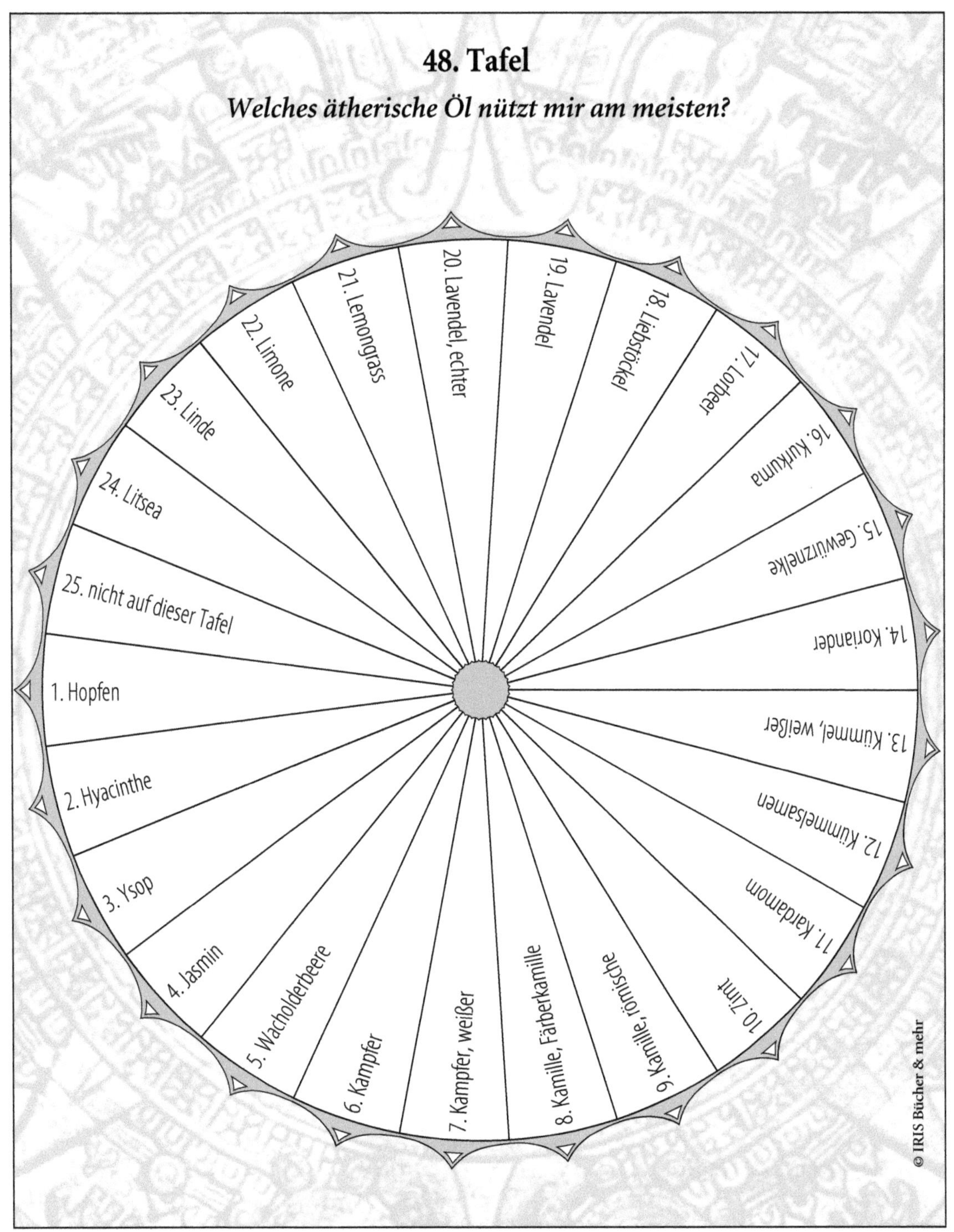

49. Tafel

Welches ätherische Öl nützt mir am meisten? (3)

1. Mandarine
2. Majoran
3. Melisse, Zitronenkraut
4. Mimose
5. Myrrhe
6. Pfefferminze, Krauseminze
7. Pfefferminze
8. Moschus
9. Myrte
10. Narde
11. Neroli, Orangenblüte
12. Niaouli
13. Muskatnuß
14. Palmarosa
15. Patchouli
16. Pfeffer, schwarzer
17. Perubalsam
18. Petersilie
19. Petitgrain
20. Piment
21. Pampelmuse
22. Rose
23. Rosmarin
24. Rosenholz
25. nicht auf dieser Tafel

Fragen Sie Ihren Arzt oder Heilpraktiker nach der richtigen Anwendung von ätherischen Ölen.

In einschlägiger Literatur zu ätherischen Ölen finden Sie die genaue Anwendung (z.B.: innerliche oder äußerliche Anwendung).

49. Tafel

Welches ätherische Öl nützt mir am meisten?

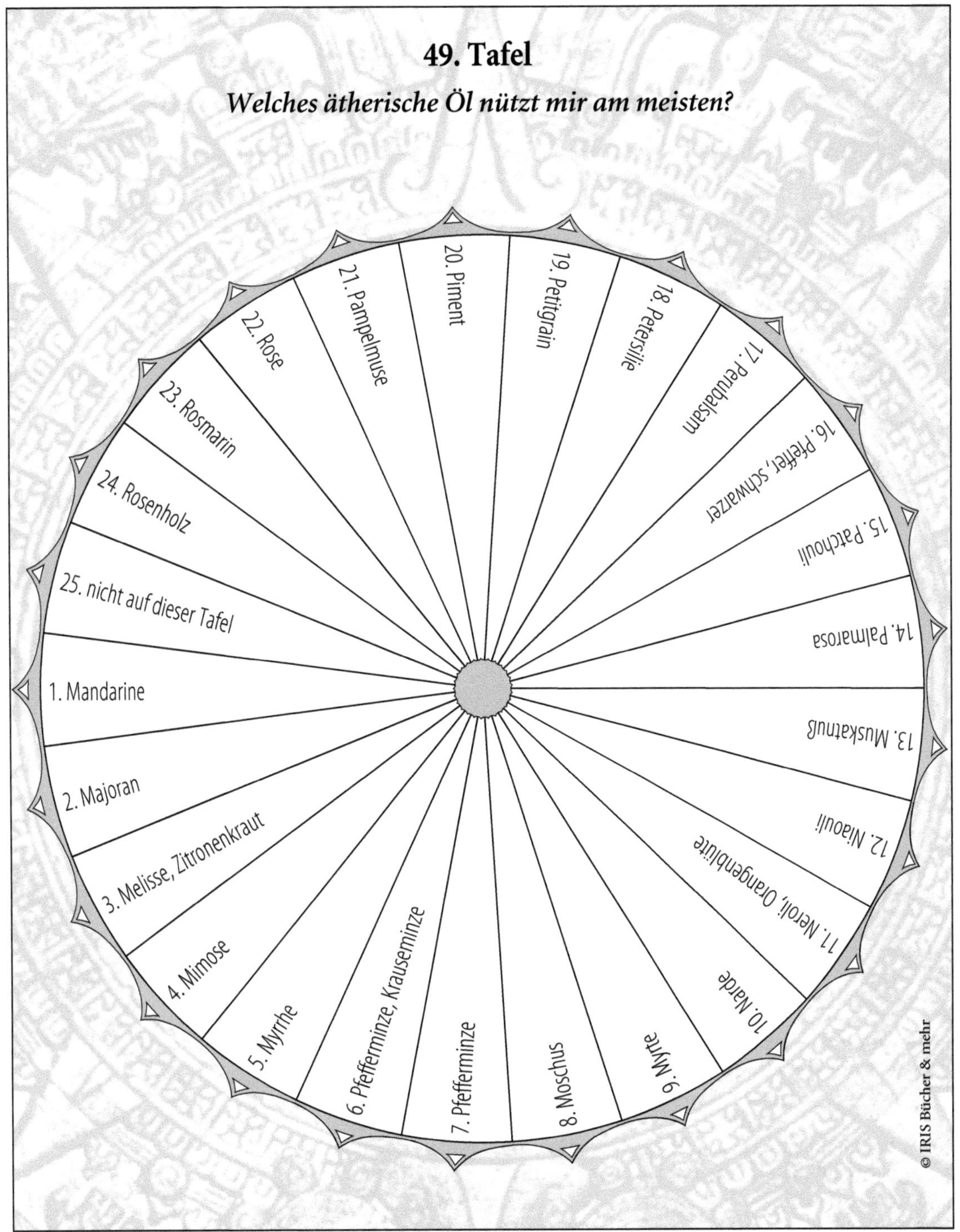

50. Tafel

Welches ätherische Öl nützt mir am meisten? (4)

1. Salbei, Muskatellersalbei
2. Salbei, spanischer
3. Sandelholz
4. Selleriesamen
5. Bitterorange
6. Orange, süße
7. Fichte
8. Fichte, Hemlockfichte
9. Weißtanne
10. Storax
11. Strohblume
12. Terpentin
13. Teestrauch
14. Thymian, echter
15. Tolubalsam
16. Tuberose
17. Baldrian, echter
18. Fenchel
19. Verbena
20. Vetiver
21. Veilchen, Märzveilchen
22. Kirchenweihrauch
23. Möhre, wilde
24. Ylang-Ylang
25. nicht auf dieser Tafel

Fragen Sie Ihren Arzt oder Heilpraktiker nach der richtigen Anwendung von ätherischen Ölen.

In einschlägiger Literatur zu ätherischen Ölen finden Sie die genaue Anwendung (z.B.: innerliche oder äußerliche Anwendung).

50. Tafel

Welches ätherische Öl nützt mir am meisten?

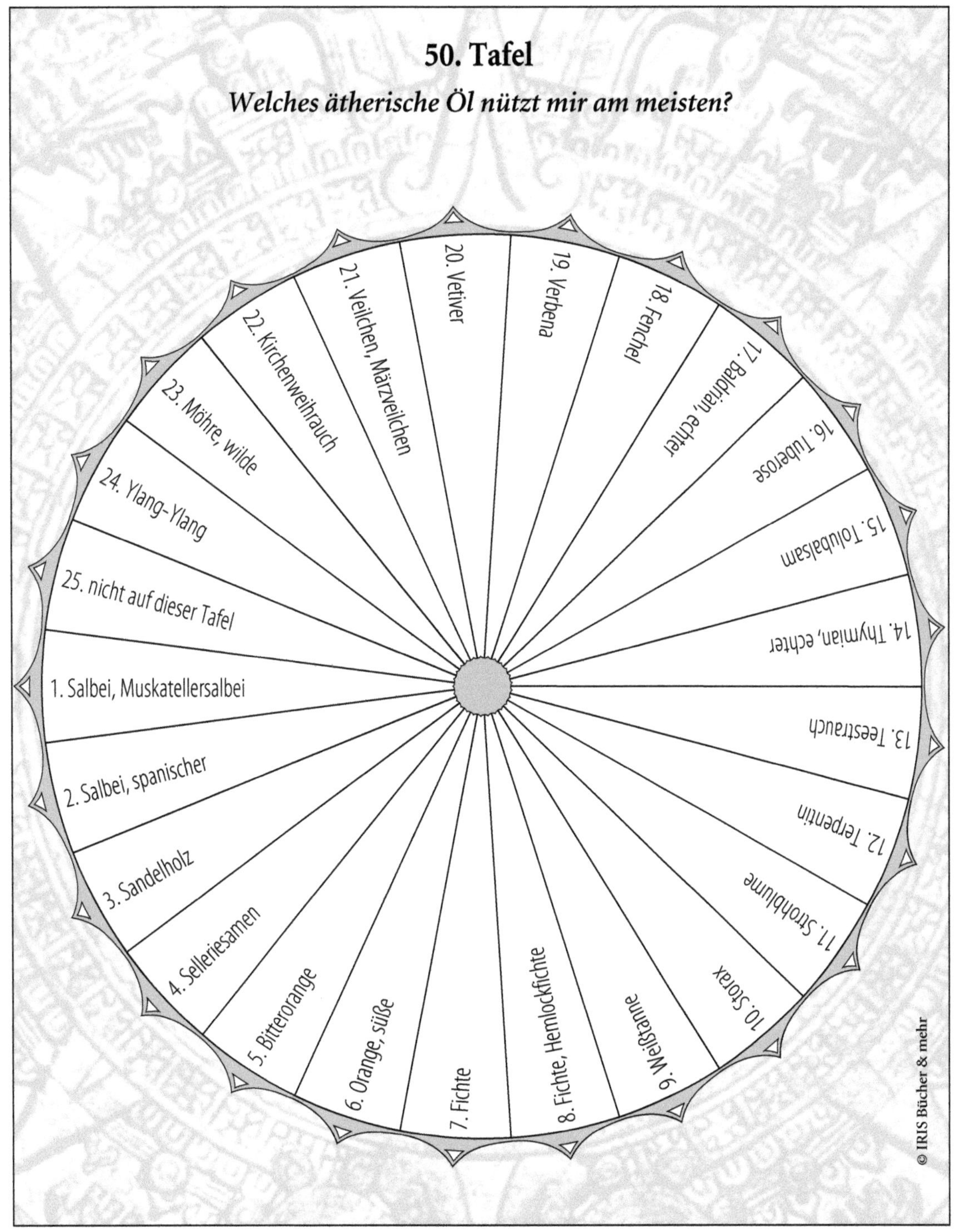

51. Tafel

Welche Bach-Blüten sollte ich verwenden? (1)

1. Agrimony
2. Aspen
3. Beech
4. Centaury
5. Cerato
6. Cherry Plum
7. Chestnut Bud
8. Chicory
9. Clematis
10. Crab Apple
11. Elm
12. Gentian
13. Gorse
14. Heather
15. Holly
16. Honeysuckle
17. Hornbeam
18. Impatients
19. Larch
20. Mimulus
21. Mustard
22. Oak
23. Olive
24. Pine
25. nicht auf dieser Tafel

In einschlägiger Literatur zur Bach-Blütentherapie finden Sie die genaue Anwendung.

51. Tafel

Welche Bach-Blüten sollte ich verwenden?

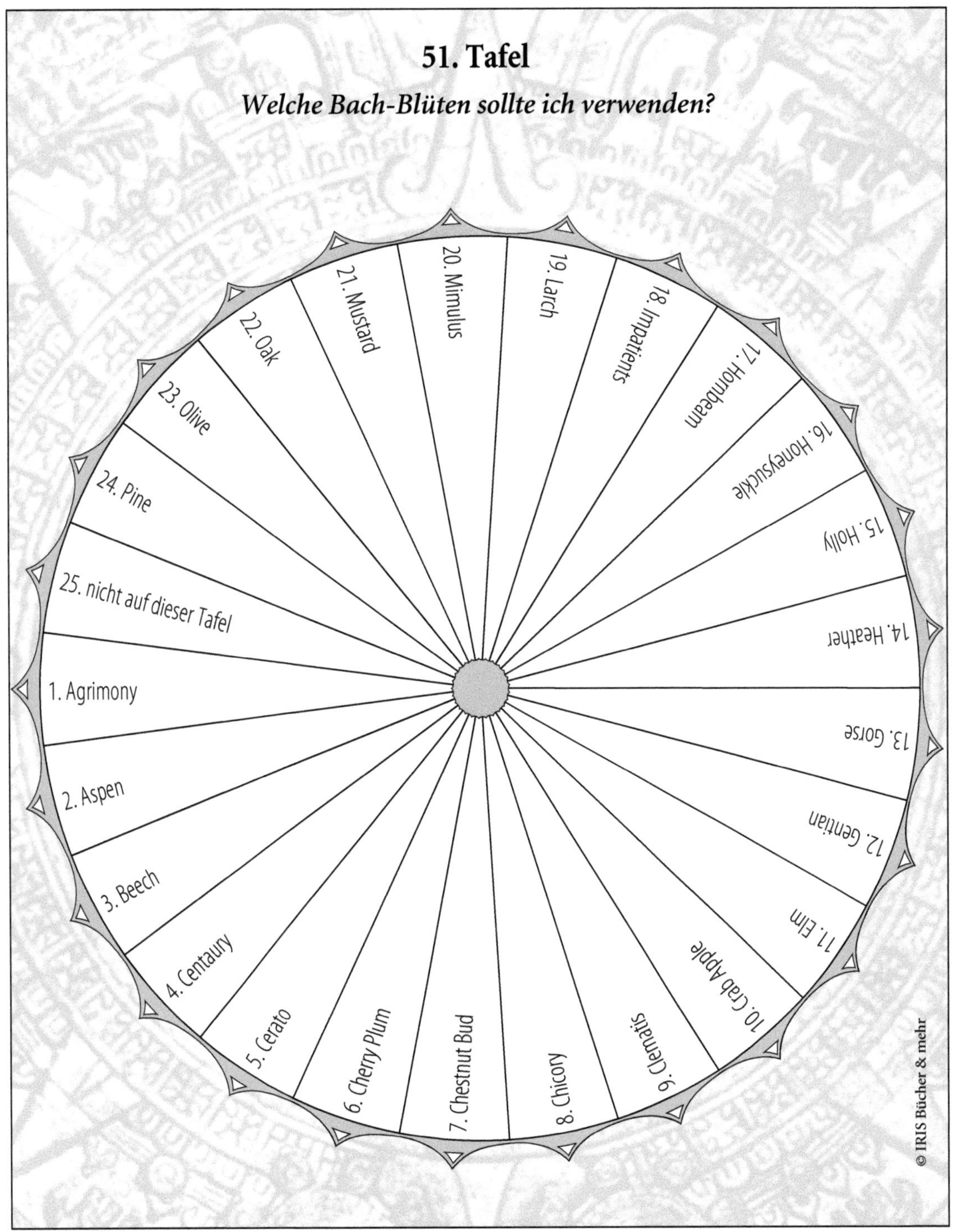

52. Tafel

Welche Bach-Blüten sollte ich verwenden? (2)

1. Red Chestnut
2. Rock Rose
3. Rock Water
4. Scleranthus
5. Star of Bethlehem
6. Sweet Chestnut
7. Vervain
8. Vine
9. Walnut
10. Water Violet
11. White Chestnut
12. Wild Oak
13. Wild Rose
14. Willow
15. nicht auf dieser Tafel

In einschlägiger Literatur zur Bach-Blütentherapie finden Sie die genaue Anwendung.

52. Tafel

Welche Bach-Blüten sollte ich verwenden?

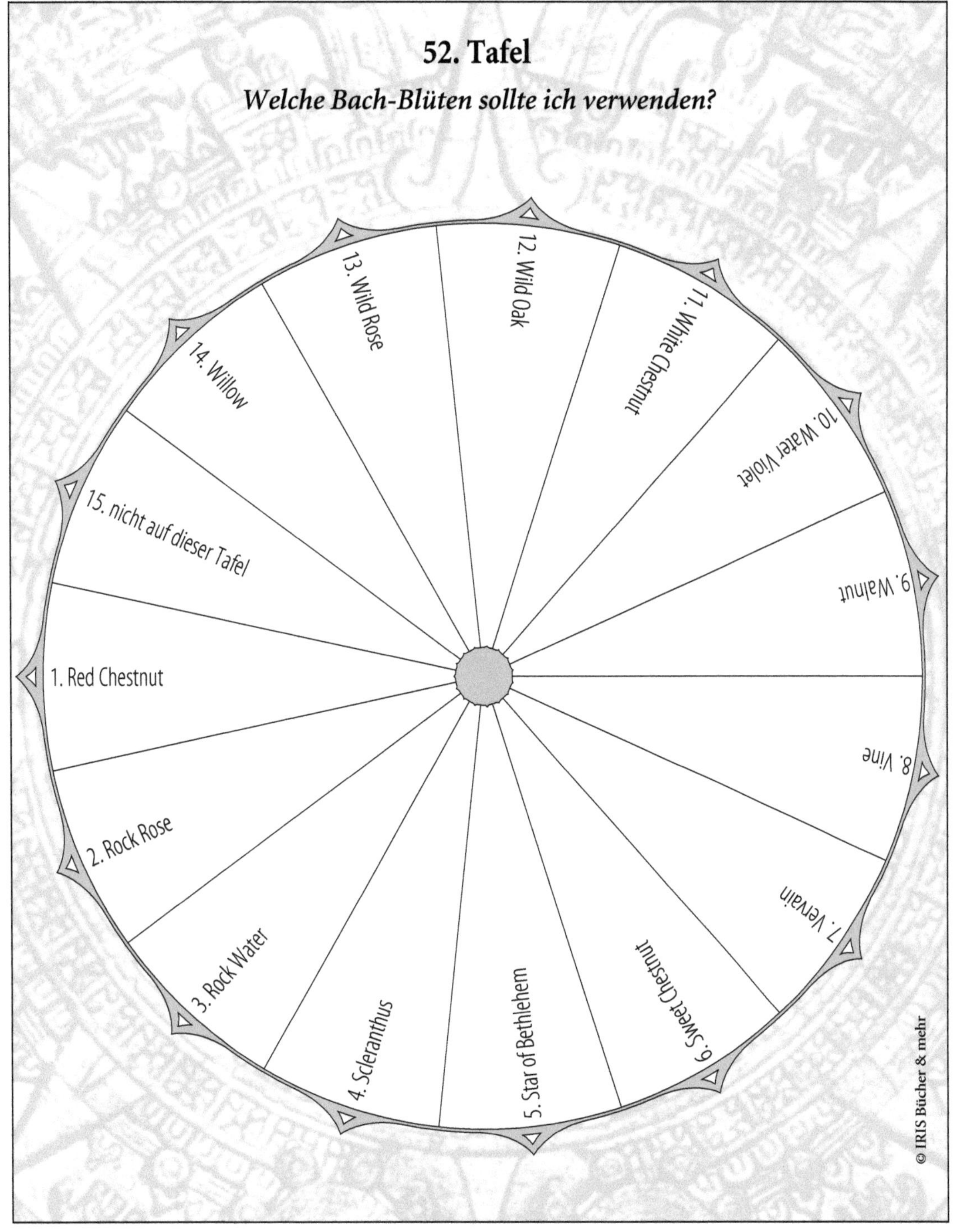

53. Tafel

Welche Edelstein-, Stein-, Kristall- oder Mineralarten nützen mir am meisten? (1)

1. Karbonate
2. Flußspart
3. Oxide: Chalcedongruppe
4. Oxide: Korundgruppe
5. Oxide: Quarzgruppe
6. diverse Oxide
7. Silicate: Turmalingruppe
8. Silicate: Beryllgruppe
9. Silicate: Granatgruppe
10. Silicate: Jadegruppe
11. diverse Silicate
12. Sulfate: Feldspatgruppe
13. diverse Sulfate
14. Edelsteine organischen Ursprungs
15. nicht auf dieser Tafel

Einschlägige Literatur zu Steinen, Edelsteinen, Kristallen und Mineralien gibt Aufschluß über die genaue Anwendung.

Achtung: Edelsteine, Steine, Kristalle und Mineralien dürfen ausschließlich ***äußerlich*** *angewendet werden!*

53. Tafel

Welche Edelstein-, Stein-, Kristall- oder Mineralarten nützen mir am meisten?

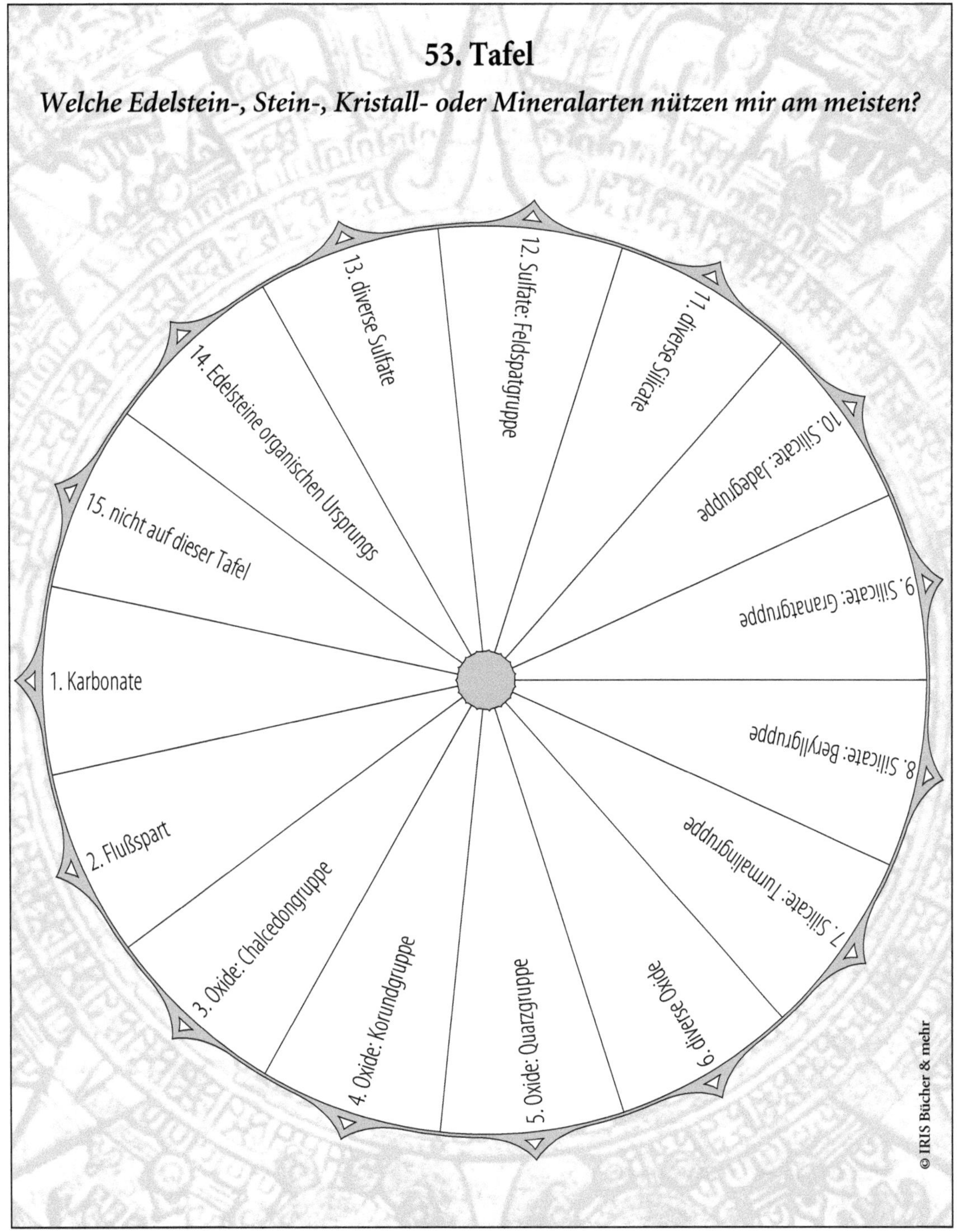

54. Tafel

Welche Edelstein-, Stein-, Kristall- oder Mineralarten nützen mir am meisten? (2)

1. Achat (Oxid: Chalcedon)
2. Karneol (Oxid: Chalcedon, Quarz)
3. Chrysopras (Oxid: Chalcedon)
4. Heliotrop (Oxid: Chalcedon)
5. Jaspis (Oxid: Chalcedon)
6. Onyx (Oxid: Chalcedon)
7. Sardonyx (Oxid: Chalcedon)
8. blauer Chalcedon (Oxid: Chalcedon)
9. Rubin (Oxid: Korund)
10. Saphir (Oxid: Korund)
11. Zitrin (Oxid: Quarz)
12. Amethyst (Oxid: Quarz)
13. Tigerauge/Katzenauge (Oxid: Quarz)
14. Falkenauge (Oxid: Quarz)
15. Rauchquarz (Oxid: Quarz)
16. Aventurin (Oxid: Quarz)
17. Bergkristall (Oxid: Quarz)
18. Rosenquarz (Oxid: Quarz)
19. Magnetit (Oxid)
20. Obsidian (Oxid)
21. Opal (Oxid)
22. Hämatit (Oxid)
23. Jadeit (Silikate: Jadegruppe)
24. Nephrit (Silikate: Jadegruppe)
25. nicht auf dieser Tafel

Einschlägige Literatur zu Steinen, Edelsteinen, Kristallen und Mineralien gibt Aufschluß über die genaue Anwendung.

Achtung: Edelsteine, Steine, Kristalle und Mineralien dürfen ausschließlich ***äußerlich*** *angewendet werden!*

54. Tafel

Welche Edelstein-, Stein-, Kristall- oder Mineralarten nützen mir am meisten?

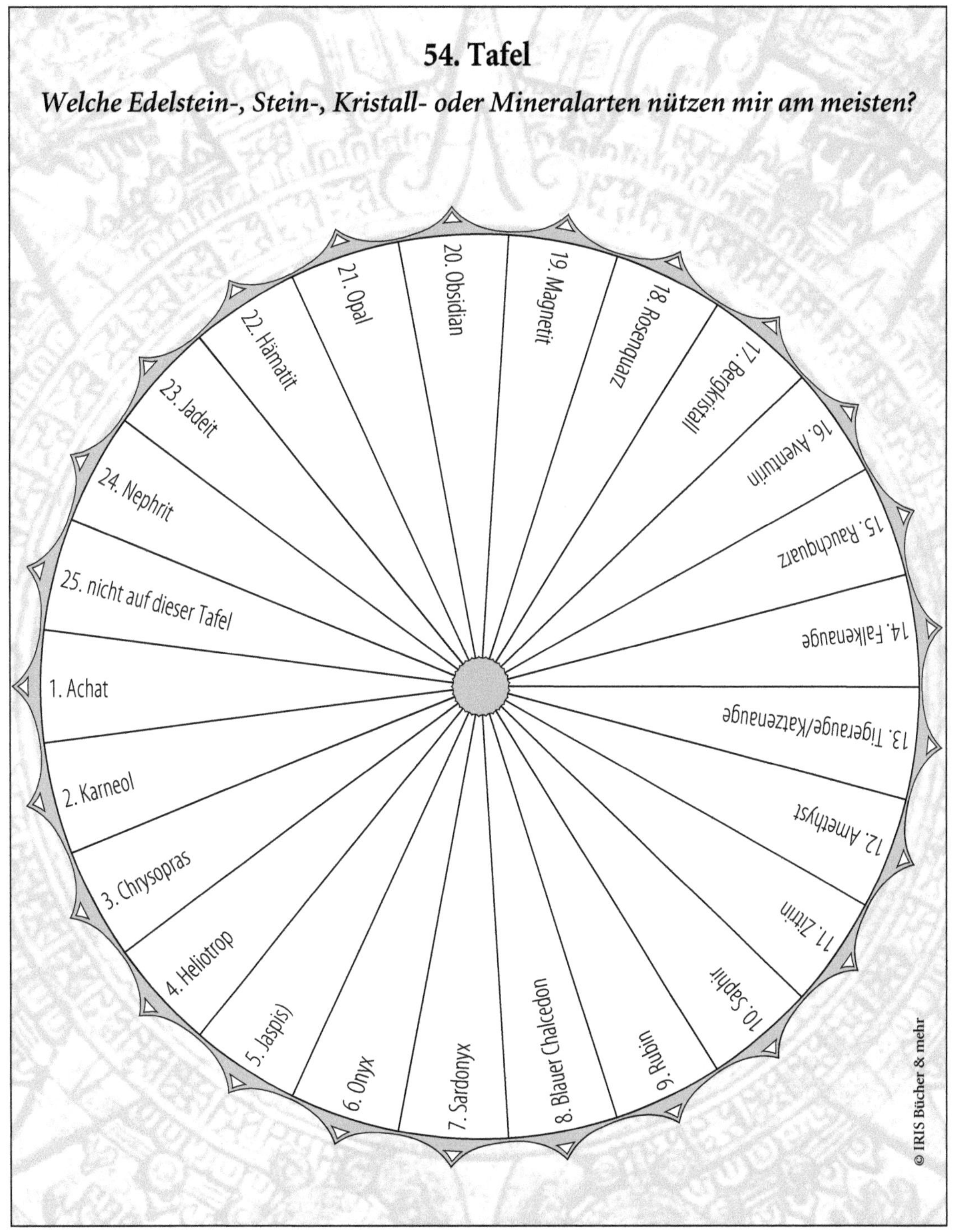

55. Tafel

Welche Edelstein-, Stein-, Kristall- oder Mineralarten nützen mir am meisten? (3)

1. Indigolith (Silikate: Turmalingruppe)
2. Rubellit (Silikate: Turmalingruppe)
3. Schörl (Silikate: Turmalingruppe)
4. Verdelith (Silikate: Turmalingruppe)
5. Wassermelonen-Turmalin (Silikate: Turmalingruppe)
6. Beryll (Silikate: Beryllgruppe)
7. Aquamarin (Silikate: Beryllgruppe)
8. Heliodor (Silikate: Beryllgruppe)
9. Morganit (Silikate: Beryllgruppe)
10. Smaragd (Silikate: Beryllgruppe)
11. Granat (Silikate: Granatgruppe)
12. Almandin (Silikate: Granatgruppe)
13. Pyrop (Silikate: Granatgruppe)
14. Uwarowit (Silikate: Granatgruppe)
15. Apophyllit (Silikat)
16. Charoit (Silikat)
17. Lapislazuli (Silikat)
18. Olivin, Peridot und Chrysolith (Silikate)
19. Rhodonit (Silikat)
20. Sodalith (Silikat)
21. Stilbit (Silikat)
22. Sugilith (Silikat)
23. Topas (Silikat)
24. Zirkon (Silikat)
25. nicht auf dieser Tafel

Einschlägige Literatur zu Steinen, Edelsteinen, Kristallen und Mineralien gibt Aufschluß über die genaue Anwendung.

Achtung: Edelsteine, Steine, Kristalle und Mineralien dürfen ausschließlich ***äußerlich*** *angewendet werden!*

55. Tafel

Welche Edelstein-, Stein-, Kristall- oder Mineralarten nützen mir am meisten?

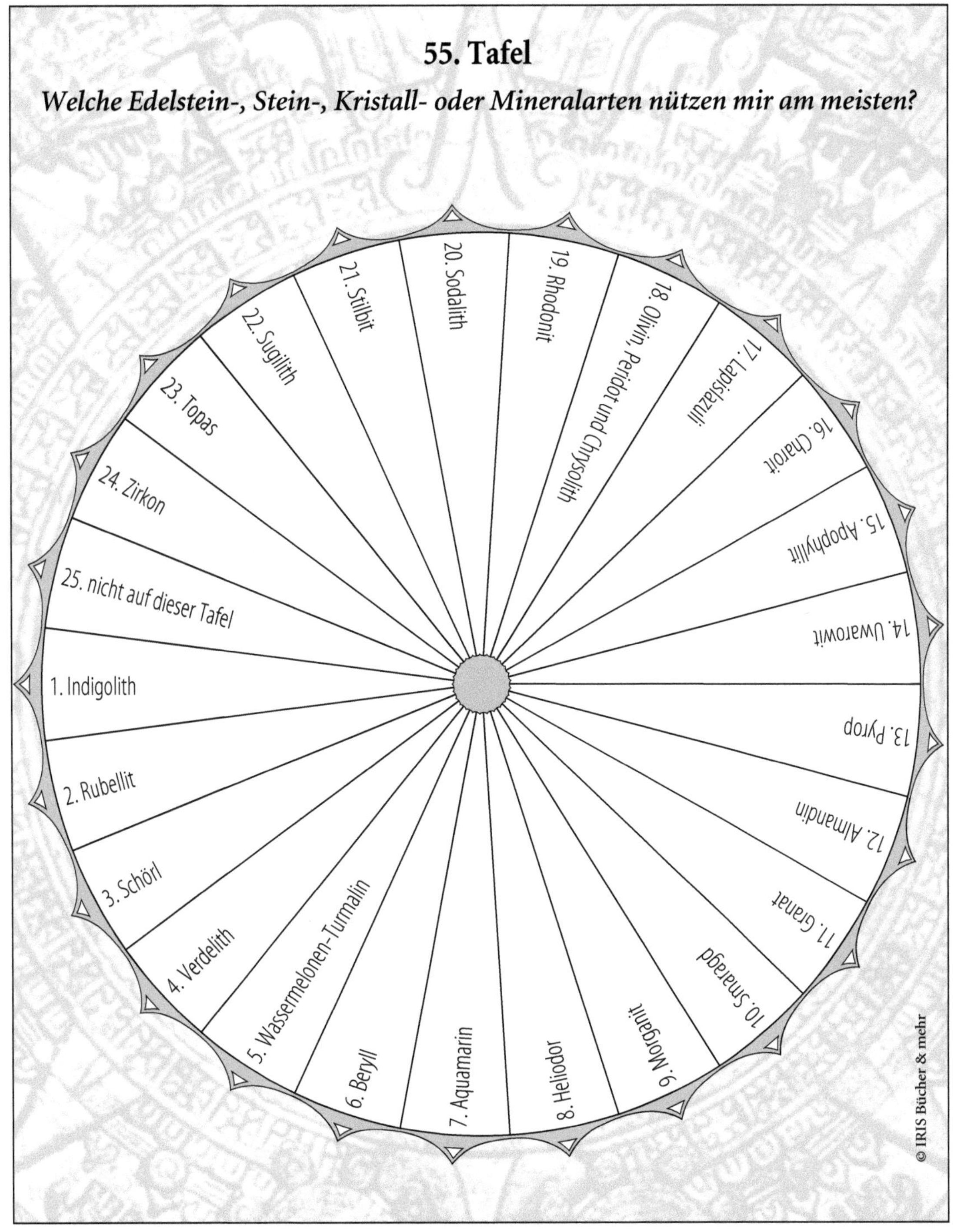

56. Tafel

Welche Edelstein-, Stein-, Kristall- oder Mineralarten nützen mir am meisten? (4)

1. Magnesit (Karbonat)
2. Malachit (Karbonat)
3. Rhodochrosit (Karbonat)
4. Pyrit (Sulfat)
5. Türkis (Sulfat)
6. Amazonit (Sulfat: Feldspatgruppe)
7. Labradorit (Sulfat: Feldspatgruppe)
8. Mondstein (Sulfat: Feldspatgruppe)
9. Sonnenstein (Sulfat: Feldspatgruppe)
10. Flußspat (Fluorit)
11. Amber (fossiles Harz)
12. Koralle (Kalkskelette von Meerestieren)
13. Perle (von Schalentieren produziertes Perlmutt)
14. Diamant (besteht aus einem Element: Kohlenstoff)
15. nicht auf dieser Tafel

Einschlägige Literatur zu Steinen, Edelsteinen, Kristallen und Mineralien gibt Aufschluß über die genaue Anwendung.

*Achtung: Edelsteine, Steine, Kristalle und Mineralien dürfen ausschließlich **äußerlich** angewendet werden!*

56. Tafel

Welche Edelstein-, Stein-, Kristall- oder Mineralarten nützen mir am meisten?

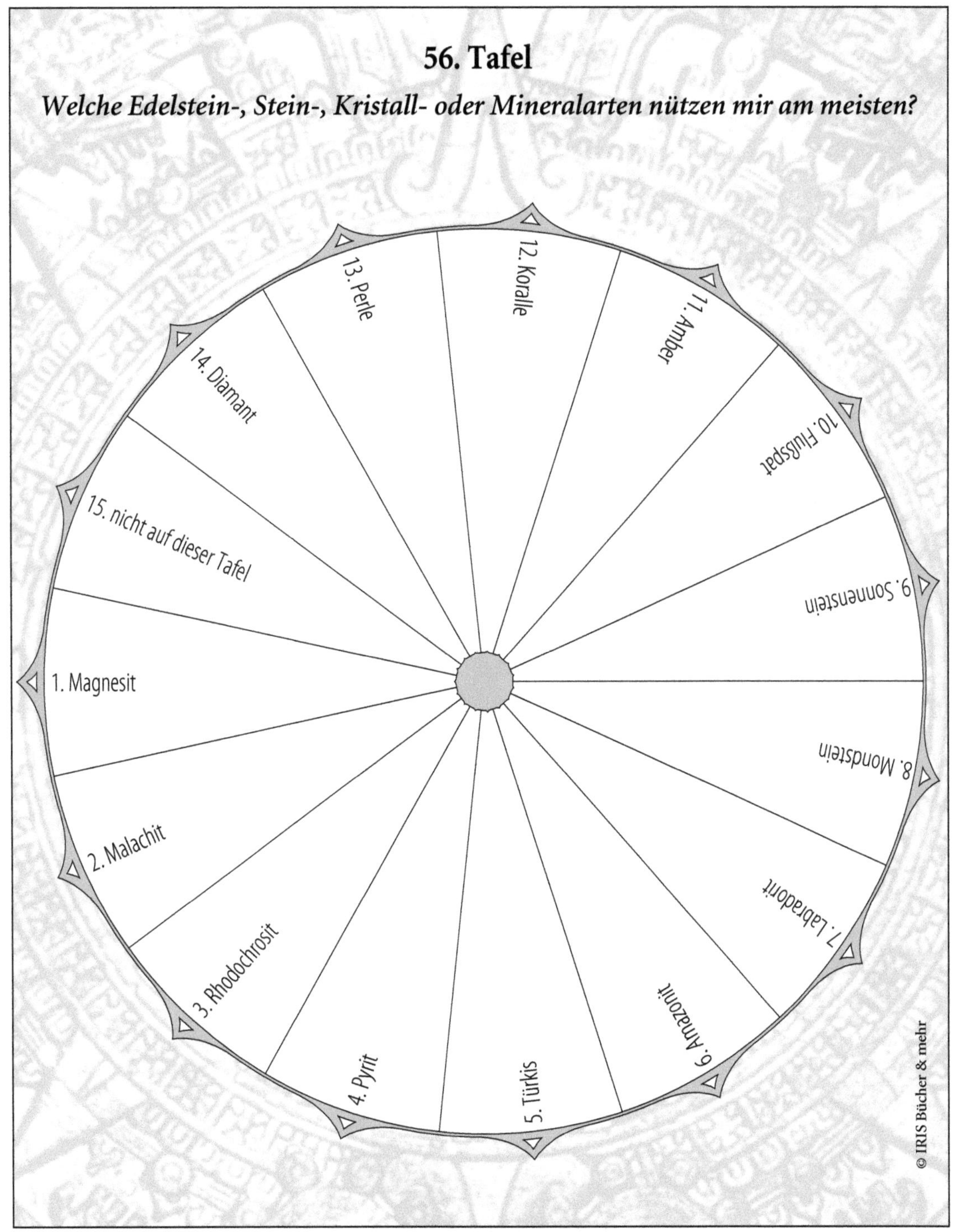

57. Tafel

Welches (Edel-) Metall nützt mir am meisten?

1. Aluminium
2. Quecksilber
3. Zink
4. Nickel
5. Magnesium
6. Antimon
7. Pyrit
8. Zinn
9. Kupfer
10. Gold
11. Blei
12. Platin
13. Silber
14. Eisen
15. nicht auf dieser Tafel

Einschlägige Literatur zu (Edel-) Metallen gibt Aufschluß über die genaue Anwendung.

Achtung: (Edel-) Metalle dürfen ausschließlich ***äußerlich*** *angewendet werden!*

57. Tafel

Welches (Edel-) Metall nützt mir am meisten?

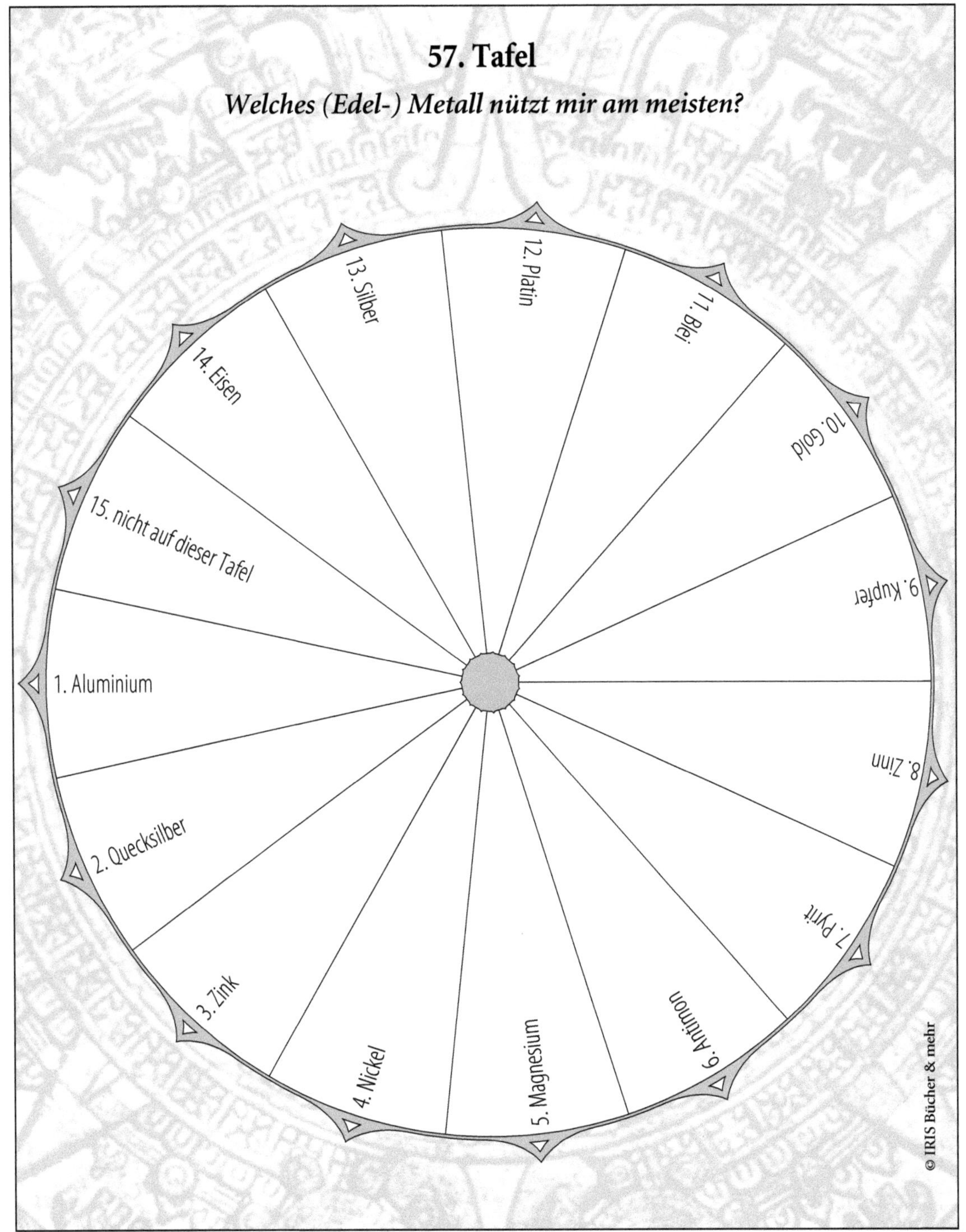

58. Tafel

Welches (Edel-) Metall sollte ich meiden?

1. Aluminium
2. Quecksilber
3. Zink
4. Nickel
5. Magnesium
6. Antimon
7. Pyrit
8. Zinn
9. Kupfer
10. Gold
11. Blei
12. Platin
13. Silber
14. Eisen
15. nicht auf dieser Tafel

Siehe auch Pendeltafeln 12, 24, 25, 117, 129.

Einschlägige Literatur zu (Edel-) Metallen gibt Aufschluß über die genaue Anwendung.

Achtung: (Edel-) Metalle dürfen ausschließlich ***äußerlich*** *angewendet werden!*

58. Tafel

Welches (Edel-) Metall sollte ich meiden?

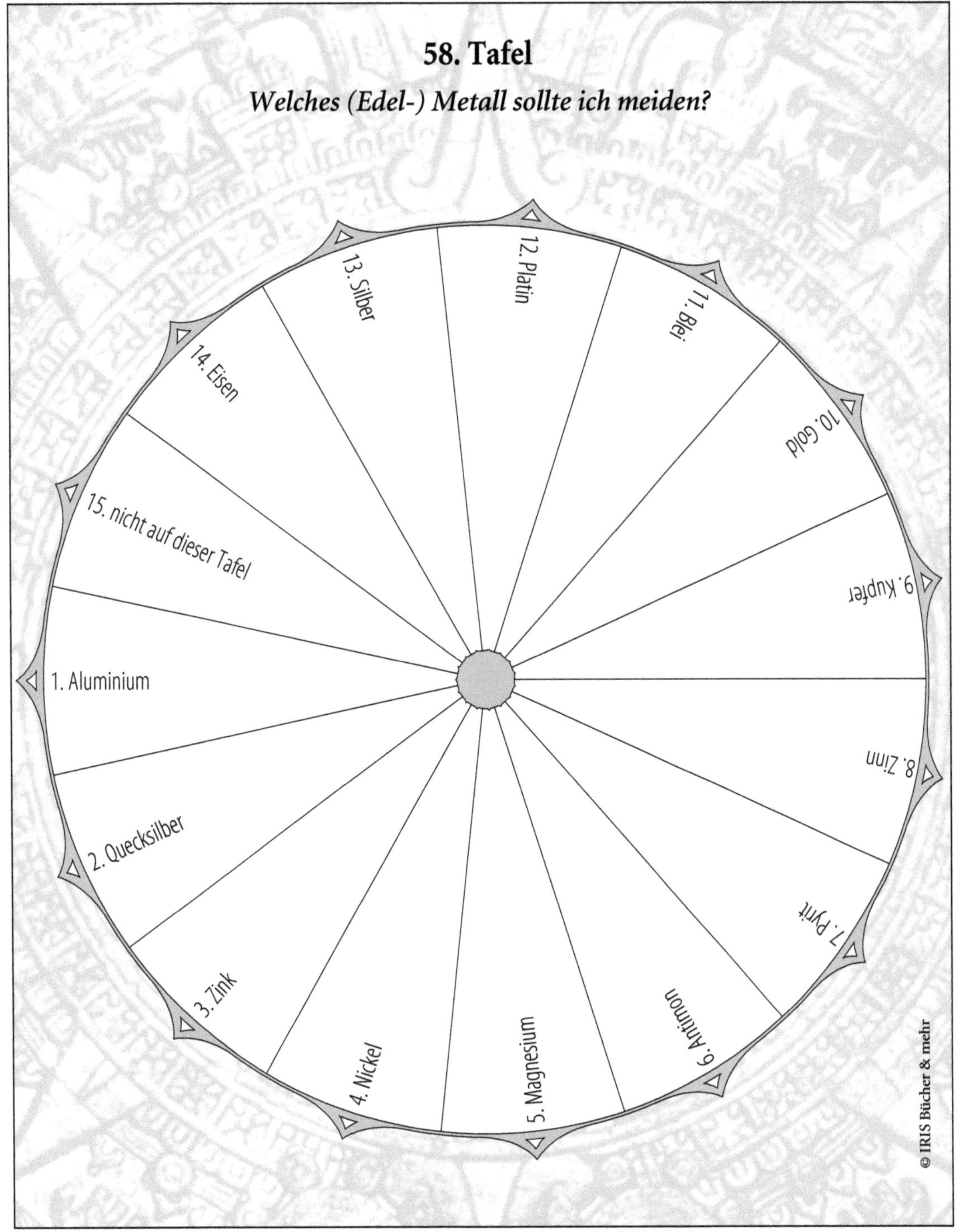

59. Tafel

Welchen Weihrauch sollte ich gebrauchen? (1)

1. Bergamotte: Wohlstand und Kraft
2. Myrre: Freude, Erfolg und Segen
3. Geranie: beruhigend, schenkt Gleichgewichtigkeit
4. Moschus: anregend und stimuliert das Denken
5. Zitronengras: schenkt Vitalität, Liebe und Kraft
6. Sandelholz: Heilung, Meditation und Gebet
7. Vanille: Aphrodisiakum, Optimismus und Glück
8. Aloe: Heilung und Erfolg bei Unternehmungen
9. Jasmin: Aphrodisiakum, Optimismus und Glück
10. Kopal: Liebe und beglückende Atmosphäre
11. Lavendel: beruhigend und reinigend
12. Mandarine: Ruhe, Entspannung und Fröhlichkeit
13. Zeder: Fruchtbarkeit, Macht und Ruhm
14. Benzoe: spirituelle Kraft, Reinigung, Segnung
15. nicht auf dieser Tafel

59. Tafel

Welchen Weihrauch sollte ich gebrauchen?

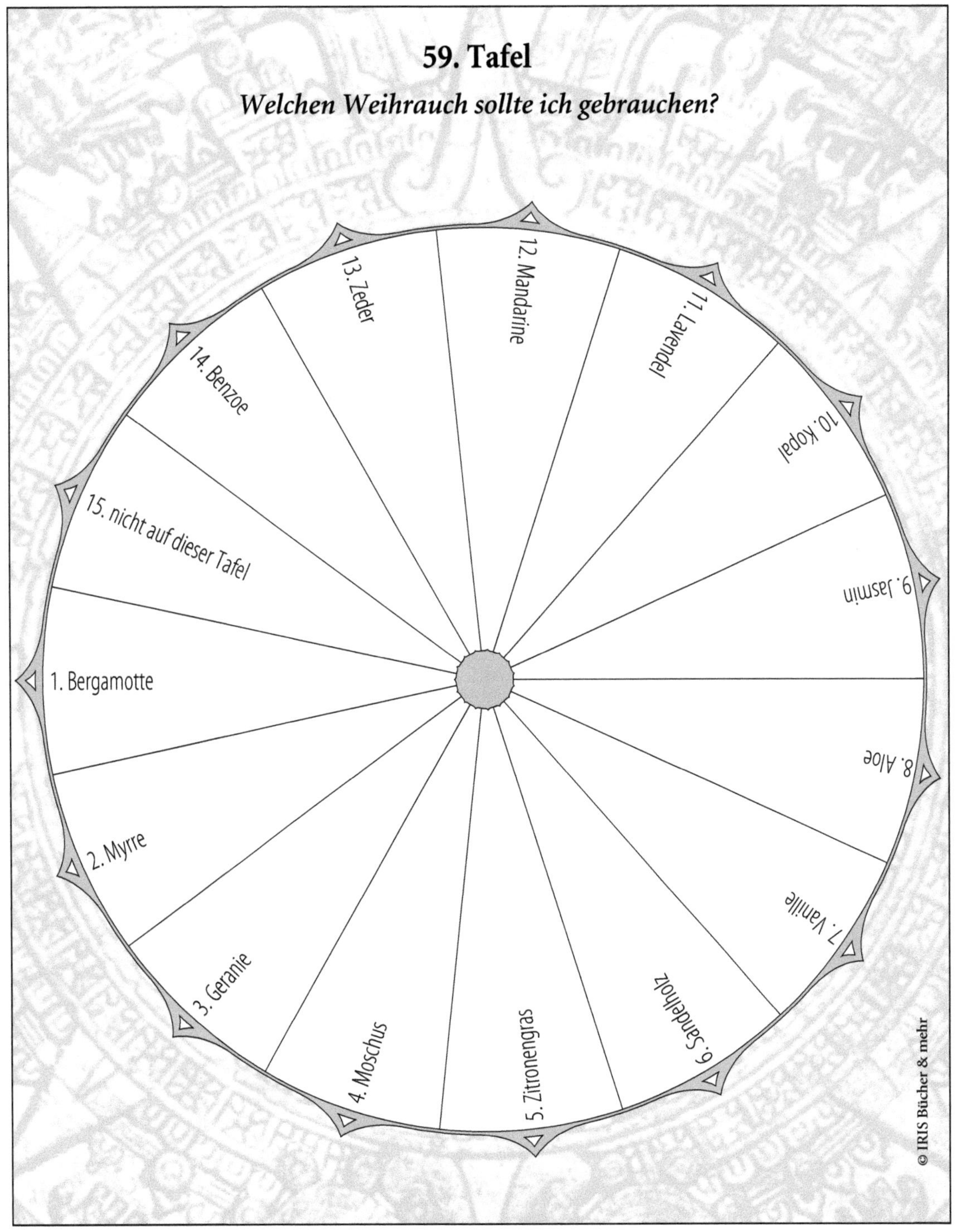

60. Tafel

Welchen Weihrauch sollte ich gebrauchen? (2)

1. Zypresse: Sieg und Unsterblichkeit
2. Mastix: Ambitionen und Wünsche realisieren
3. Vetiver: schenkt Weisheit, beruhigt die Psyche
4. Olibanum (Weihrauch): Schutz des Hauses
5. Balsamweihrauch: göttliche Kraft, Schutz der Familie
6. Ylang-Ylang: Aphrodisiakum, hält Negativität fern
7. Mimose: Selbstvertrauen, Fortschritt und Optimismus
8. Patchouli: Aphrodisiakum, Fruchtbarkeit und Heilung
9. Rose: Aphrodisiakum, stimuliert Geist, Herz und Sinnesorgane
10. Kostuswurzel: Selbstschutz
11. Kiefer: Aphrodisiakum, Fruchtbarkeit und Heilung
12. Eukalyptus: Reinigung von negativen Einflüssen und Gedanken
13. Galbanum: Spiritualität und Liebe
14. Storax (Amber): Schutz, Genesung, Liebe und Frieden
15. nicht auf dieser Tafel

60. Tafel

Welchen Weihrauch sollte ich gebrauchen?

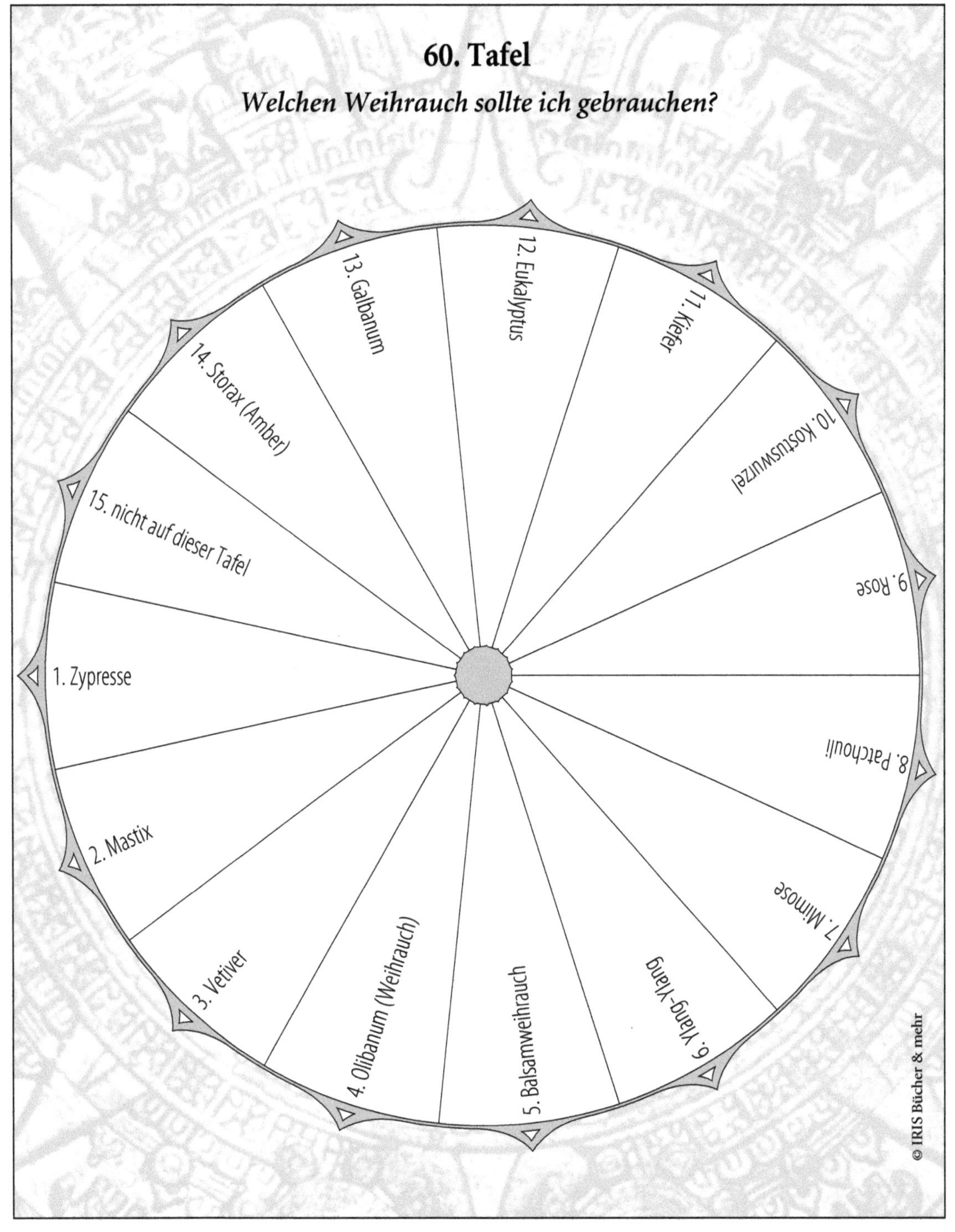

61. Tafel

Welche (grelle) Farbe beeinflußt mich günstig?

1. hellgelb
2. dunkelgelb
3. hellorange
4. dunkelorange
5. hellrot
6. dunkelrot
7. hellblau
8. dunkelblau
9. hellviolett
10. dunkelviolett
11. hellrosa
12. dunkelrosa
13. türkis
14. hellgrün
15. dunkelgrün
16. hellbraun
17. dunkelbraun
18. hellgrau
19. dunkelgrau
20. weiß (alle Farben)
21. schwarz (keine Farbe)
22. silberfarben
23. goldfarben
24. keine spezielle Farbe
25. nicht auf dieser Tafel

Einschlägige Literatur zu Farben gibt Aufschluß über die genaue Anwendung.

61. Tafel

Welche (grelle) Farbe beeinflußt mich günstig?

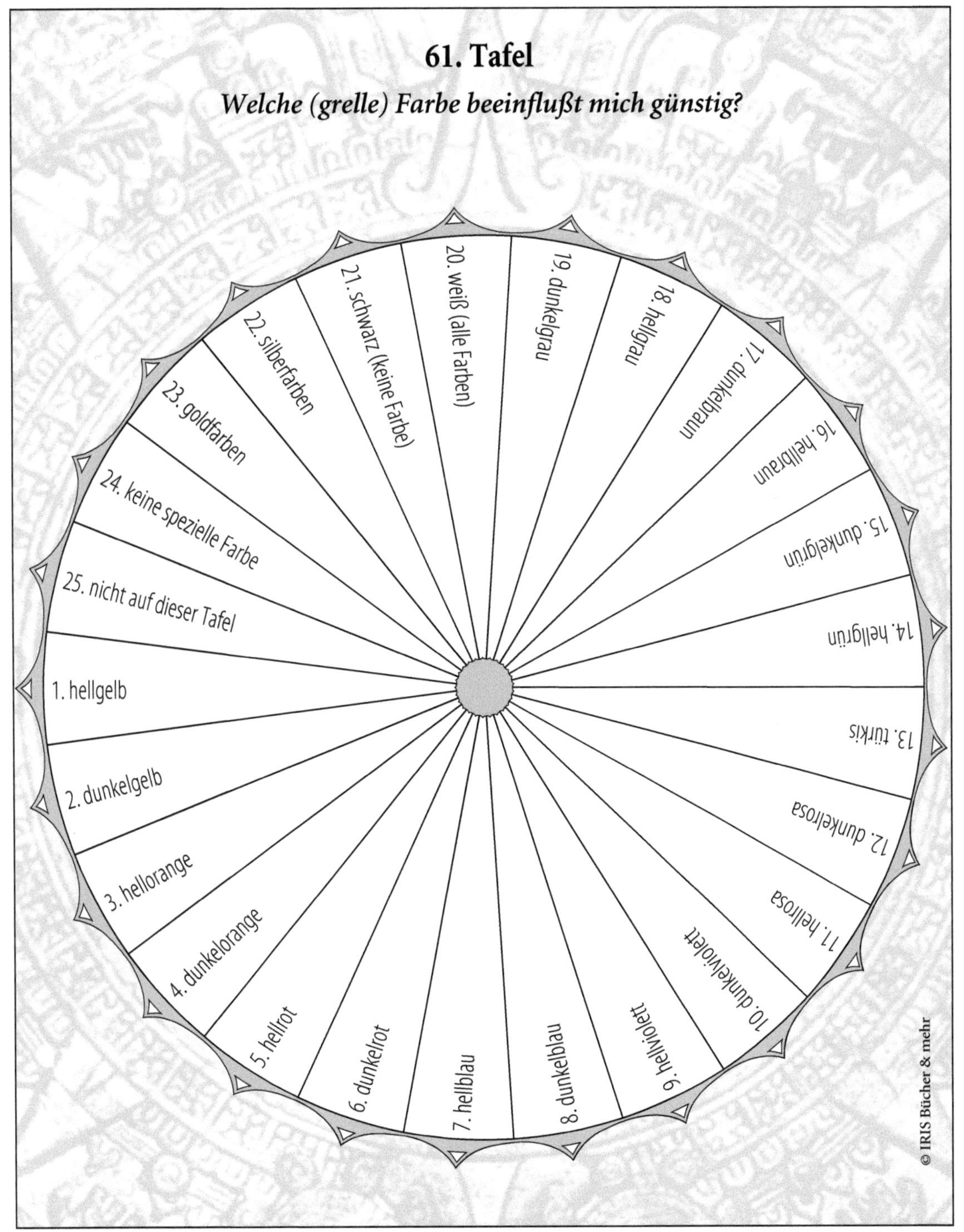

62. Tafel

Welche (grelle) Farbe sollte ich meiden?

1. hellgelb
2. dunkelgelb
3. hellorange
4. dunkelorange
5. hellrot
6. dunkelrot
7. hellblau
8. dunkelblau
9. hellviolett
10. dunkelviolett
11. hellrosa
12. dunkelrosa
13. türkis
14. hellgrün
15. dunkelgrün
16. hellbraun
17. dunkelbraun
18. hellgrau
19. dunkelgrau
20. weiß (alle Farben)
21. schwarz (keine Farbe)
22. silberfarben
23. goldfarben
24. keine spezielle Farbe
25. nicht auf dieser Tafel

Einschlägige Literatur zu Farben gibt Aufschluß über die genaue Anwendung.

62. Tafel

Welche (grelle) Farbe sollte ich meiden?

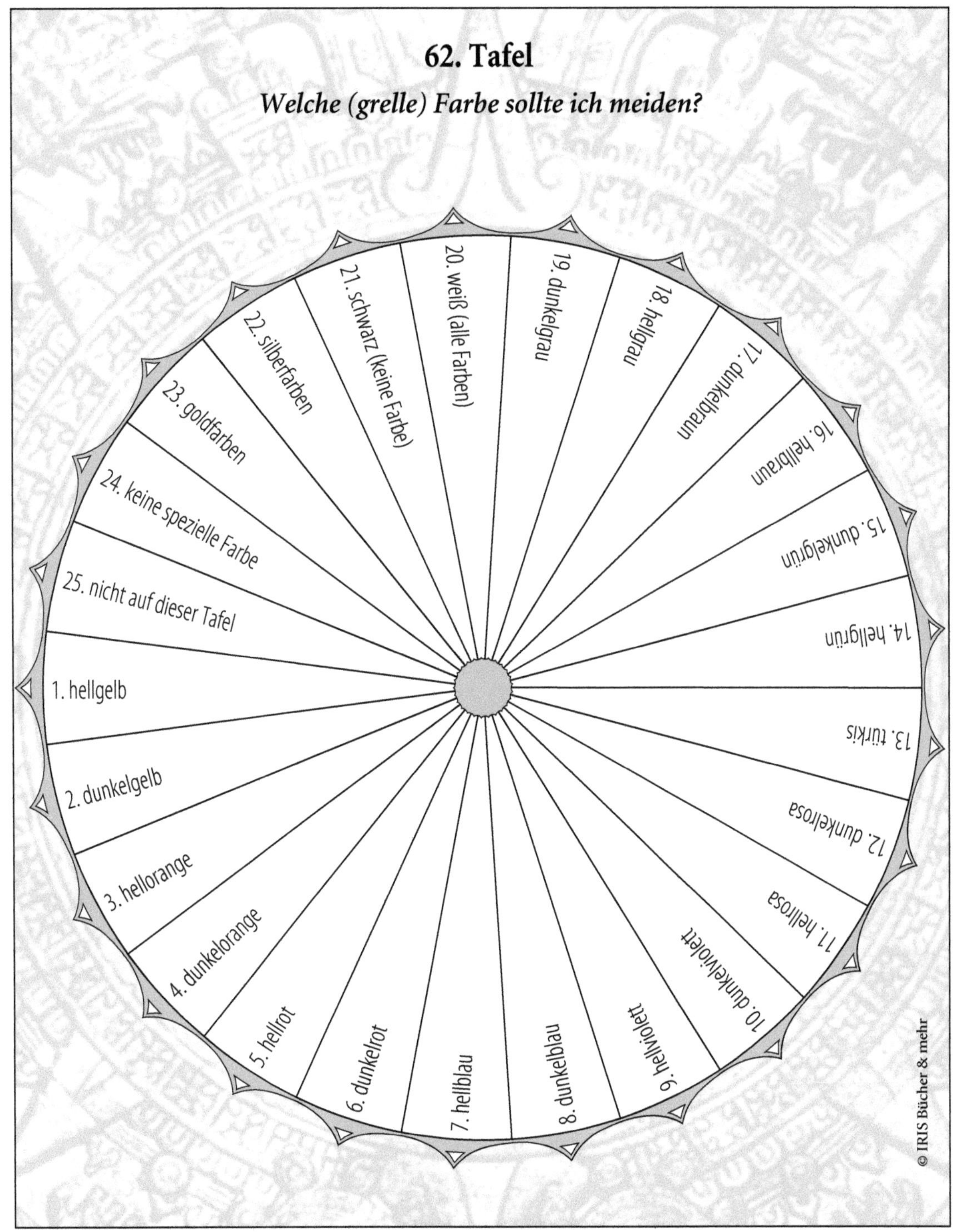

63. Tafel

Welche Pastellfarbe beeinflußt mich günstig?

1. Pastellgelb
2. Pastellorange
3. Pastellrot
4. Pastellblau
5. Pastellgrün
6. Pastellrosa
7. Pastellviolett
8. Pastelltürkis
9. Pastellbraun
10. Pastellgrau
11. Pastellweiß
12. Sandfarben
13. keine spezielle Farbe
14. mehrere Farben
15. nicht auf dieser Tafel

Einschlägige Literatur zu Farben gibt Aufschluß über die genaue Anwendung.

63. Tafel

Welche Pastellfarbe beeinflußt mich günstig?

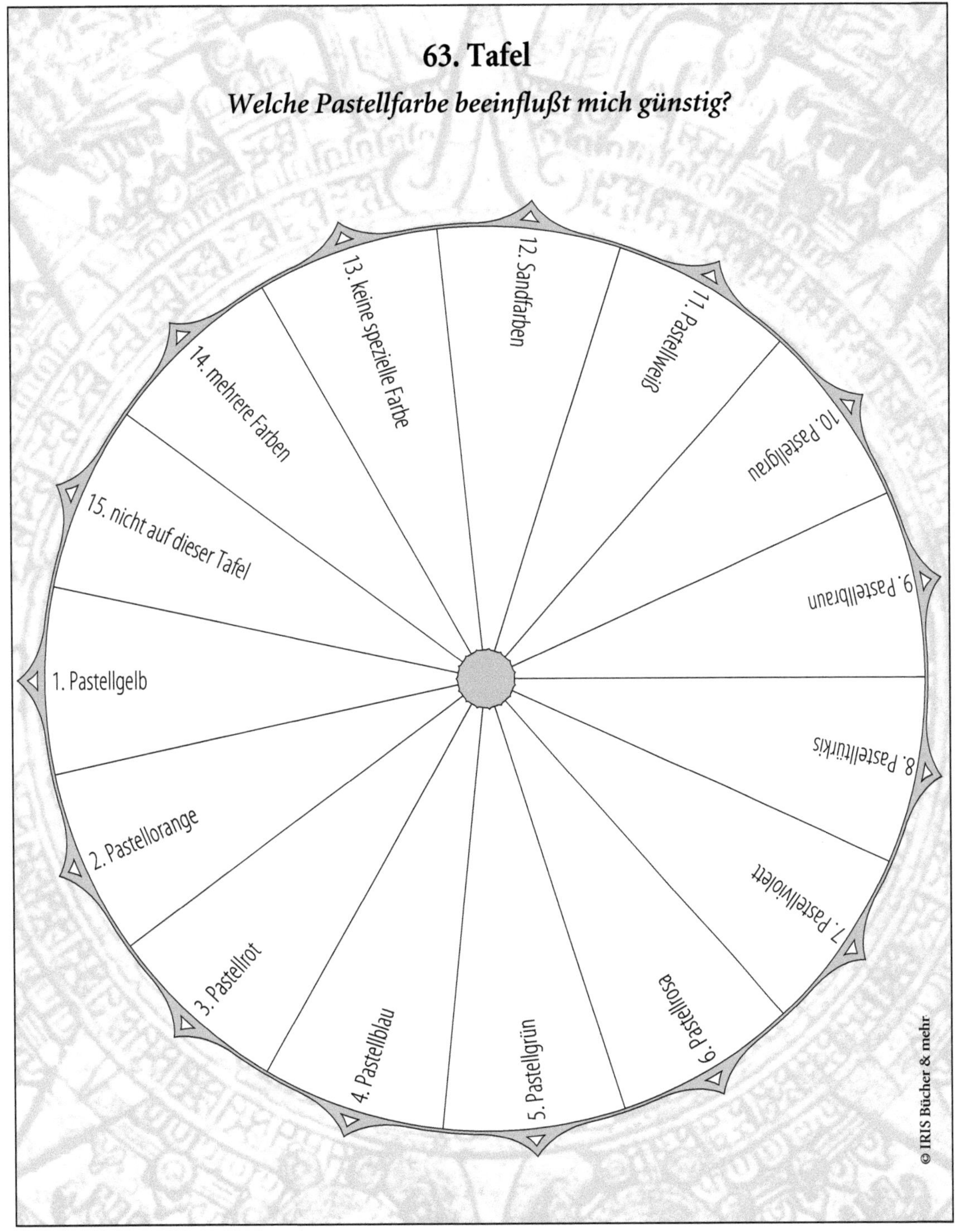

64. Tafel

Welche Pastellfarbe sollte ich meiden?

1. Pastellgelb
2. Pastellorange
3. Pastellrot
4. Pastellblau
5. Pastellgrün
6. Pastellrosa
7. Pastellviolett
8. Pastelltürkis
9. Pastellbraun
10. Pastellgrau
11. Pastellweiß
12. Sandfarben
13. keine spezielle Farbe
14. mehrere Farben
15. nicht auf dieser Tafel

Einschlägige Literatur zu Farben gibt Aufschluß über die genaue Anwendung.

64. Tafel

Welche Pastellfarbe sollte ich meiden?

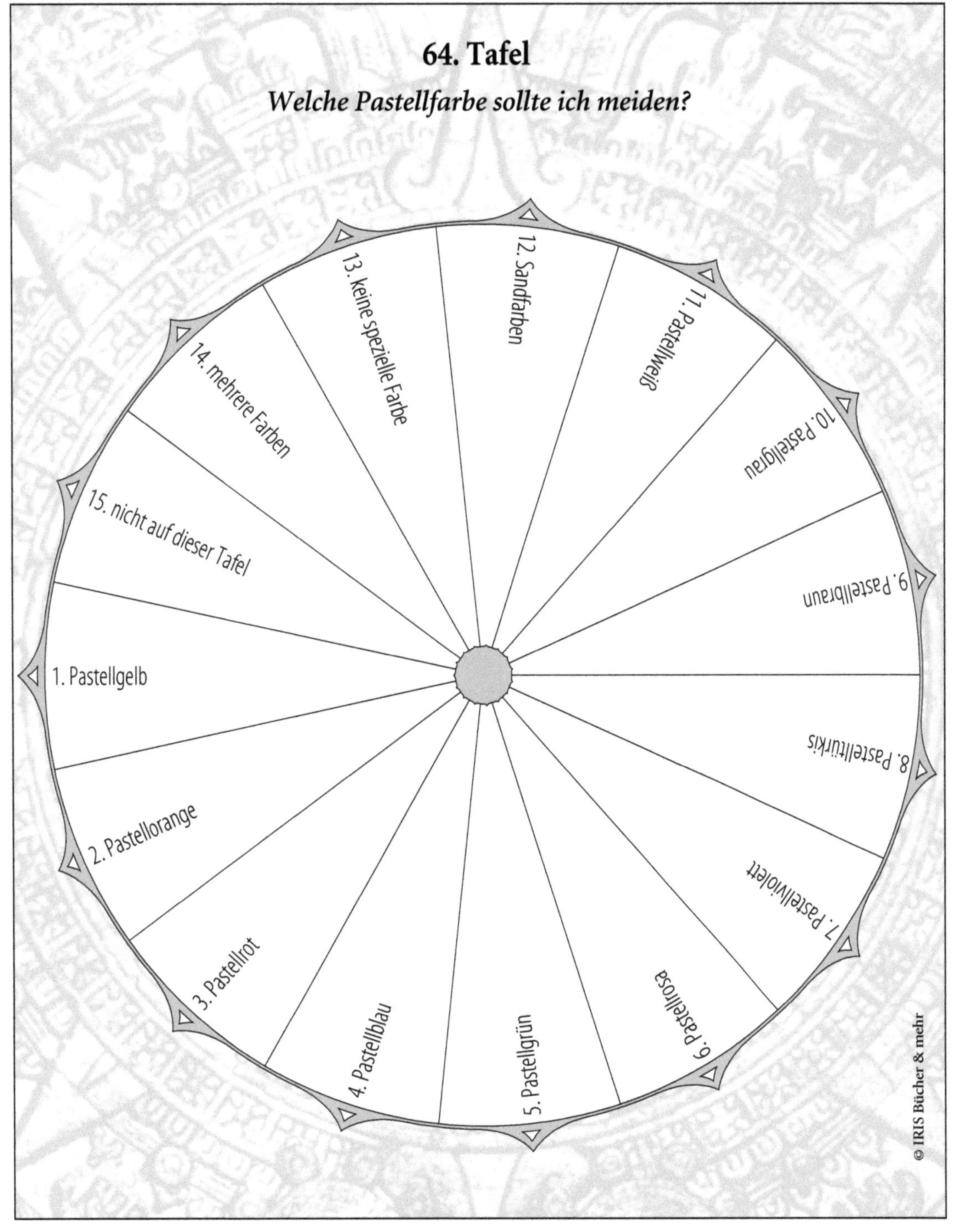

65. Tafel

Welche Meditation paßt zu mir?

1. klassische Sitzmeditation
2. visuelle Meditation
3. energetische Meditation
4. Mantrameditation
5. Kundalinimeditation
6. Chakrameditation
7. Farbmeditation
8. Kristallmeditation
9. Atemmeditation
10. Sonnenmeditation
11. Mandalameditation
12. christliche Meditation
13. Buddha-Meditation
14. Meditation mit Musik
15. nicht auf dieser Tafel

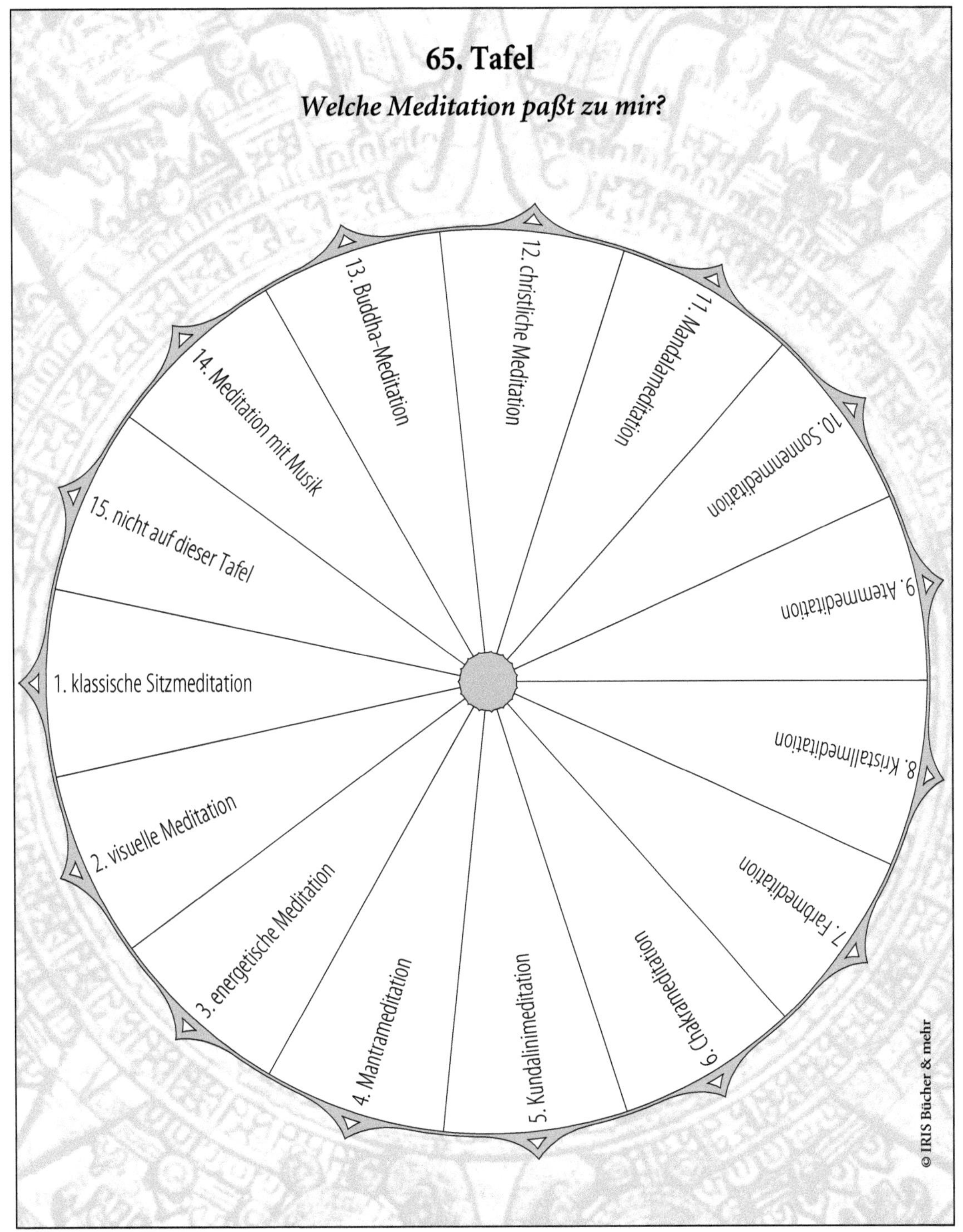
65. Tafel
Welche Meditation paßt zu mir?
1. klassische Sitzmeditation
2. visuelle Meditation
3. energetische Meditation
4. Mantrameditation
5. Kundalinimeditation
6. Chakrameditation
7. Farbmeditation
8. Kristallmeditation
9. Atemmeditation
10. Sonnenmeditation
11. Mandalameditation
12. christliche Meditation
13. Buddha-Meditation
14. Meditation mit Musik
15. nicht auf dieser Tafel
© IRIS Bücher & mehr

66. Tafel

Welches alternative Heilverfahren sollte ich wählen?

1. Reiki
2. Homöopathie
3. Lichttherapie
4. Klangtherapie
5. Farbtherapie
6. Aromatherapie
7. Bach-Blütentherapie
8. Neurolinguistisches Programmieren (NLP)
9. Kräutertherapie
10. Akupunktur
11. Chakra-Arbeit
12. Meditationstherapie
13. Massage/Berührung
14. Edelsteintherapie
15. nicht auf dieser Tafel

66. Tafel

Welches alternative Heilverfahren sollte ich wählen?

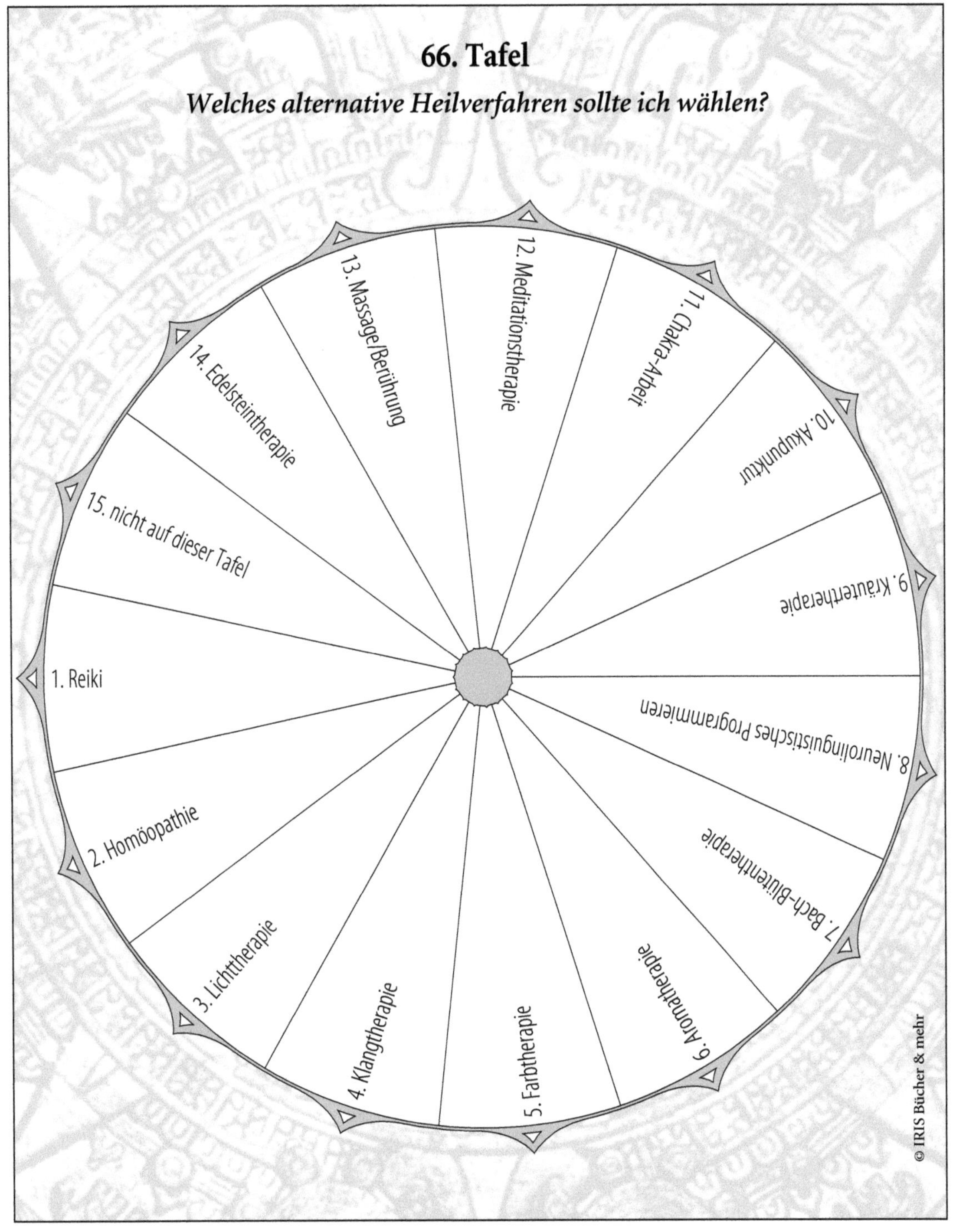

67. Tafel

Welche Therapie/welches Heilverfahren gibt mir Lebenskraft?

1. Qui Gong
2. Bioenergetik
3. Shiatsu
4. Eutonie
5. Atemtherapie
6. (energetische) Meditation
7. Reiki
8. Reinkarnationstherapie
9. Ausruhen
10. Chakra-Arbeit
11. Magnetisieren/Handauflegen
12. Homöopathie
13. Hypnose
14. visuelle Meditation
15. Rebalancing
16. Rebirthing
17. (Tantra-) Yoga
18. Obertonsingen
19. Körperarbeit (Reich)
20. Fasten
21. Autogenes Training
22. Akupunktur
23. Kinesiologie
24. Urtherapie
25. nicht auf dieser Tafel

67. Tafel

Welche Therapie/welches Heilverfahren gibt mir Lebenskraft?

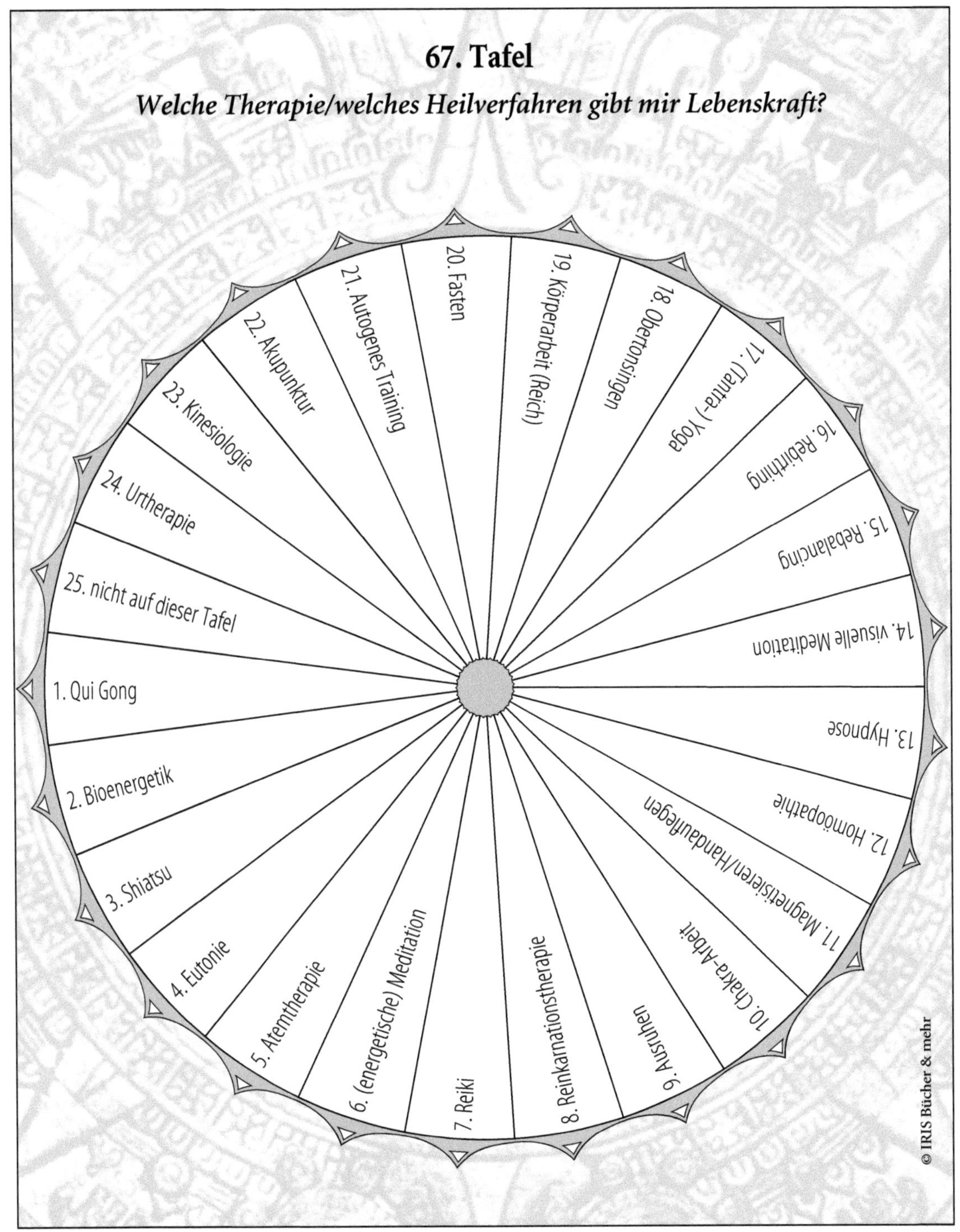

68. Tafel

Welche tägliche Dosis eines Heilmittels ist richtig? (1)

1. Prise
2. einige Prisen
3. halbe Messerspitze
4. Messerspitze
5. viertel Teelöffel
6. halber Teelöffel
7. abgestrichener Teelöffel (= 3 g/ml)
8. abgestrichener Kaffeelöffel (= 4 g/ml)
9. abgestrichener Dessertlöffel (= 12,5 g/ml)
10. abgestrichener Eßlöffel (= 15 g/ml)
11. halbe Tasse (= 50-65 ml)
12. volle Tasse (= 100-125 ml)
13. volles Wasserglas (= 200-250 ml)
14. mehrere Gläser
15. nicht auf dieser Tafel

Fragen Sie Ihren Arzt oder Heilpraktiker nach der richtigen Anwendung und Dosierung aller erwähnten Heilmittel.

als Feststoff:		vergleichbar mit Salz
als Flüssigkeit:		vergleichbar mit Wasser
1 ml	= 1 Milliliter	= ein tausendstel Liter
1000 ml	= 1 l	= 1 Liter (= 100 cl)
1 cl	= 1 Zentiliter	= ein hundertstel Liter

68. Tafel

Welche tägliche Dosis eines Heilmittels ist richtig?

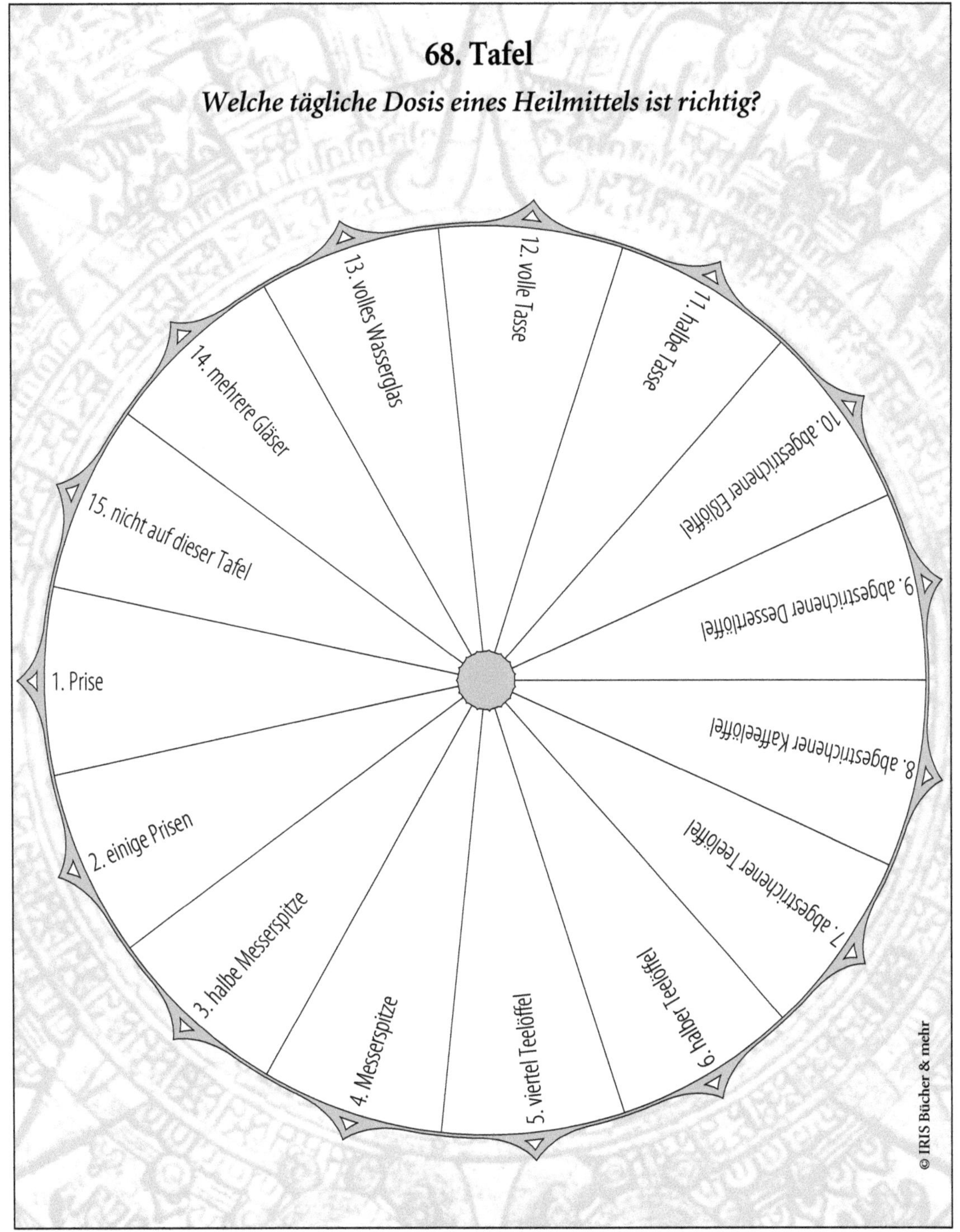

69. Tafel

Welche tägliche Dosis eines Heilmittels ist richtig? (2)

1. 1000 mg (= 1 g)
2. 1500 mg
3. 2000 mg
4. 2500 mg
5. 3000 mg
6. 3500 mg
7. 4000 mg
8. 4500 mg
9. 5000 mg
10. 5500 mg
11. 6000 mg
12. 6500 mg
13. 7000 mg
14. 7500 mg
15. 8000 mg
16. 8500 mg
17. 9000 mg
18. 9500 mg
19. 10.000 mg (= 10 g)
20. 20.000 mg
21. 25.000 mg
22. 30.000 mg
23. 40.000 mg
24. 50.000 mg
25. nicht auf dieser Tafel

Fragen Sie Ihren Arzt oder Heilpraktiker nach der richtigen Anwendung und Dosierung aller erwähnten Heilmittel.

Diese Mengen sind meistens in Tabletten oder Pudern verarbeitet:

1 mg	= 1 Milligramm	= ein tausendstel Gramm
1000 mg	= 1 g	= 1 Gramm

69. Tafel

Welche tägliche Dosis eines Heilmittels ist richtig?

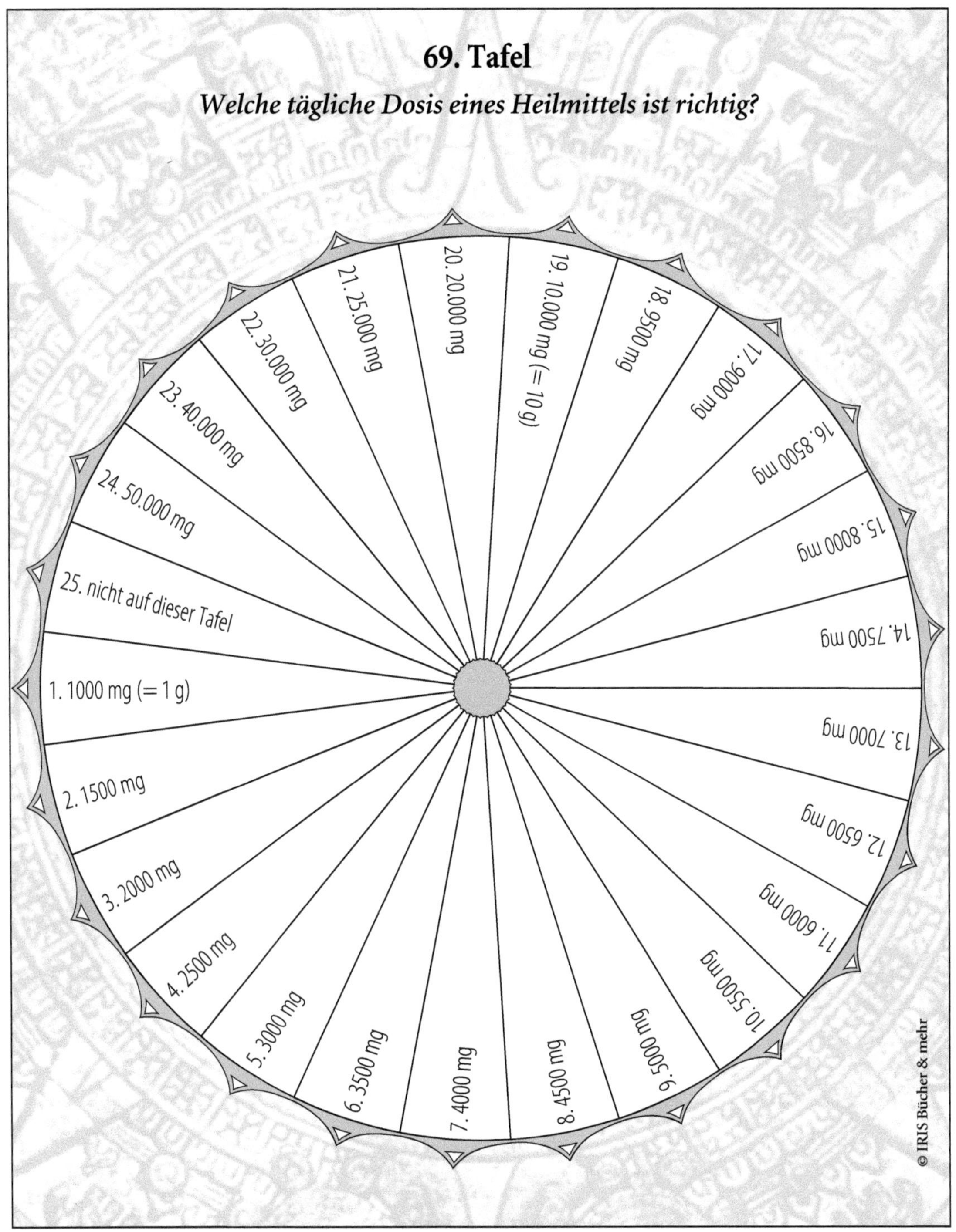

70. Tafel

Welche tägliche Dosis eines Heilmittels ist richtig? (3)

1. weniger als 1 mkg
2. 1 - 100 mkg
3. 100 - 500 mkg
4. 500 - 1000 mkg
5. 1 - 50 mg
6. 50 - 100 mg
7. 150 mg
8. 200 mg
9. 250 mg
10. 300 mg
11. 350 mg
12. 400 mg
13. 450 mg
14. 500 mg
15. 550 mg
16. 600 mg
17. 650 mg
18. 700 mg
19. 750 mg
20. 800 mg
21. 850 mg
22. 900 mg
23. 950 mg
24. 1000 mg
25. nicht auf dieser Tafel

Fragen Sie Ihren Arzt oder Heilpraktiker nach der richtigen Anwendung und Dosierung aller erwähnten Heilmittel.

Diese Mengen sind meistens in Lösungen, Tropfen oder Kapseln verarbeitet:

1 mkg	= 1 Mikrogramm	= ein millionstel Gramm
1000 mkg	= 1 mg	= ein tausendstel Gramm

70. Tafel

Welche tägliche Dosis eines Heilmittels ist richtig?

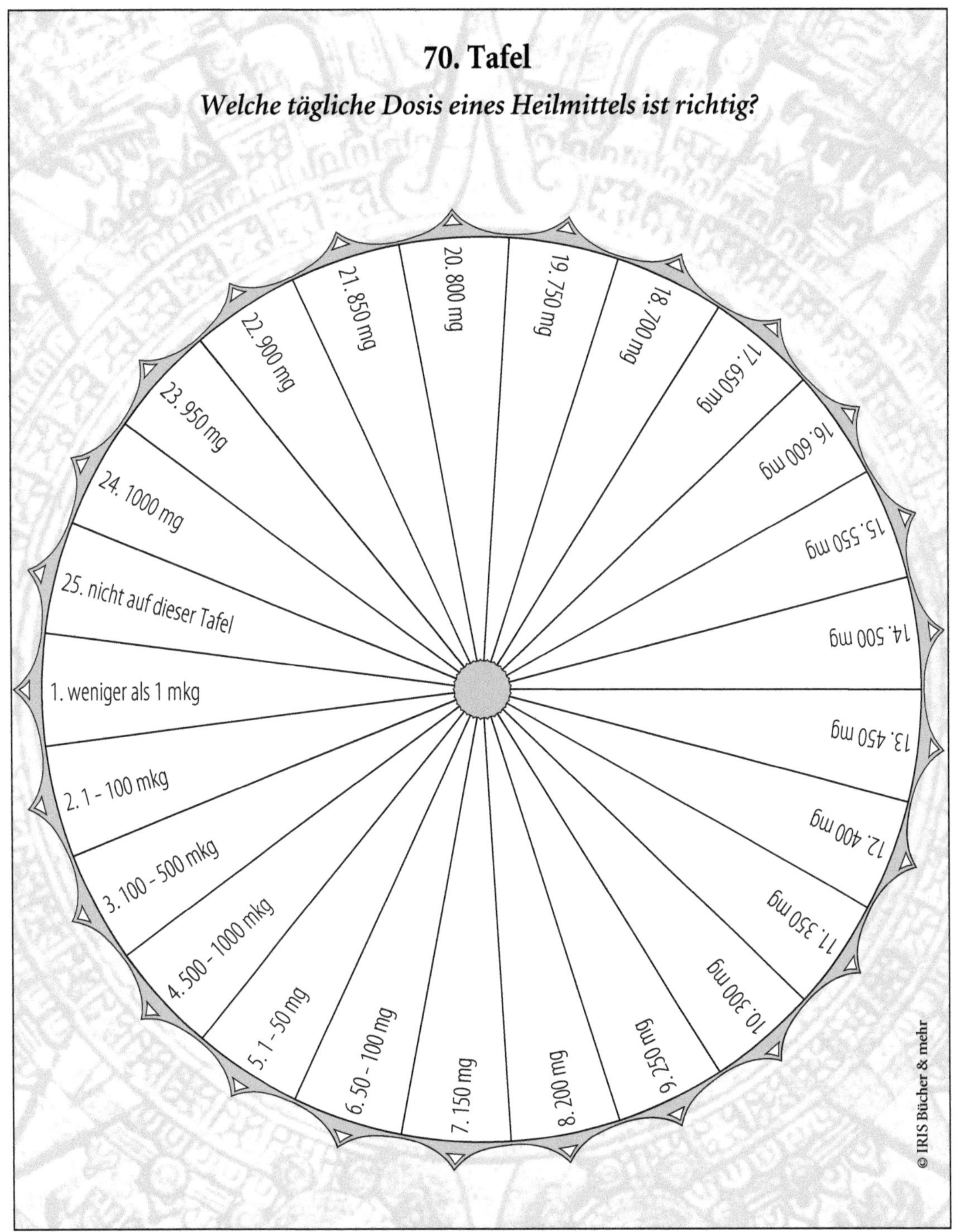

71. Tafel

Wie oft muß ich das Heilmittel nehmen?

1. 1 x täglich
2. 2 x täglich
3. 3 x täglich
4. 4 x täglich
5. 5 x täglich
6. 6 x täglich
7. 7 x täglich
8. 8 x täglich
9. stündlich, außer nachts
10. stündlich, auch nachts
11. 1 x in der Woche
12. 2 x in der Woche
13. 3 x in der Woche
14. jeden zweiten Tag
15. 1 x in 14 Tagen
16. 1 x im Monat
17. alle 2 Monate (= 6 x pro Jahr)
18. alle 3 Monate (= 4 x pro Jahr)
19. alle 4 Monate (= 3 x pro Jahr)
20. alle 6 Monate (= 2 x pro Jahr)
21. 1 x pro Jahr
22. 1 Woche einnehmen, 1 Woche aussetzen
23. 1 Monat einnehmen, 1 Monat aussetzen
24. 2 Wochen einnehmen, 2 Wochen aussetzen
25. nicht auf dieser Tafel

Fragen Sie Ihren Arzt oder Heilpraktiker nach der richtigen Anwendung und Dosierung aller erwähnten Heilmittel.

71. Tafel

Wie oft muß ich das Heilmittel nehmen?

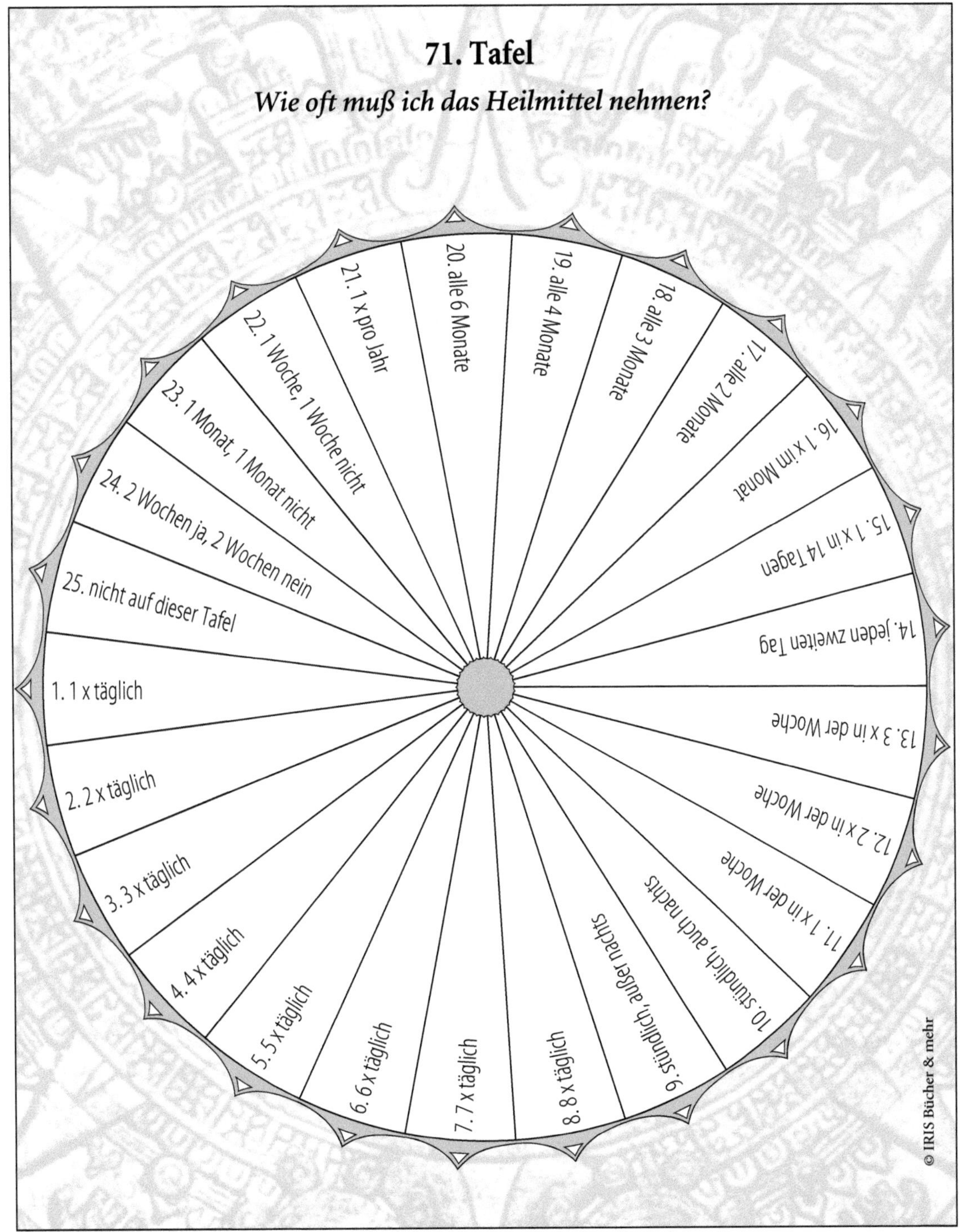

72. Tafel

Wie lange muß ich das Heilmittel nehmen?

1. 1 Tag
2. 2 Tage
3. 3 Tage
4. 4 Tage
5. 5 Tage
6. 6 Tage
7. 1 Woche
8. 10 Tage
9. 2 Wochen
10. 3 Wochen
11. 4 Wochen
12. 1 Monat
13. 6 Wochen
14. 2 Monate
15. 3 Monate
16. 4 Monate
17. 6 Monate
18. 6 bis 9 Monate
19. 9 bis 12 Monate
20. 1 Jahr
21. 1 bis 2 Jahre
22. 2 Jahre
23. länger als 2 Jahre
24. wenn die Beschwerden auftreten und andauern
25. nicht auf dieser Tafel

Fragen Sie Ihren Arzt oder Heilpraktiker nach der richtigen Anwendung und Dosierung aller erwähnten Heilmittel.

72. Tafel

Wie lange muß ich das Heilmittel nehmen?

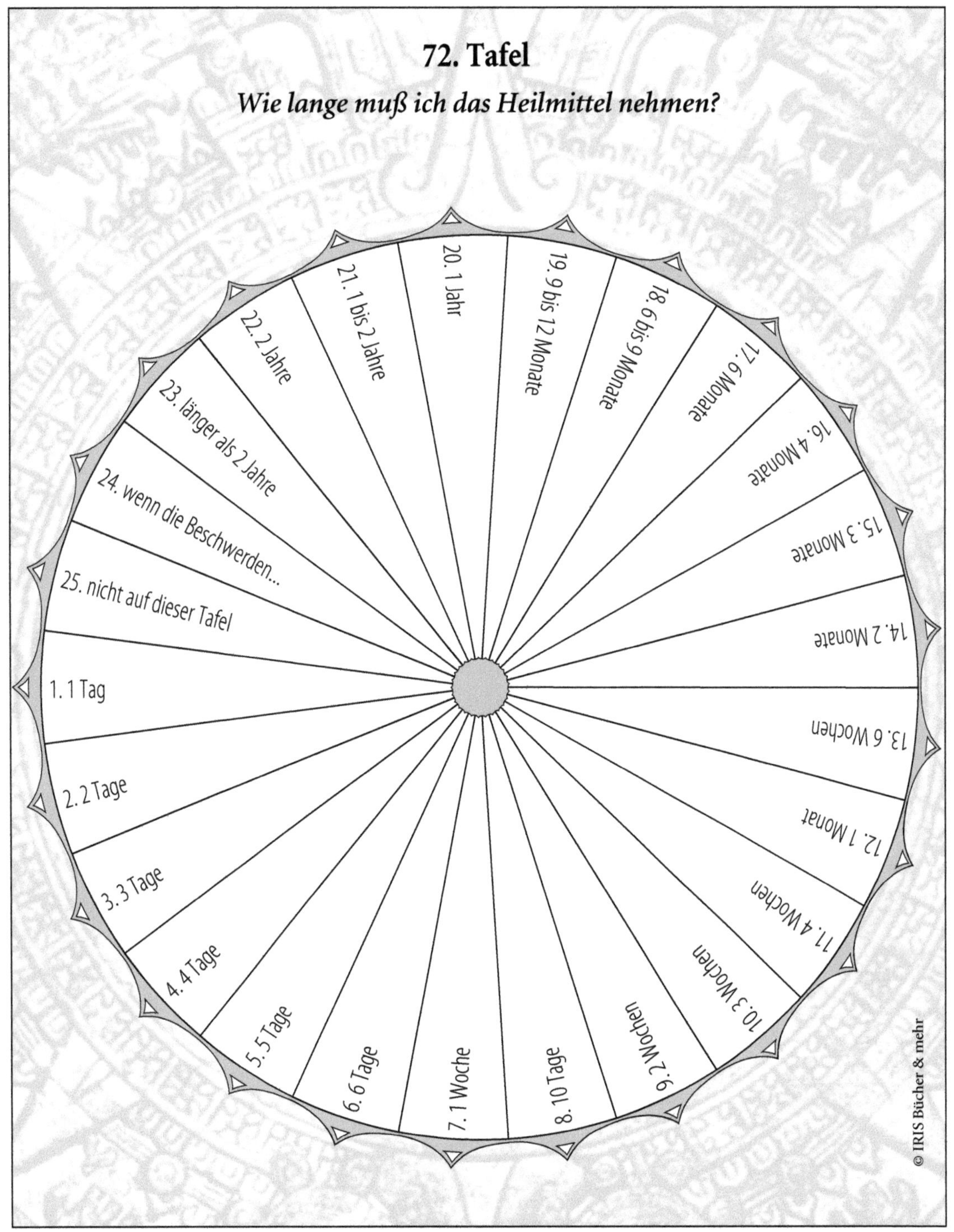

73. Tafel

Was bestimmt mein Leben (unbewußt)?

1. Kontrolle
2. emotionelle Sicherheit
3. Einverständnis
4. Erfüllung
5. Kreativität
6. Wahrnehmung
7. Verständnis
8. Freiheit
9. Spontanität
10. finanzieller Gewinn
11. Anerkennung
12. Eigennutz
13. Selbstwertgefühl
14. Gehorsam
15. nicht auf dieser Tafel

Siehe auch Pendeltafeln 39, 74 bis 79.

73. Tafel

Was bestimmt mein Leben (unbewußt)?

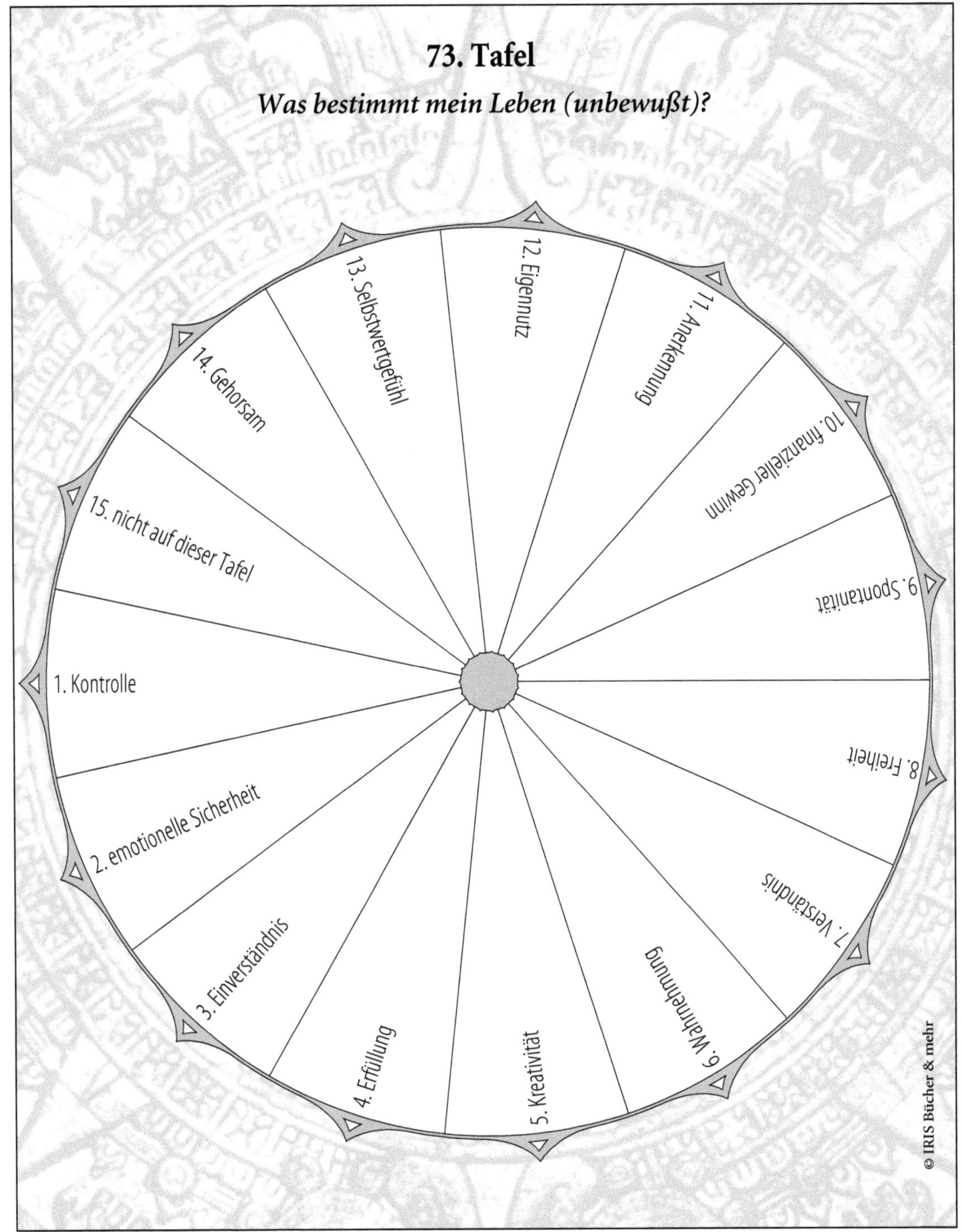

74. Tafel

Welche Richtschnur ist mir - besonders heute - sehr wichtig?

1. Initiative
2. Inspiration
3. Besinnung
4. Freundschaft
5. Zusammenarbeit
6. Erfolg
7. Verständnis
8. Perspektive
9. Gleichgewichtigkeit
10. Humor
11. Spiritualität
12. Liebe
13. Ausdauer
14. (Selbst-) Vertrauen
15. nicht auf dieser Tafel

Siehe auch Pendeltafeln 39, 73, 75 bis 79.

74. Tafel

Welche Richtschnur ist mir - besonders heute - sehr wichtig?

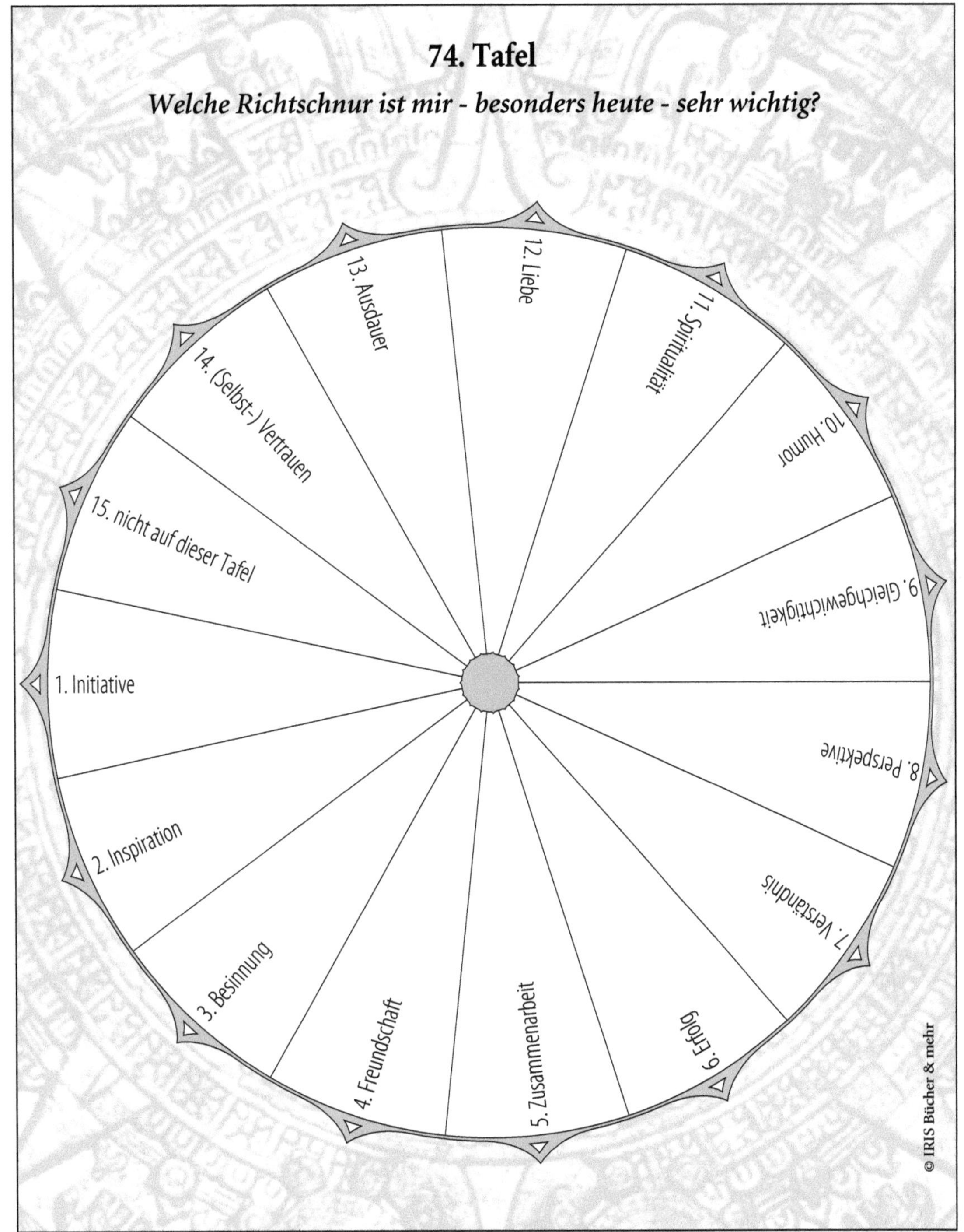

75. Tafel

Worauf sollte ich mich - besonders heute - konzentrieren?

1. mich jemandem anvertrauen
2. neue Ideen
3. eine wichtige Begegnung
4. ein wichtiges Ereignis
5. Aufräumen
6. eine Chance wahrnehmen
7. einen vergessenen Plan wieder aufgreifen
8. einen lang gehegten Wunsch erfüllen
9. einen meiner guten Vorsätze realisieren
10. "hoffnungslose" Dinge zur Seite legen
11. dem eingeschlagenen Pfad folgen
12. Vertrauen in ein gutes Ende haben
13. Angelegenheiten der Reihe nach durchgehen
14. meine tiefsten Gefühle erkennen
15. nicht auf dieser Tafel

Siehe auch Pendeltafeln 39, 73, 74, 76 bis 79.

75. Tafel

Worauf sollte ich mich - besonders heute - konzentrieren?

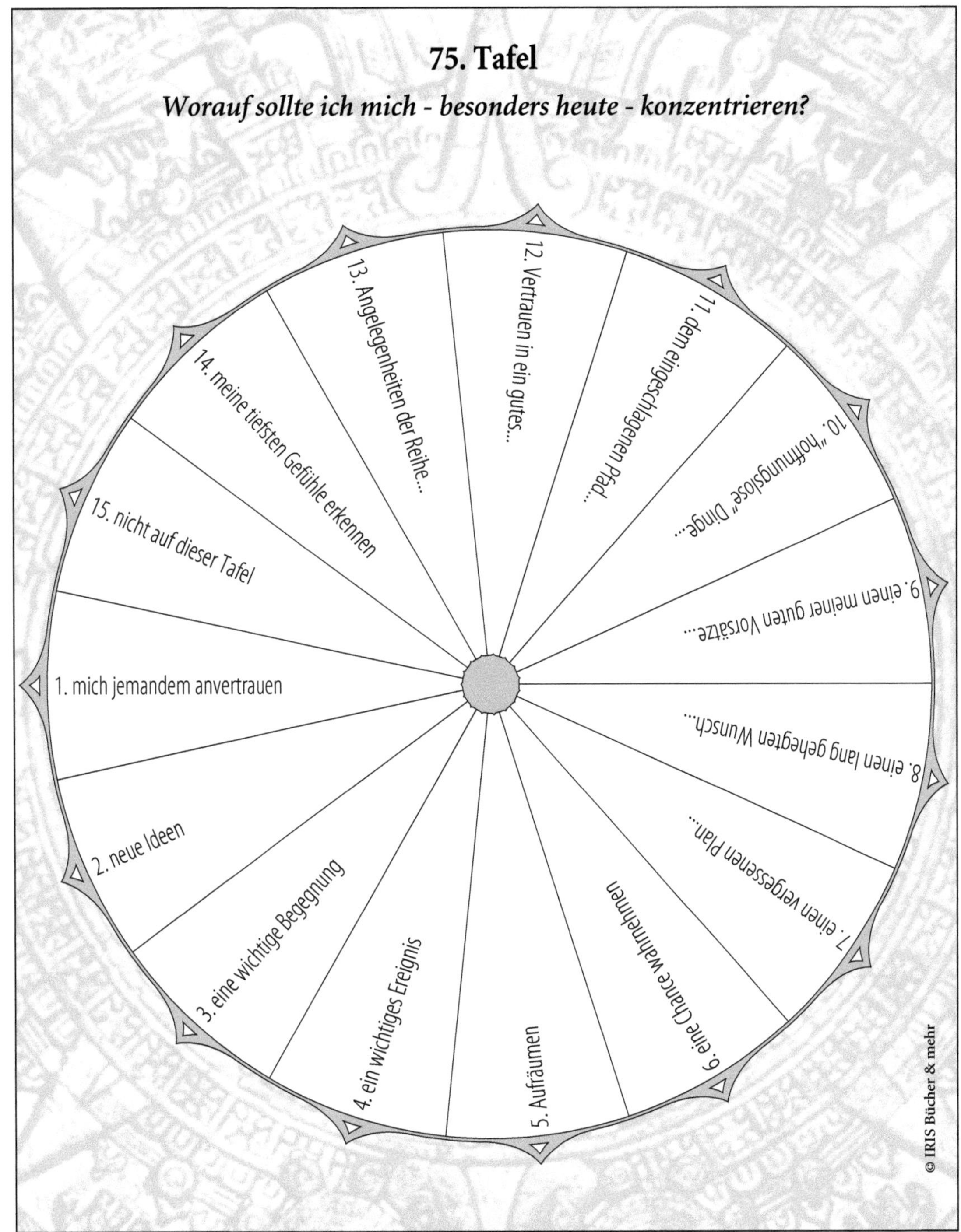

76. Tafel

Wie kann ich die wichtigsten Dinge in meinem Leben ändern?

1. Energie freisetzen
2. fest daran glauben
3. Augen und Ohren offenhalten
4. aktiv werden
5. das Ziel vor Augen haben
6. Ordnung schaffen
7. die Angelegenheit anders betrachten
8. daran arbeiten
9. den Kopf nicht hängenlassen
10. mir vergeben
11. die Chance wahrnehmen
12. mich von Ballast befreien
13. Hilfe bei anderen suchen
14. auf mich selbst hören
15. nicht auf dieser Tafel

Siehe auch Pendeltafeln 39, 73 bis 75, 77 bis 79.

76. Tafel

Wie kann ich die wichtigsten Dinge in meinem Leben ändern?

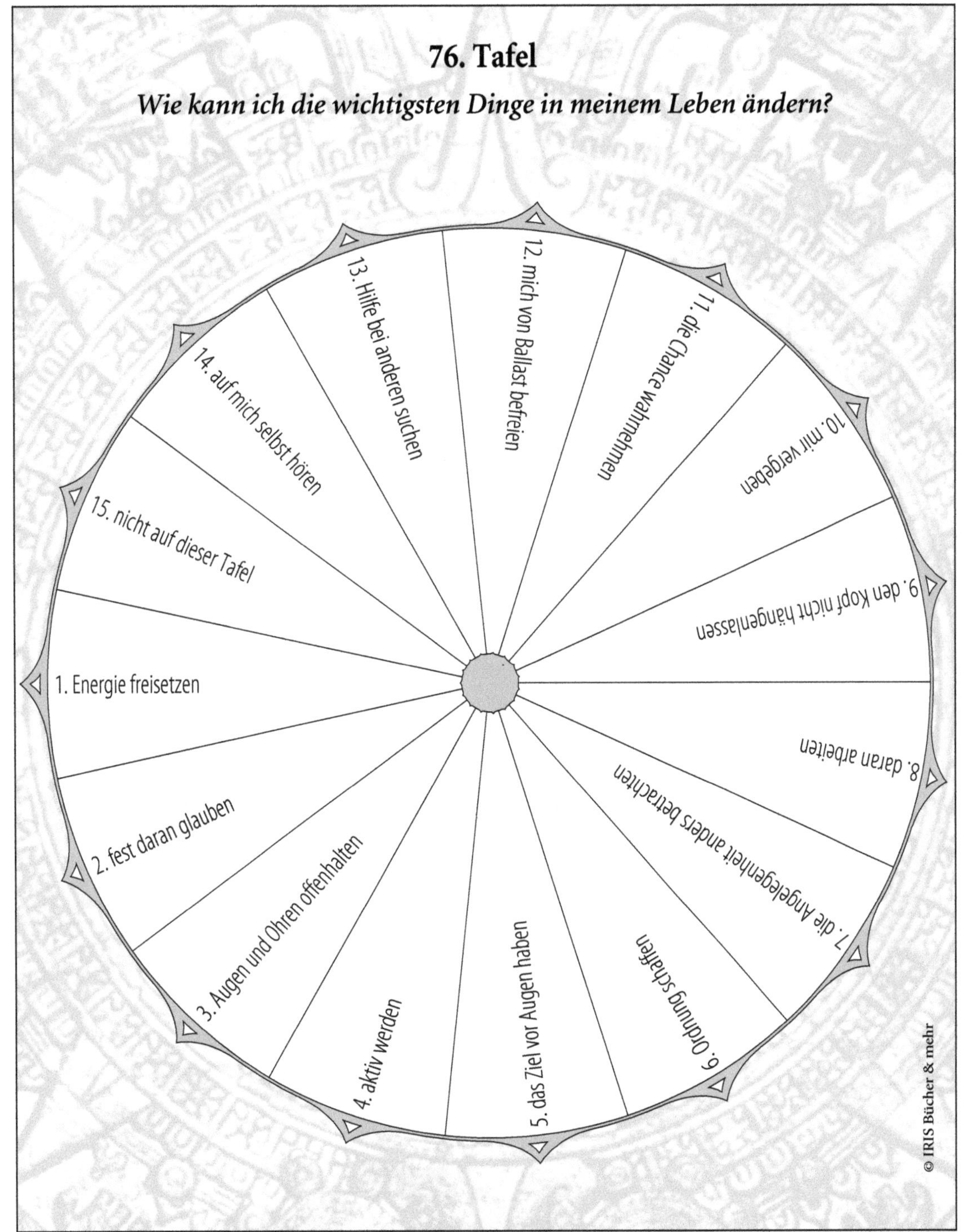

77. Tafel

Welche negative Emotion hindert mich daran, mein Ziel zu erreichen?

1. Enttäuschung
2. Wut
3. Bitterkeit
4. kein Vertrauen
5. Langeweile
6. Verwirrung
7. Leugnung
8. Verzweiflung
9. Unehrlichkeit
10. Zweifel
11. Eifersucht
12. Angst
13. Schuldgefühl
14. Voreingenommenheit
15. Kummer
16. Geiz
17. Angst vor dem Verlassenwerden
18. Fluchtneigung
19. zuviel Kritik
20. Angst zu versagen
21. Mißtrauen
22. Habgier
23. Verantwortungslosigkeit
24. Launenhaftigkeit
25. nicht auf dieser Tafel

Siehe auch Pendeltafeln 39, 73 bis 76, 78, 79.

77. Tafel

Welche negative Emotion hindert mich daran, mein Ziel zu erreichen?

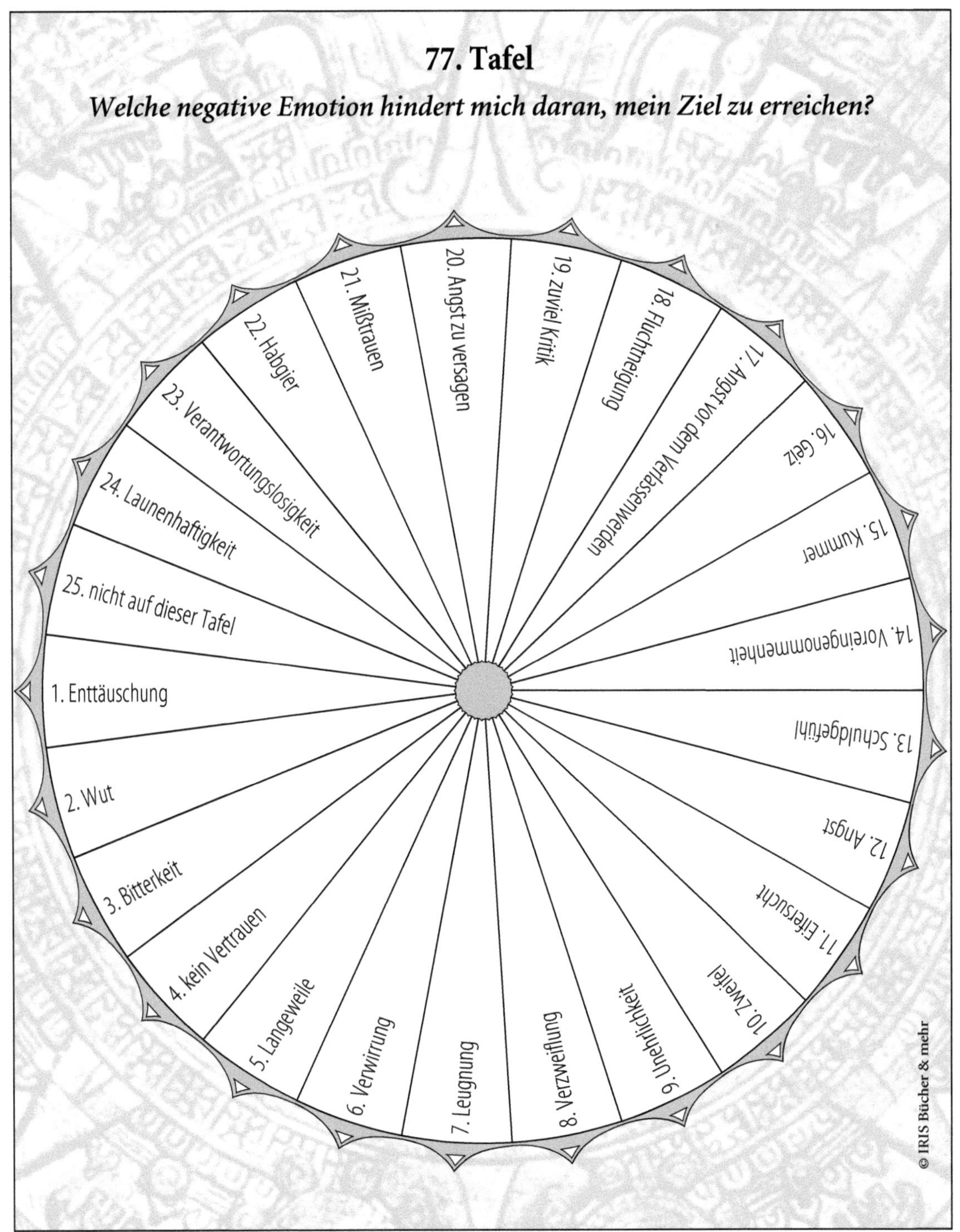

78. Tafel

Welche Aussage hemmt mein inneres Wachstum und meine Spiritualität?

1. das gelingt mir nie
2. ich bekomme zu wenig Anerkennung
3. das lerne ich nie
4. dazu bin ich nicht geeignet
5. ich habe doch keine Chance
6. ich kann das nicht alleine
7. ich kann es nicht beeinflussen
8. ich bekomme nie eine echte Chance
9. ich werde nicht ernst genommen
10. das ist mir nicht vergönnt
11. ich weiß genau was ich tue
12. ich habe niemanden nötig
13. ich kann meinen Mann stehen
14. ich weiß genau was andere denken
15. ich habe alles im Griff
16. ich kann nichts daran ändern
17. das wage ich nie
18. ich kann niemanden ins Vertrauen ziehen
19. das bin ich ihm/ihr schuldig
20. ich habe es mir selbst zu verdanken
21. es ist mir egal
22. dazu bin ich verpflichtet
23. darauf kann ich jederzeit wieder zurückkommen
24. Kritik berührt mich nicht, oder?
25. nicht auf dieser Tafel

Siehe auch Pendeltafeln 39, 73 bis 77, 79.

78. Tafel

Welche Aussage hemmt mein inneres Wachstum und meine Spiritualität?

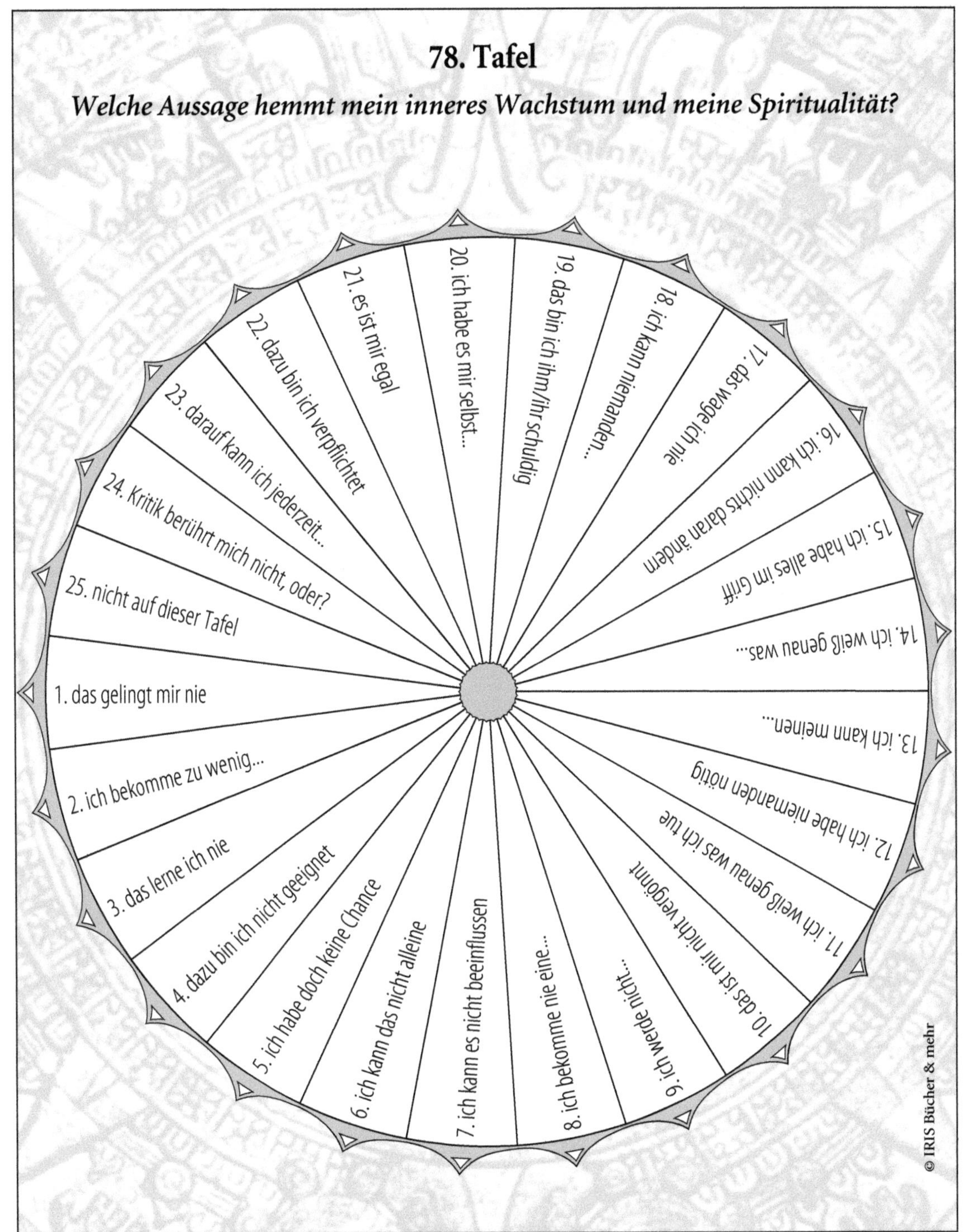

79. Tafel

Was sollte ich im Alltagsleben beachten?

1. daß ich mich mit angenehmen Dingen beschäftige
2. daß ich meine eigene Atmosphäre zu schaffen wage
3. daß ich mich mit angenehmen Menschen umgebe
4. daß ich regelmäßig wage, alles “liegen und stehenzulassen”
5. daß ich meine Freunde regelmäßig sehe
6. daß ich mir genug Zeit für mein Hobby nehme
7. daß ich nicht in einer Phantasiewelt lebe
8. daß ich mir nicht zuviel aufbürde
9. daß ich mir nicht zuviel Sorgen mache
10. daß ich es ab und zu wage “außer Rand und Band” zu sein
11. daß ich es wage, mich vom “Strom des Lebens” mitführen zu lassen
12. daß ich mir zuviel vornehme
13. daß ich Spaß habe
14. daß ich den Augenblick genieße
15. nicht auf dieser Tafel

Siehe auch Pendeltafeln 39, 73 bis 78.

79. Tafel

Was sollte ich im Alltagsleben beachten?

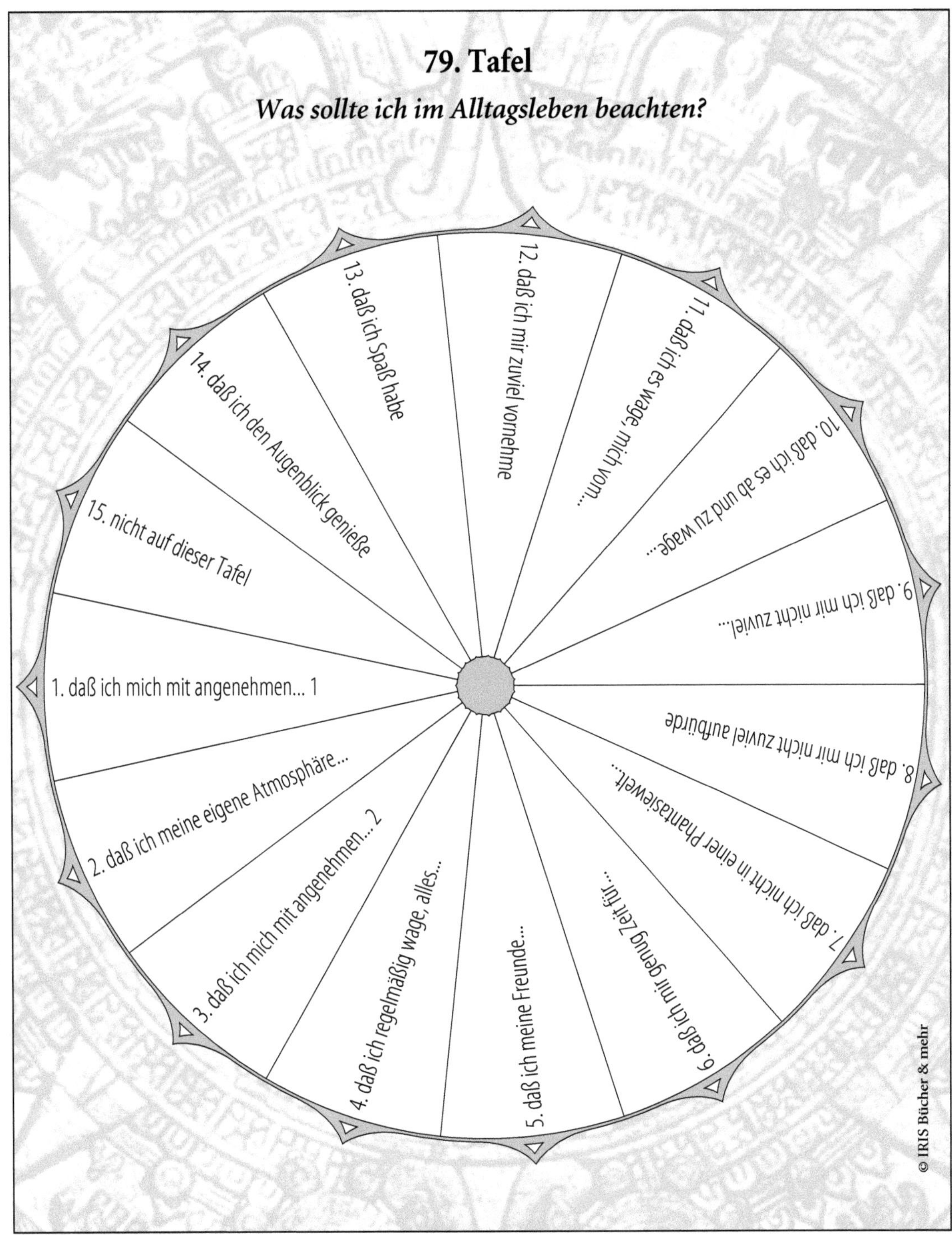

80. Tafel

Spiritualität ist mir wichtig weil:

1. sie mir die Möglichkeit bietet mich zu entwickeln
2. sie mir dasjenige gibt, was mir sonst im Leben fehlen würde
3. sie mir die Möglichkeit bietet mit anderen zu kommunizieren
4. sie mir die Möglichkeit bietet mich selbst zu akzeptieren wie ich bin
5. sie mir die Möglichkeit bietet andere zu akzeptieren wie sie sind
6. sie mir eine ungeahnte Dimension des Lebens gezeigt hat
7. ich durch sie neugierig nach dem Unbekannten bleibe
8. ich dank ihr für andere Menschen aufgeschlossen sein kann
9. ich durch sie meine Grenzen kennengelernt habe: Ich kann Grenzen überschreiten
10. ich durch sie meine Wünsche kennengelernt habe: Ich darf mir alles wünschen
11. sie mir das Gefühl vermittelt, daß alles ein Ziel hat: Ich lerne jeden Tag dazu
12. sie mir die Freiheit schenkt, mir mein Leben selbst auszumalen: Ich liebe Farben
13. sie mir das Gefühl vermittelt, daß alles eine Bedeutung hat: Nichts ist vergeblich
14. ich durch sie dem Unbekannten zu vertrauen wage
15. nicht auf dieser Tafel

80. Tafel

Spiritualität ist mir wichtig weil:

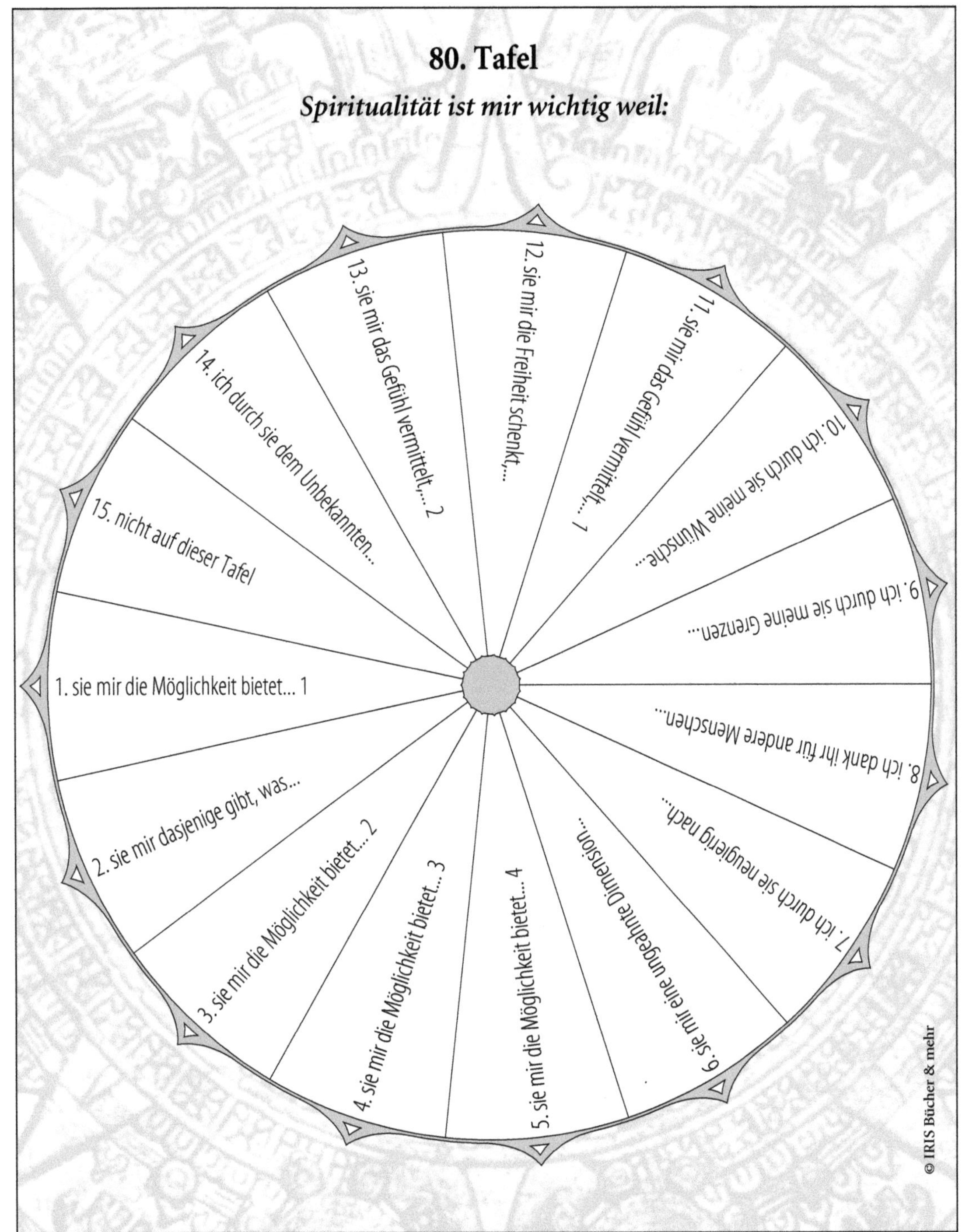

81. Tafel

Ich beziehe Inspiration aus:

1. der von mir geschaffene Atmosphäre
2. den Menschen in meiner Nähe
3. der Natur
4. Meditation
5. Liebe
6. Reisen
7. Alleinsein
8. meinen Träumen
9. meinen Freunden
10. meiner Familie
11. Vertrauen
12. Risiko
13. mich treiben zu lassen
14. Dankbarkeit
15. nicht auf dieser Tafel

81. Tafel

Ich beziehe Inspiration aus:

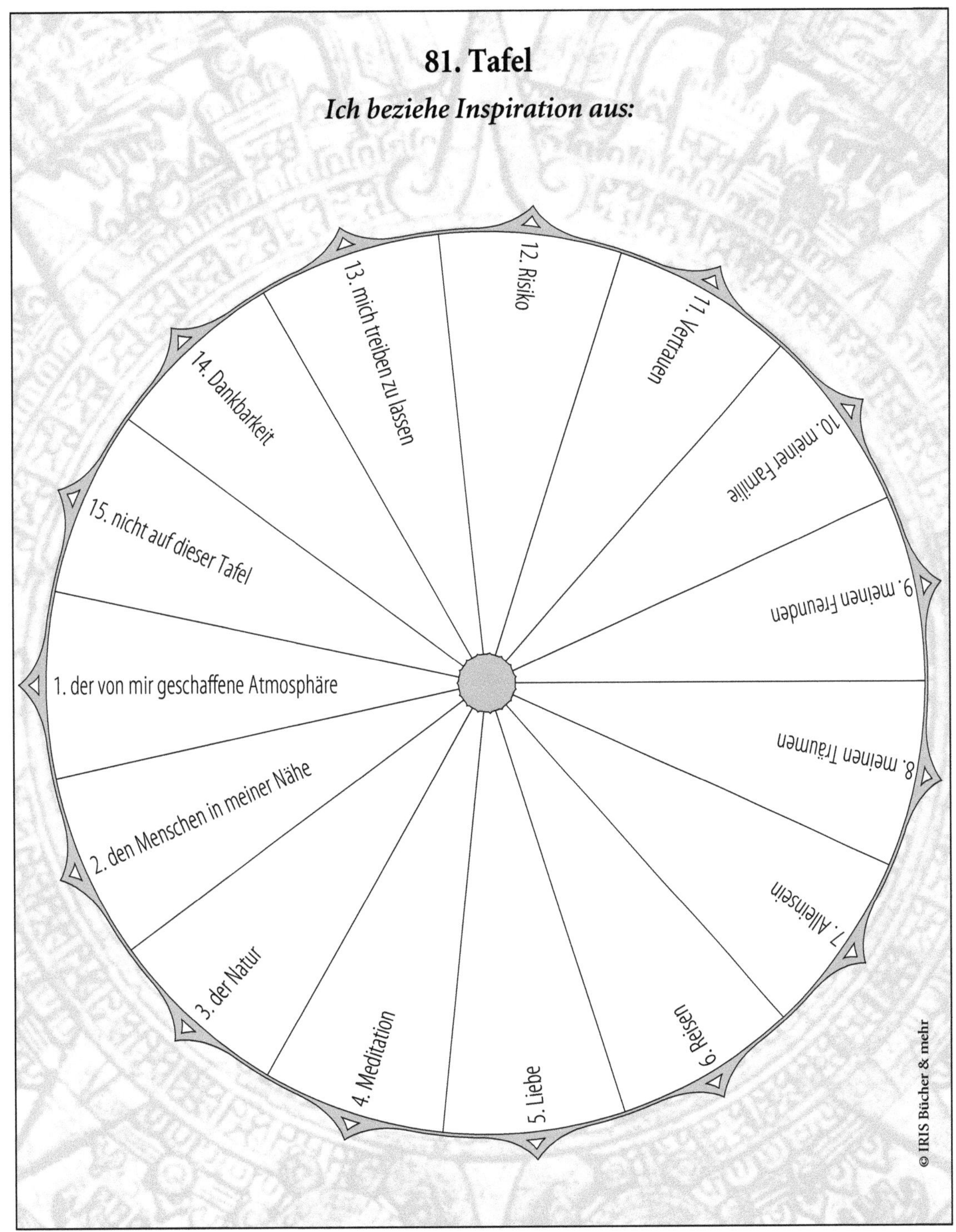

82. Tafel

Ehrgeiz ist mir wichtig weil:

1. er schenkt mir Befriedigung
2. er inspiriert mich sehr
3. ich fühle mich dazu verpflichtet, mein Talent zu gebrauchen
4. ich will im Leben vorankommen
5. ich habe gerne eine wichtige Stellung inne
6. ich kann meine Energie in ihn stecken
7. ich möchte, daß meine Leistungen besser sind als die meiner Kollegen
8. ich kann meine Kreativität durch ihn ausleben
9. ich will meine (Zukunfts-) Pläne realisieren
10. ich stehe gerne im Vordergrund
11. ich will mich jederzeit entwickeln
12. ich will gerne zeigen was ich kann
13. ich bin neugierig auf neue Dinge
14. ich kann viel Verantwortung tragen
15. nicht auf dieser Tafel

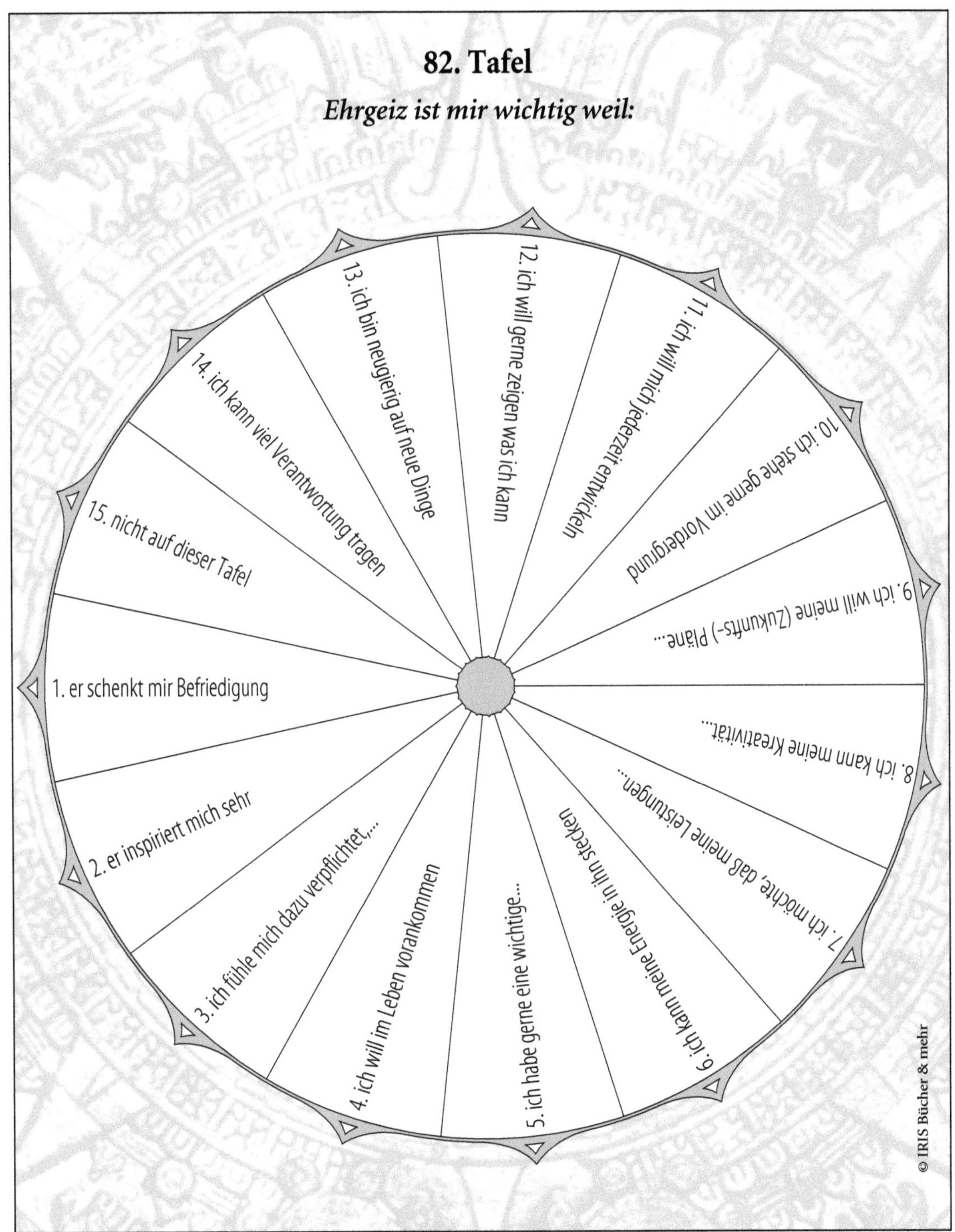
82. Tafel
Ehrgeiz ist mir wichtig weil:
1. er schenkt mir Befriedigung
2. er inspiriert mich sehr
3. ich fühle mich dazu verpflichtet,...
4. ich will im Leben vorankommen
5. ich habe gerne eine wichtige...
6. ich kann meine Energie in ihn stecken
7. ich möchte, daß meine Leistungen...
8. ich kann meine Kreativität...
9. ich will meine (Zukunfts-) Pläne...
10. ich stehe gerne im Vordergrund
11. ich will mich jederzeit entwickeln
12. ich will gerne zeigen was ich kann
13. ich bin neugierig auf neue Dinge
14. ich kann viel Verantwortung tragen
15. nicht auf dieser Tafel
© IRIS Bücher & mehr

83. Tafel

Erfolg bedeutet mir:

1. Vertrauen in mein Können
2. Anerkennung für meine Arbeit
3. persönliches Wachstum
4. Zusammenarbeit
5. neue Möglichkeiten
6. Zufriedenheit
7. Fortschritte erzielen
8. Entfaltung
9. Freude
10. niemals stillstehen
11. ein unersetzlicher Teil meines Lebens
12. Vertrauen in andere
13. Entspannung
14. stabile Beziehungen
15. nicht auf dieser Tafel

83. Tafel

Erfolg bedeutet mir:

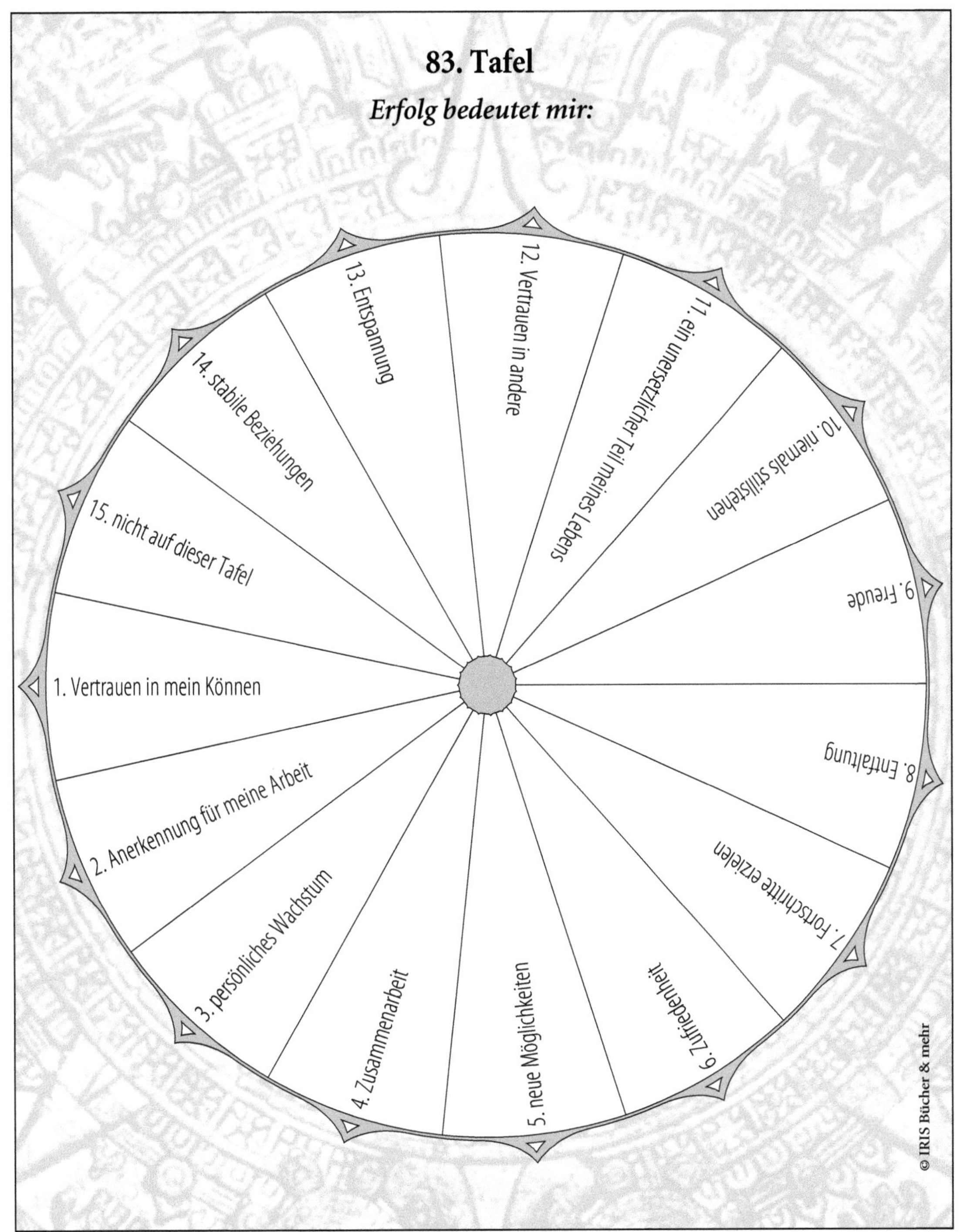

84. Tafel

Wer spielt eine sehr wichtige Rolle in meinem Leben?

1. Vater
2. Mutter
3. jüngerer Bruder (jüngere Brüder)
4. jüngere Schwester(n)
5. älterer Bruder (ältere Brüder)
6. ältere Schwester(n)
7. Partner/Beziehung
8. Kind(er)
9. Lehrer/Dozent
10. Kollege(n)
11. Vertrauensperson
12. Busenfreund(in)
13. ich selbst
14. Arbeitgeber
15. Mitstudent
16. Nachbar(in)
17. Brieffreund(in)
18. nahe Verwandte
19. Freundeskreis
20. jemand den ich berufsmäßig kenne
21. jemand den ich durch mein Hobby kenne
22. ferne Verwandte
23. ein neuer Bekannter
24. ein alter Freund/Bekannter
25. nicht auf dieser Tafel

84. Tafel

Wer spielt eine sehr wichtige Rolle in meinem Leben?

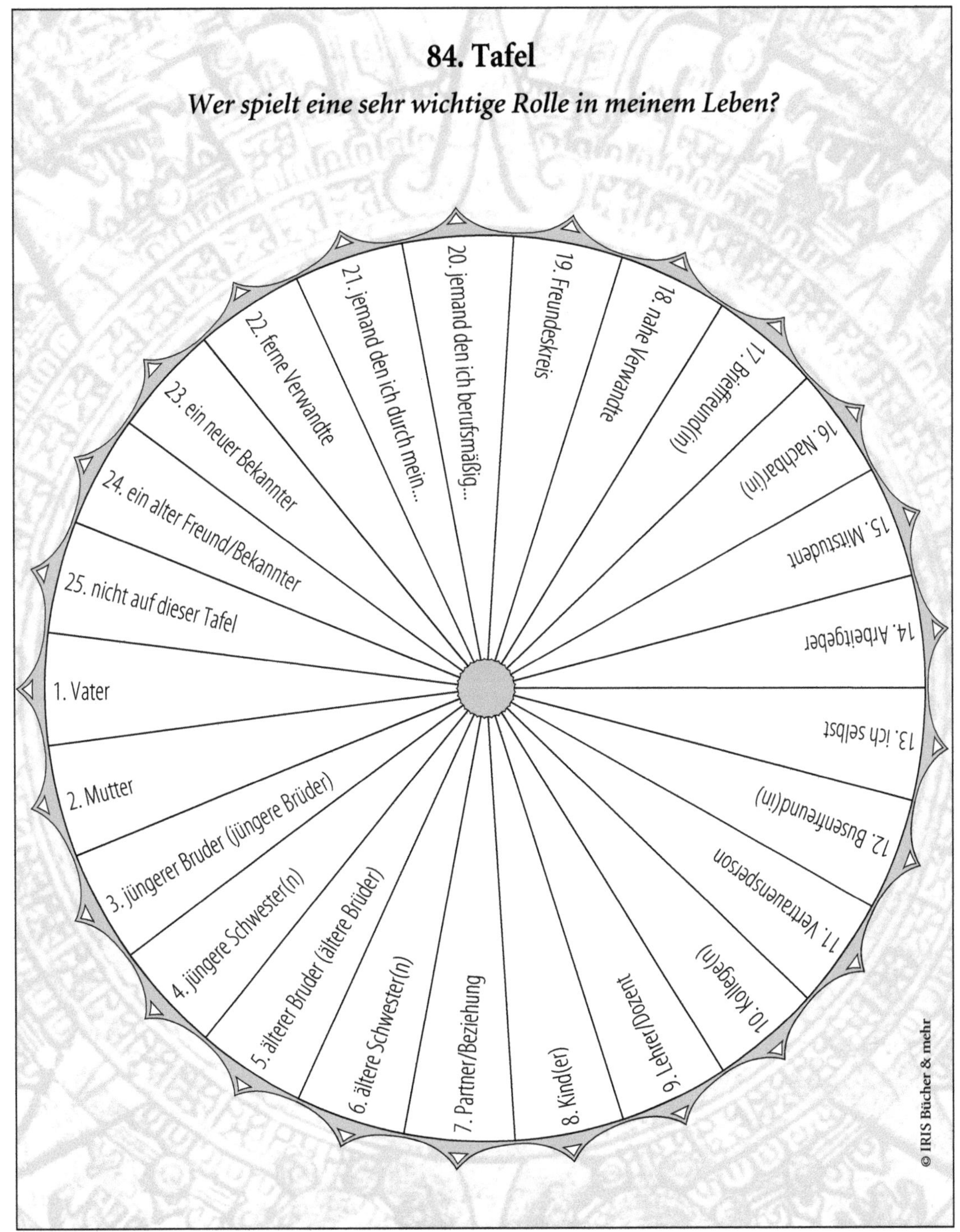

85. Tafel

Welchem Orakel oder Leitfaden sollte ich folgen?

1. Tarot
2. I Ging
3. Runen
4. Numerologie
5. Astrologie
6. Pendeln
7. Hellsehen
8. Geomantie
9. Kartenlegen im allgemeinen
10. Wahrsagekarten
11. Kraftkarten
12. Orakelkarten
13. meiner Intuition
14. Channeling
15. nicht auf dieser Tafel

85. Tafel

Welchem Orakel oder Leitfaden sollte ich folgen?

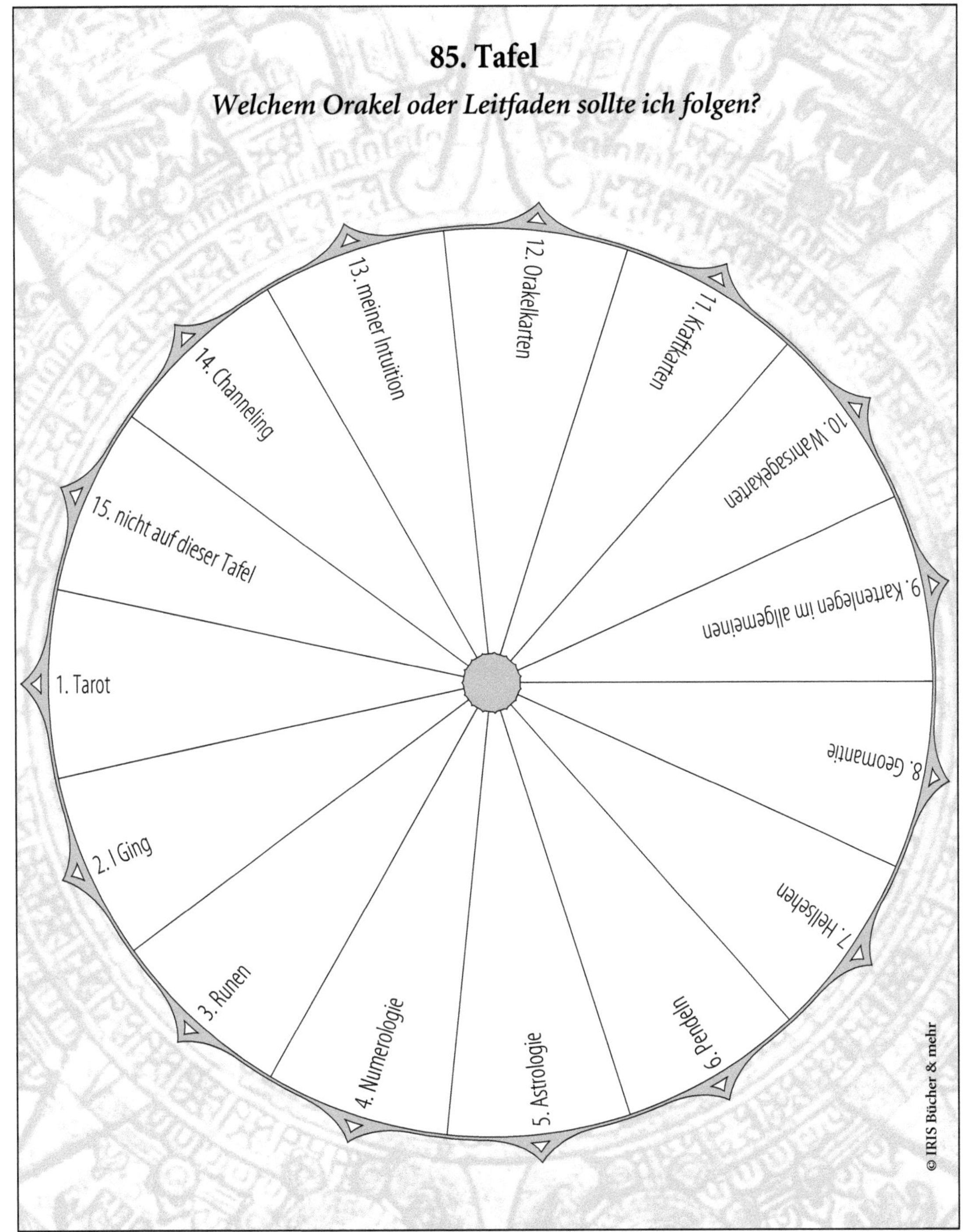

86. Tafel

Welche Tarotkarte ist heute mein Helfer?

1. Der Magier: Initiative, Klarheit, Willenskraft und Energie
2. Die Päpstin: Intuition, Weihe und Offenbarung
3. Die Herrscherin: Weisheit und Fruchtbarkeit, Vereinigung von Materie und Geist
4. Der Herrscher: Autorität, Ambitionen und Aktivität, Stabilität
5. Der Papst: Geduld, spiritueller Lehrer, okkultische Kräfte
6. Die Liebenden: Anziehungskraft, Vereinigung von Gegenpolen, Liebe
7. Der Triumphwagen: Unternehmungsdrang und Tatkraft, Verlangen nach Abenteuer
8. Die Kraft: Energie und Aktion, Beherrschung der Lebenskraft
9. Der Einsiedler: höheres Bewußtsein, Selbstbetrachtung, Isolation
10. Das Rad des Lebens: Erneuerung, Veränderung, Kreativität, Glück
11. Gerechtigkeit: Harmonie und Gleichgewicht, Sublimierung
12. Der Gehängte: alte Verhaltensmuster durchbrechen, Transformation, Opfer
13. Der Tod: innere und äußere Erneuerung, Befreiung, Trauer
14. Der Ausgleich: Integration, Selbstbeherrschung, den Mittelweg einschlagen
15. Der Teufel: Selbstsicherheit, Sinnlichkeit und Sexualität, geheime Pläne
16. Der Turm: Konfrontation, Kampf, schmerzhafte Befreiung
17. Der Stern: kosmisches Bewußtsein, Vertrauen, spirituelle Einsichten
18. Der Mond: instinktives Verhalten, Kontakt zum Unbewußten, Emotionen
19. Die Sonne: unerschöpfliche Energie, Freude, Genesung
20. Das Jüngste Gericht: Übergang zu einer neuen Phase, Dinge vollenden
21. Die Welt: kosmische Einheit, Synthese und Kristallisation
22. Der Narr: Offenheit, Originalität und Mut Risikos einzugehen
23. mehrere Möglichkeiten
24. keine bestimmte Karte
25. nicht auf dieser Tafel

86. Tafel

Welche Tarotkarte ist heute mein Helfer?

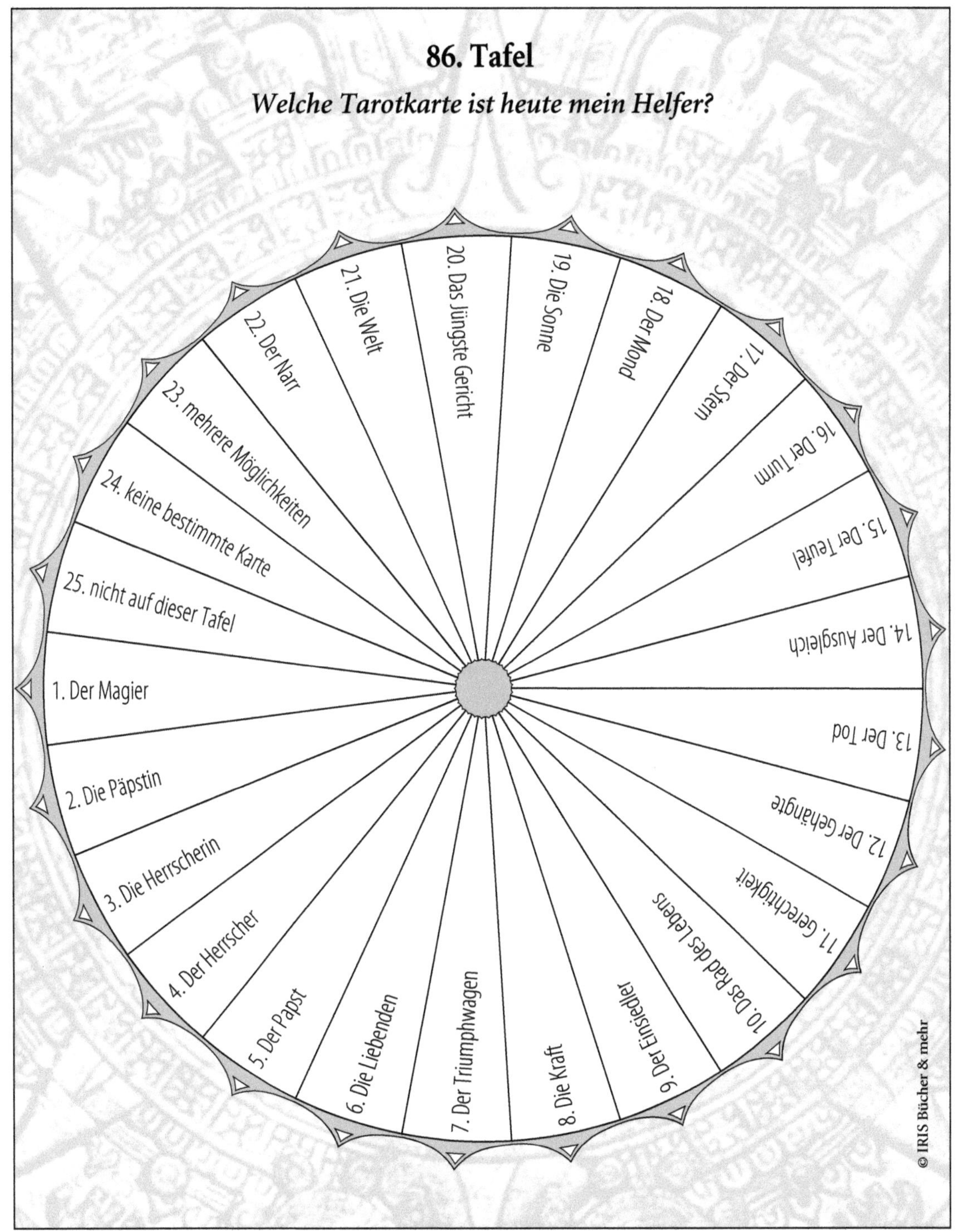

87. Tafel

Welche Rune paßt am besten zu mir?

1. Fehu: Reichtum erwerben und schützen - Wohlstand
2. Uruz: Hindernisse beseitigen, sich durchsetzen - Kraft
3. Thurisaz: persönlicher Schutz - Chaos
4. Ansuz: Kenntnis und Weisheit erwerben - Mund
5. Raido: neue Einsichten - Beziehungen
6. Kenaz: Selbstvertrauen, Anschauungen, künstlerische Begabung - Fackel
7. Gebo: Harmonie schaffen - Gabe
8. Wunjo: Glück und geistiges Wachstum - Erfüllung
9. Hagalaz: sich auf unerwartete antagonistische Einflüsse vorbereiten - Samen
10. Naudiz: sich auf langfristig Ziele einstellen - Bestimmung
11. Isa: Beruhigen von Provokationen und Wutanfällen - Isolation
12. Jera: Erfüllung von Erwartungen - Ernte
13. Eihwaz: das Lösen von Problemen - Lebensbaum
14. Perth: intuitive Spekulationen - Geheimnisse
15. Algiz: drohende Gefahr beseitigen - Schutz
16. Sowild: Vitalität und sexuelle Potenz - Sonne
17. Tiwaz: Sieg der Gerechtigkeit - Polarstern
18. Berkana: Fruchtbarkeit und Werdegang - Wachstum
19. Ehwaz: Wachsamkeit bei schnellen Veränderungen - Fortschritt
20. Mannaz: neue soziale Kontakte knüpfen - geistige Entwicklung
21. Laguz: paranormale Fähigkeiten entwickeln - Meer
22. Inguz: Befreiung von sich wiederholenden Situationen - Erweiterung
23. Dagaz: ein vielversprechender Neuanfang - Tageslicht
24. Othial: Regeln von Vermächtnissen und anderen Eigentümern - Erbe
25. nicht auf dieser Tafel

87. Tafel

Welche Rune paßt am besten zu mir?

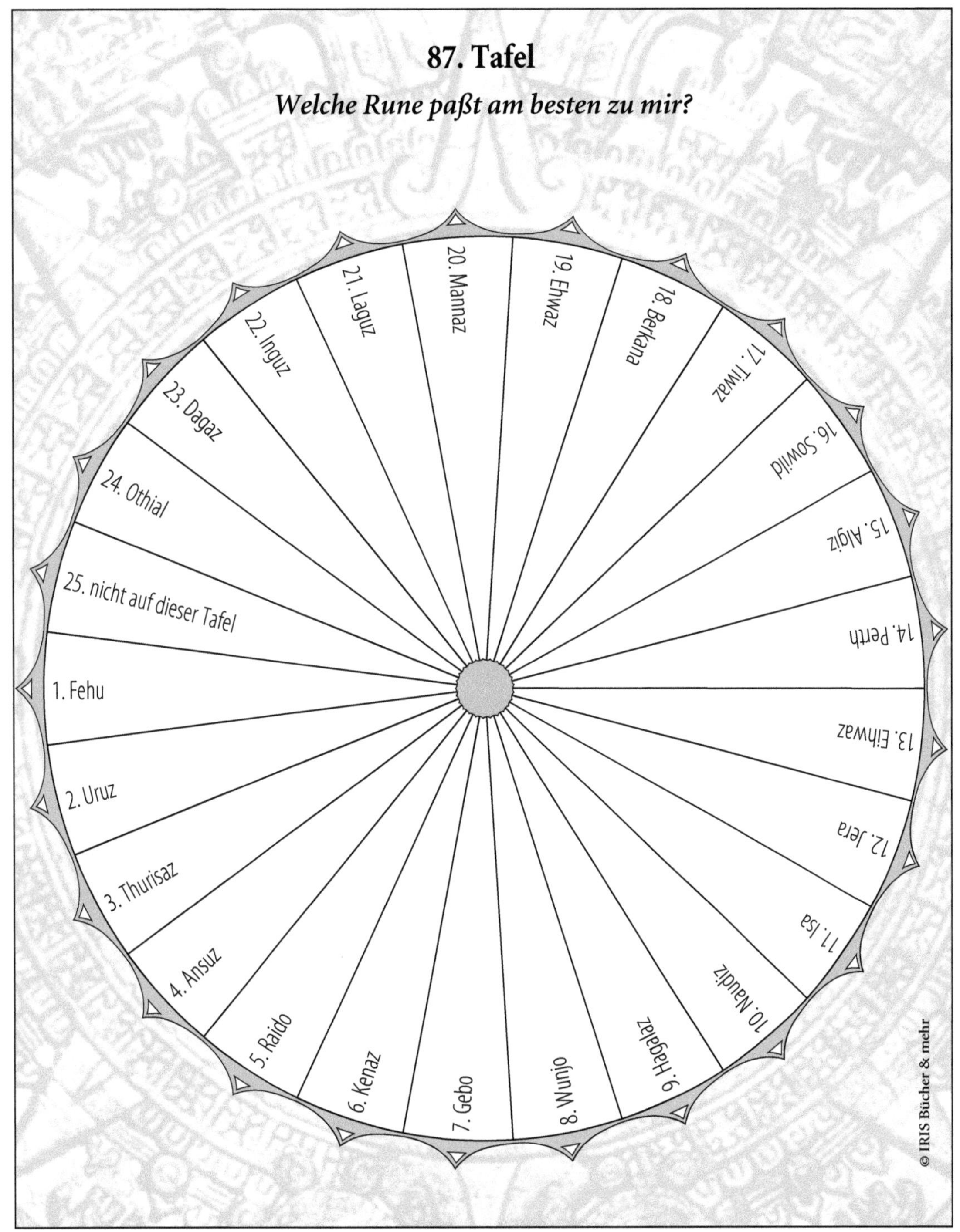

88. Tafel

Was ist mein Aszendent?

1. Widder: impulsiv, energisch, und aggressiv - “ich bin”
2. Stier: beharrlich, praktisch, träge und sinnlich - “ich habe”
3. Zwillinge: schwankend, oberflächlich, Kommunikation - “ich weiß”
4. Krebs: beharrlich, harmonisch, mißtrauisch - “ich bekomme”
5. Löwe: Lebensfreude, herzlich, feurig, eitel - “ich will”
6. Jungfrau: kritisch, kühl, praktisch, ordnend - “ich unterscheide”
7. Waage: harmonisch, kreativ, schwankend - “ich nehme hin”
8. Skorpion: intensiv, eifersüchtig, Konzentrationsfähigkeit - “ich begehre”
9. Schütze: begeistert, strebsam, schnell, idealistisch - “ich verkünde”
10. Steinbock: ehrgeizig, pflichttreu, konservativ - “ich behüte”
11. Wassermann: willensstark, unabhängig, freundlich - “ich fordere heraus”
12. Fische: empfindsam, subtil, träumerisch - “ich schmachte”
13. es steht zu wenig Information zur Verfügung
14. keine Wahl möglich
15. nicht auf dieser Tafel

Diese Tafel nur dann verwenden, wenn genaue Angaben zur Geburtsstunde fehlen!

88. Tafel

Was ist mein Aszendent?

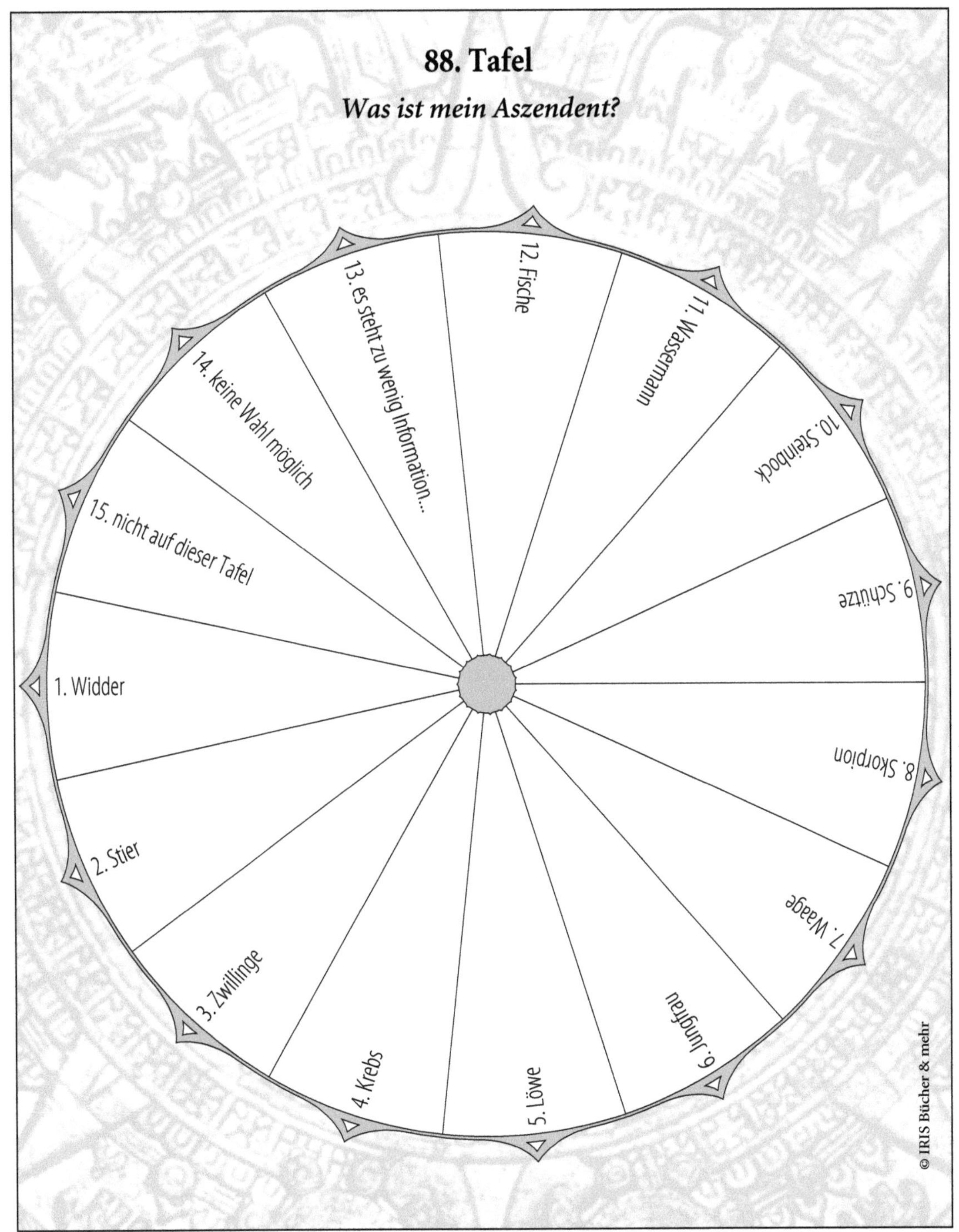

89. Tafel

Welcher Planet und/oder welches Element beeinflußt mich am meisten?

1. Sonne: Lebenskraft, Selbstverwirklichung
2. Mond: Gefühlsleben, Aufgeschlossenheit
3. Merkur: denken, analysieren, kommunizieren
4. Venus: Gegensätzliches in Einklang bringen
5. Mars: Unabhängigkeit, Geltungsdrang, Kampflust
6. Jupiter: Expansionsdrang, Großmütigkeit, geistiges Wachstum
7. Saturn: Einschränkung, Pflichtgefühl, Ausdauer, Isolation
8. Uranus: Strukturen durchbrechen, plötzliche Einsicht
9. Neptun: idealisieren, Tagtraum, unbestimmte Ängste
10. Pluto: Integration, Transformation
11. Feuer: Intuition
12. Erde: sinnliche Wahrnehmung
13. Luft: Denken
14. Wasser: fühlen
15. nicht auf dieser Tafel

Diese Tafel nur dann verwenden, wenn genaue Angaben zur Geburtsstunde fehlen!

89. Tafel

Welcher Planet und/oder welches Element beeinflußt mich am meisten?

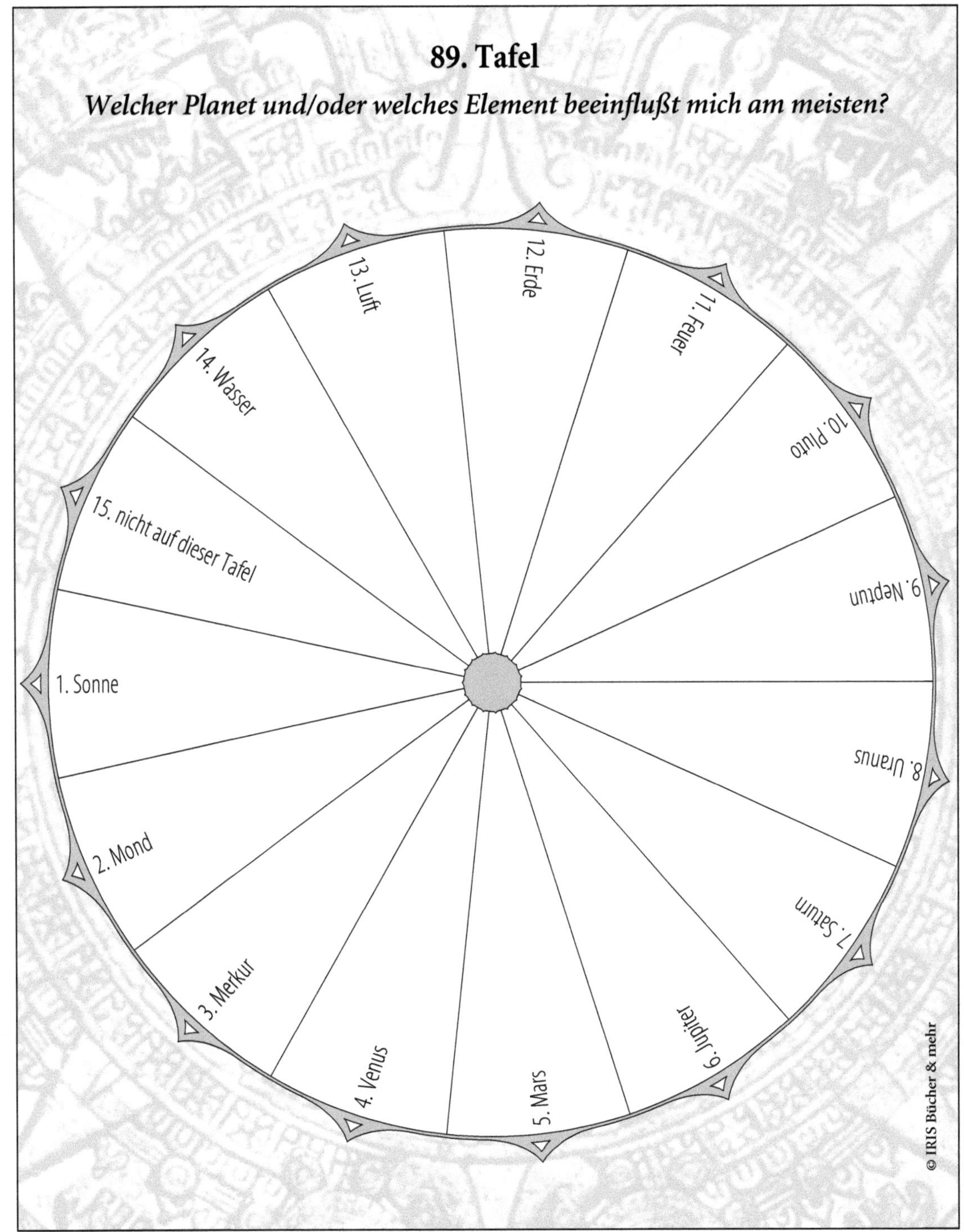

90. Tafel

Welches Haus beeinflußt mich am meisten?

1. 1. Haus: Auftreten nach außen
2. 2. Haus: Verdienste, Besitz
3. 3. Haus: Gedankenaustausch, Beziehungen
4. 4. Haus: häusliche Situation
5. 5. Haus: Selbstbestätigung, Kinder
6. 6. Haus: Objektivität, Gesundheit
7. 7. Haus: Zusammenarbeit
8. 8. Haus: Drang und Instinkt, Erbe
9. 9. Haus: Expansionsdrang, Ideale
10. 10. Haus: Beruf, Ruf
11. 11. Haus: Freundschaft
12. 12. Haus: (mystische) Einheit
13. mehrere Möglichkeiten
14. keine Wahl möglich
15. nicht auf dieser Tafel

Diese Tafel nur dann verwenden, wenn genaue Angaben zur Geburtsstunde fehlen!

90. Tafel

Welches Haus beeinflußt mich am meisten?

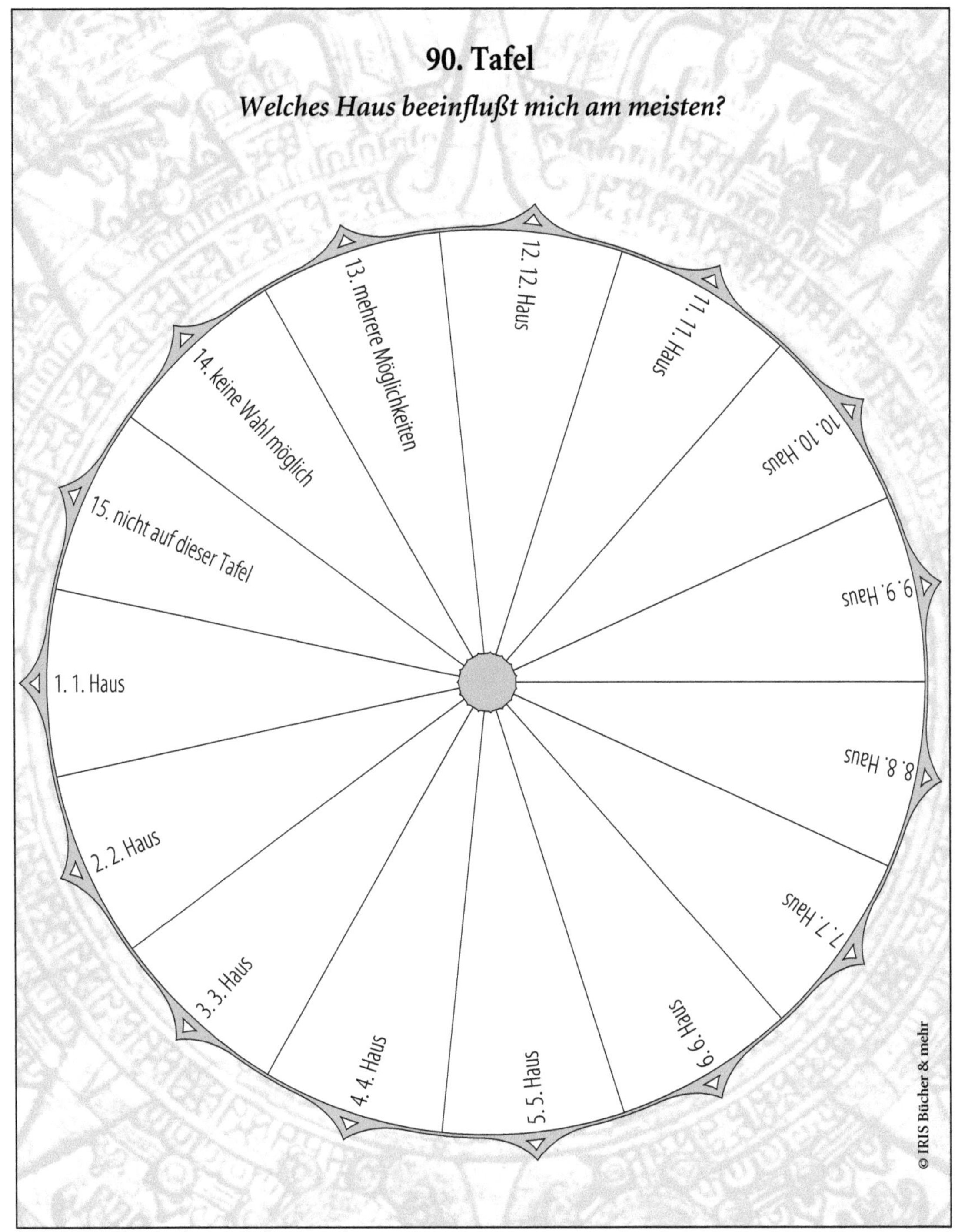

91. Tafel

Welche Charakterisierung paßt am besten zu mir?

1. begeistert
2. verspielt
3. gutgläubig
4. beharrlich
5. ernsthaft
6. philosophisch
7. praktisch
8. energisch
9. neugierig
10. lernwillig
11. träumerisch
12. freigebig
13. herzlich
14. konservativ
15. vorsichtig
16. sensibel
17. vernünftig
18. gute Auffassungsgabe
19. Mitgefühl
20. leidenschaftlich
21. fester Halt
22. emotionell
23. sinnlich
24. stark
25. nicht auf dieser Tafel

Siehe auch Pendeltafeln 92, 101, 102.

91. Tafel

Welche Charakterisierung paßt am besten zu mir?

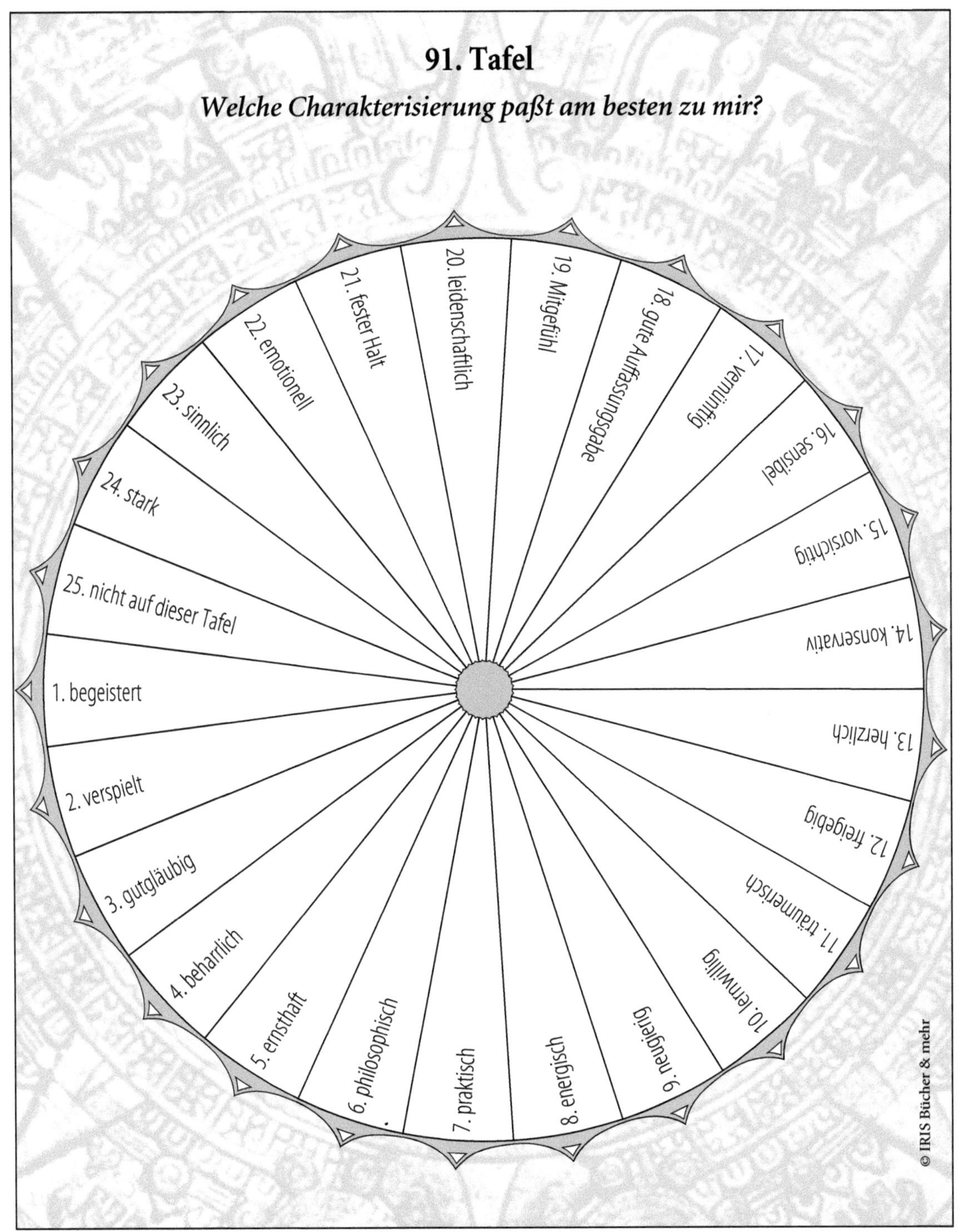

92. Tafel

Welche Aussage paßt (laut anderen) am besten zu mir?

1. ich laufe mir die Hacken ab
2. ich werde sehen, wie der Hase läuft
3. wer langsam geht, kommt auch zum Ziel
4. wo ein Wille ist, da ist auch ein Weg
5. Probleme sind dazu da, um gelöst zu werden
6. ich beschäftige mich nicht lange mit meinen Fehlern
7. es hat alles sein Gutes
8. kein Baum so glatt, er hat einen Ast
9. ich lasse den Kopf nicht hängen
10. frisch gewagt ist halb gewonnen
11. kommt Zeit, kommt Rat
12. der Rubel muß rollen
13. wenn ich es nicht tue, tut niemand es
14. Freundschaft ist mir heilig
15. Aufgeben kommt nicht in meinem Wortschatz vor
16. spare in der Zeit, so hast du in der Not
17. ich lasse mir nicht in die Karten schauen
18. es lebe der Spaß!
19. ich arbeite um zu leben, ich lebe nicht um zu arbeiten
20. mein Haus ist dein Haus
21. ich lasse mir die Wurst nicht vom Brot nehmen
22. Ein guter Anfang ist halbe Arbeit
23. man lernt aus seinen Fehlern
24. nach Regen folgt Sonnenschein
25. nicht auf dieser Tafel

Siehe auch Pendeltafeln 91, 101, 102.

92. Tafel

Welche Aussage paßt (laut anderen) am besten zu mir?

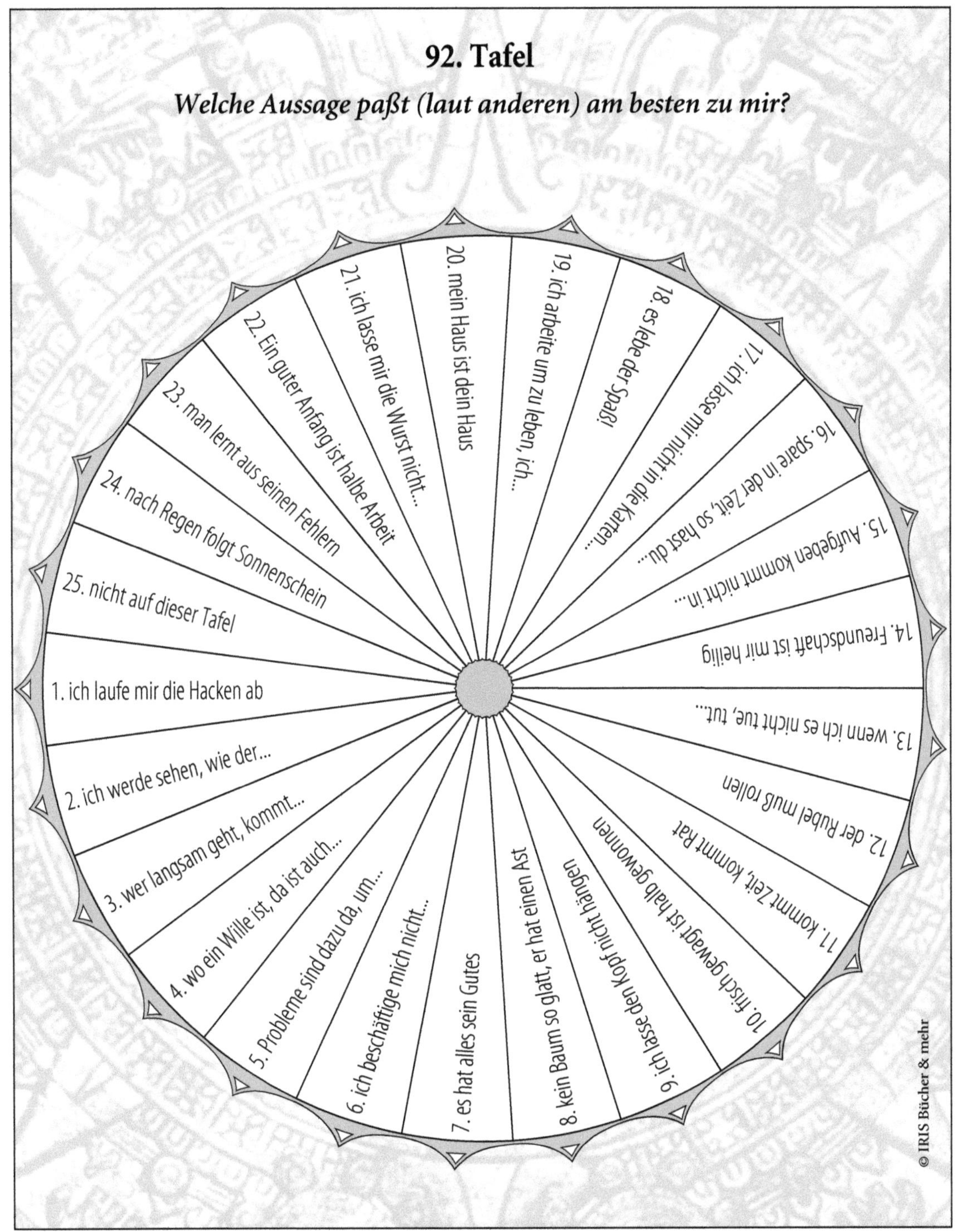

93. Tafel

Meine sozialen Eigenschaften/mein soziales Verhalten in meinem Privatleben:

1. ich verkehre gern in Gesellschaft
2. man kann gut mit mir auskommen
3. ich bin eine Stimmungskanone
4. ich kann mit jedem plaudern
5. ich kann Menschen beruhigen
6. ich bin zuvorkommend und höflich
7. ich will es jedem recht machen
8. andere Menschen interessieren mich wirklich
9. ich pflege meine Freundschaften
10. ich habe Sinn für Humor
11. ich weiß die neuesten Klatschgeschichten
12. ich bin gerne der Mittelpunkt
13. ich kann anderen zuhören
14. ich verstehe es, Menschen zu fesseln
15. ich klatsche nie über meine Freunde
16. ich helfe anderen gern
17. ich bin fast nie allein
18. ich mische mich gern in die Angelegenheiten anderer
19. alleine gehe ich lieber nicht zu einer Fete
20. ich komme oft zu spät
21. ich vergesse oft Verabredungen
22. ich kann keine Gesprächsthemen finden
23. in Gesellschaft fühle ich mich nicht behaglich
24. ich bin lieber alleine
25. nicht auf dieser Tafel

93. Tafel

Meine sozialen Eigenschaften/mein soziales Verhalten in meinem Privatleben:

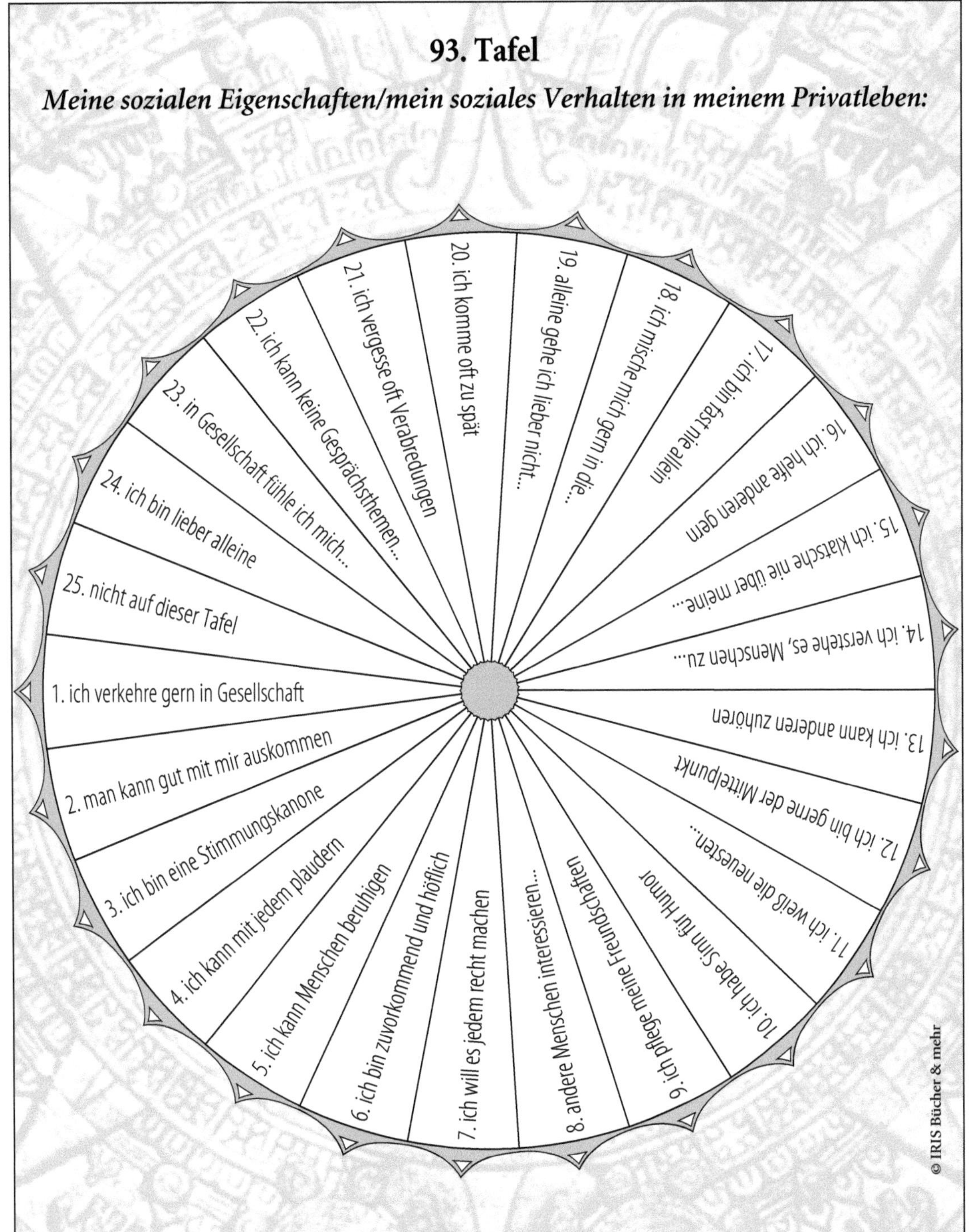

94. Tafel

Meine sozialen Eigenschaften/mein soziales Verhalten in meinem Berufsleben:

1. ich habe viel Verantwortungsbewußtsein
2. ich regele gerne alles für andere
3. ich weiß wie ich die Aufmerksamkeit auf meinen Beitrag lenken muß
4. ich nehme zuviel Verantwortung (anderer) auf mich
5. ich bin zu chaotisch
6. ich bin ein guter Teamspieler
7. ich lasse mich nicht von Klatsch beeinflussen
8. ich helfe meinen Kollegen grundsätzlich
9. ich vermittle anderen das Gefühl, daß sie ihr Herz bei mir ausschütten können
10. ich versuche mich in meine Kollegen hineinzuversetzen
11. ich versuche mich in meinen Chef/Arbeitgeber hineinzuversetzen
12. ich schiebe die Verantwortung oft auf andere ab
13. ich verschanze mich hinter meiner "aufreibenden" Arbeit
14. ich sorge dafür, daß ich immer gepflegt aussehe
15. ich komme nie zu spät
16. ich beklage mich nicht über langweilige Arbeiten
17. ich versuche mich vor langweiligen Arbeiten zu drücken
18. ich versuche einen guten Eindruck auf meinen Chef/Arbeitgeber zu machen
19. ich kann mich mit meiner Arbeit nicht identifizieren
20. ich kann mich gut mit meiner Arbeit identifizieren
21. in einem Team fühle ich mich am wohlsten
22. ich arbeite am liebsten allein
23. ich reagiere begeistert auf neue Herausforderungen
24. ich kann meine persönlichen Möglichkeiten gut einschätzen
25. nicht auf dieser Tafel

94. Tafel

Meine sozialen Eigenschaften/mein soziales Verhalten in meinem Berufsleben:

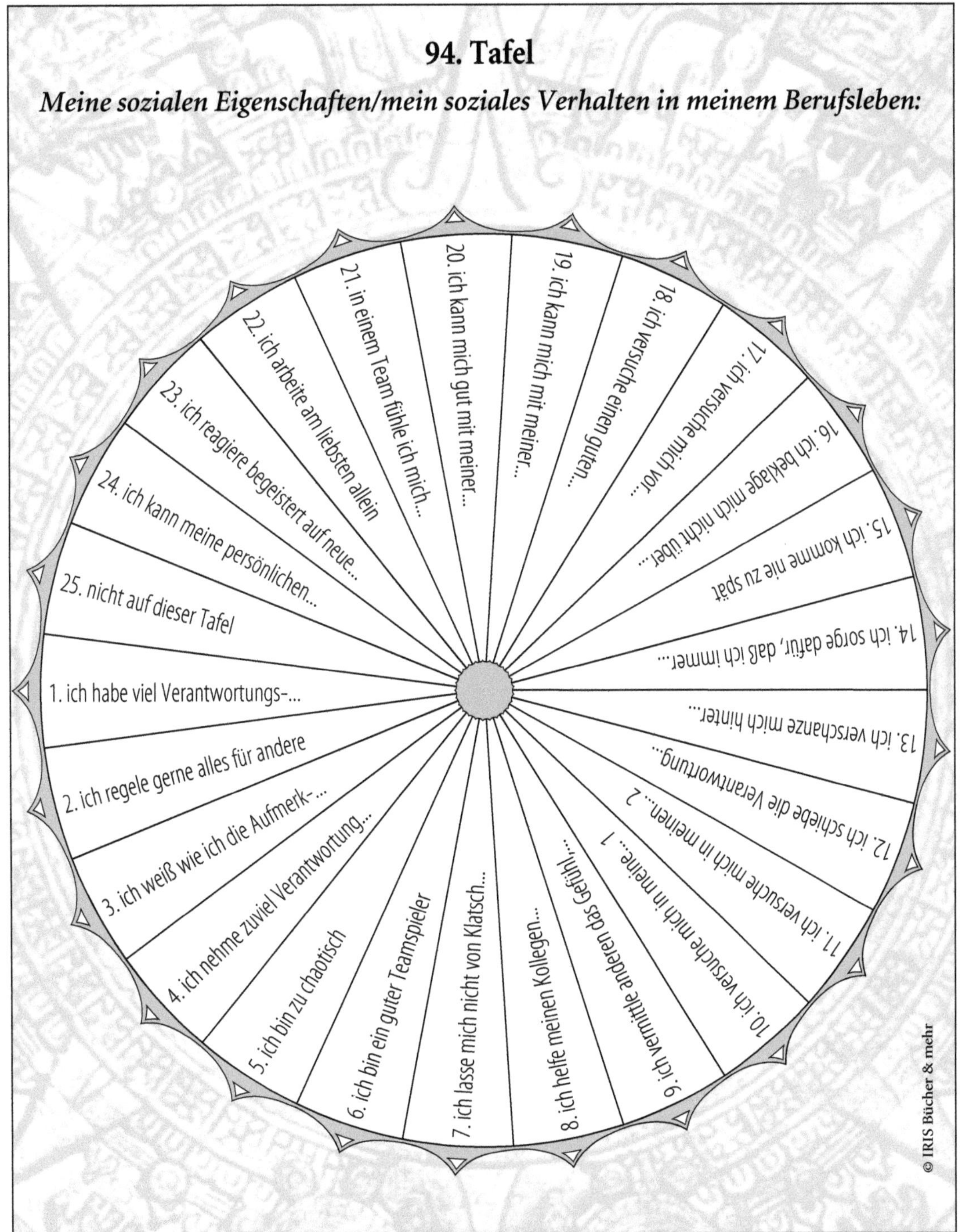

95. Tafel

Mein persönlicher Typ ist vergleichbar mit Enneagrammtyp: (1)

1. ich kann schnell und sicher entscheiden (1. Typ - der Unternehmer)
2. ich bin ein Perfektionist (1. Typ - der Unternehmer)
3. ich bin ungeduldig (1. Typ - der Unternehmer)
4. ich neige zu Kritik und Moralisieren (1. Typ - der Unternehmer)
5. ich habe Angst, (später) arm zu sein (1. Typ - der Unternehmer)
6. ich immer viele Pläne (1. Typ - der Unternehmer)
7. meine Angelegenheiten sind jederzeit mustergültig geordnet (1. Typ - der Unternehmer)
8. ich kann gut sparen (1. Typ - der Unternehmer)
9. ich bin praktisch und tatkräftig (2. Typ - der Planer)
10. ich erreiche mein Ziel indem ich anderen helfe (2. Typ - der Planer)
11. ich habe Minderwertigkeitsgefühle (2. Typ - der Planer)
12. ich bin eitel (2. Typ - der Planer)
13. ich verlange nach Anerkennung (2. Typ - der Planer)
14. ich neige zum Manipulieren (2. Typ - der Planer)
15. ich bin sehr sozial (2. Typ - der Planer)
16. ich klage schnell (2. Typ - der Planer)
17. meine Karriere steht an erster Stelle (3. Typ - der Magier)
18. ich bin diszipliniert (3. Typ - der Magier)
19. ich habe Angst zu versagen (3. Typ - der Magier)
20. ich lege viel Wert auf mein Image (3. Typ - der Magier)
21. ich spiegele mir und anderen oft etwas vor (3. Typ - der Magier)
22. ich neige dazu ein Workaholic zu werden (3. Typ - der Magier)
23. ich zeige meine Gefühle nicht so schnell (3. Typ - der Magier)
24. ich kann Menschen und Situationen hervorragend manipulieren (3. Typ - der Magier)
25. nicht auf dieser Tafel

Diese Tafel bietet mehrere Antwortmöglichkeiten.

95. Tafel

Mein persönlicher Typ ist vergleichbar mit Enneagrammtyp:

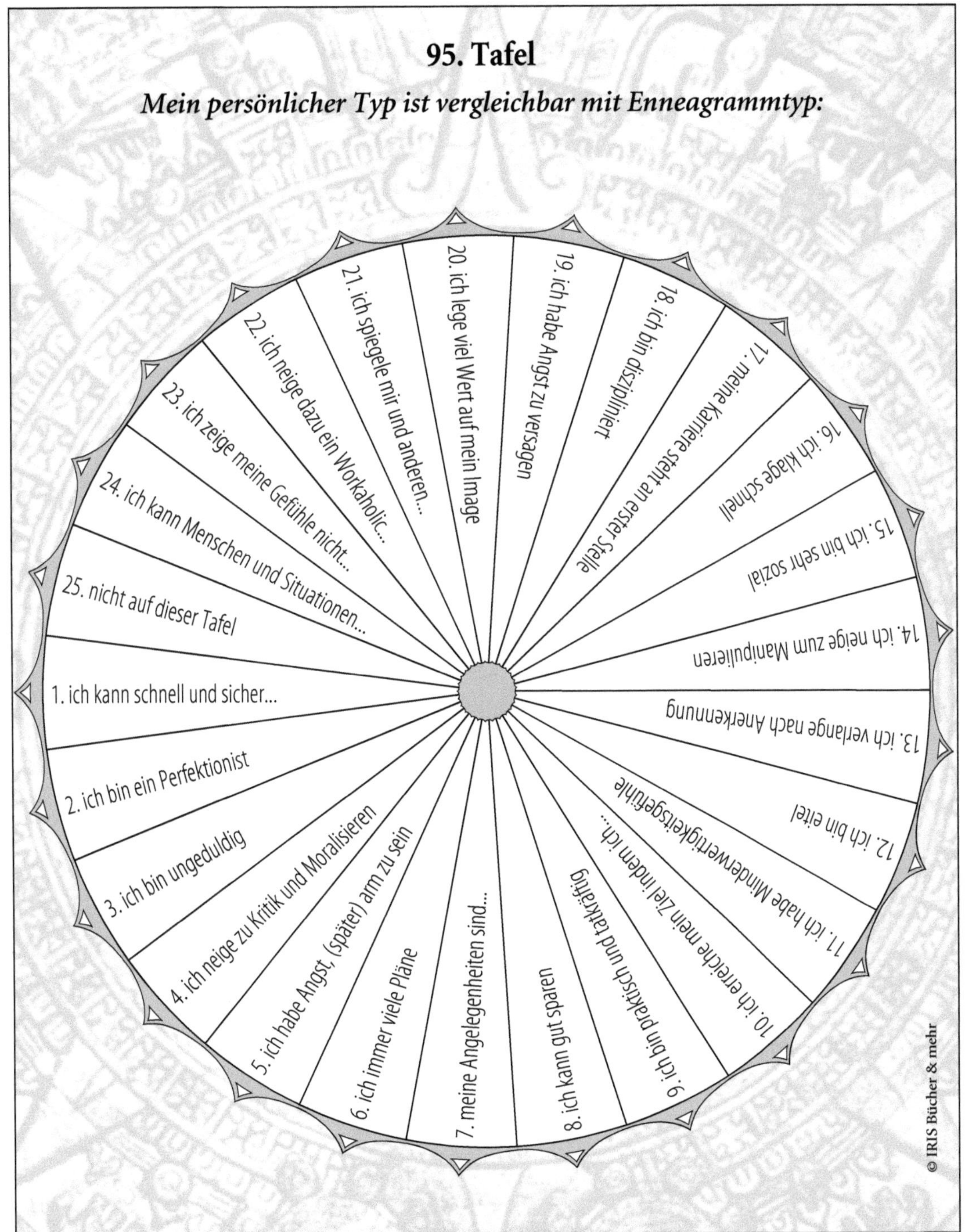

96. Tafel

Mein persönlicher Typ ist vergleichbar mit Enneagrammtyp: (2)

1. ich bin sehr kreativ (4. Typ - das Opfer)
2. ich bin launisch und unberechenbar (4. Typ - das Opfer)
3. ich bin neidisch (4. Typ - das Opfer)
4. ich bin hypersensibel (4. Typ - das Opfer)
5. ich bin sehr verschlossen (4. Typ - das Opfer)
6. ich fühle mich besonders und "anders als andere" (4. Typ - das Opfer)
7. ich kann plötzlich emotionell werden (4. Typ - das Opfer)
8. ich neige dazu Melancholiker zu werden (4. Typ - das Opfer)
9. ich habe einen starken Wissensdrang (5. Typ - der Beobachter)
10. ich ziehe mich schnell in mich selbst zurück (5. Typ - der Beobachter)
11. ich bin argwöhnisch (5. Typ - der Beobachter)
12. ich habe Angst vor (meinen) Gefühlen (5. Typ - der Beobachter)
13. obwohl ich viel weiß, handele ich nicht dementsprechend (5. Typ - der Beobachter)
14. ich bin optimistisch (5. Typ - der Beobachter)
15. ich verstecke mich hinter meinem intellektuellen Image (5. Typ - der Beobachter)
16. ich bin geduldig (5. Typ - der Beobachter)
17. ich kann nicht selbständig entscheiden (6. Typ - Der Held)
18. ich bin unsicher (6. Typ - Der Held)
19. ich bin sehr loyal (6. Typ - Der Held)
20. ich bin pflichttreu (6. Typ - Der Held)
21. ich bin ausdauernd und zielstrebig (6. Typ - Der Held)
22. bei Konflikten gerate ich nicht schnell außer mir (6. Typ - Der Held)
23. ich kann meine Situation ziemlich objektiv einschätzen (6. Typ - Der Held)
24. ich verstecke mich gern hinter einer höhergestellten Autorität (6. Typ - Der Held)
25. nicht auf dieser Tafel

Diese Tafel bietet mehrere Antwortmöglichkeiten.

96. Tafel

Mein persönlicher Typ ist vergleichbar mit Enneagrammtyp:

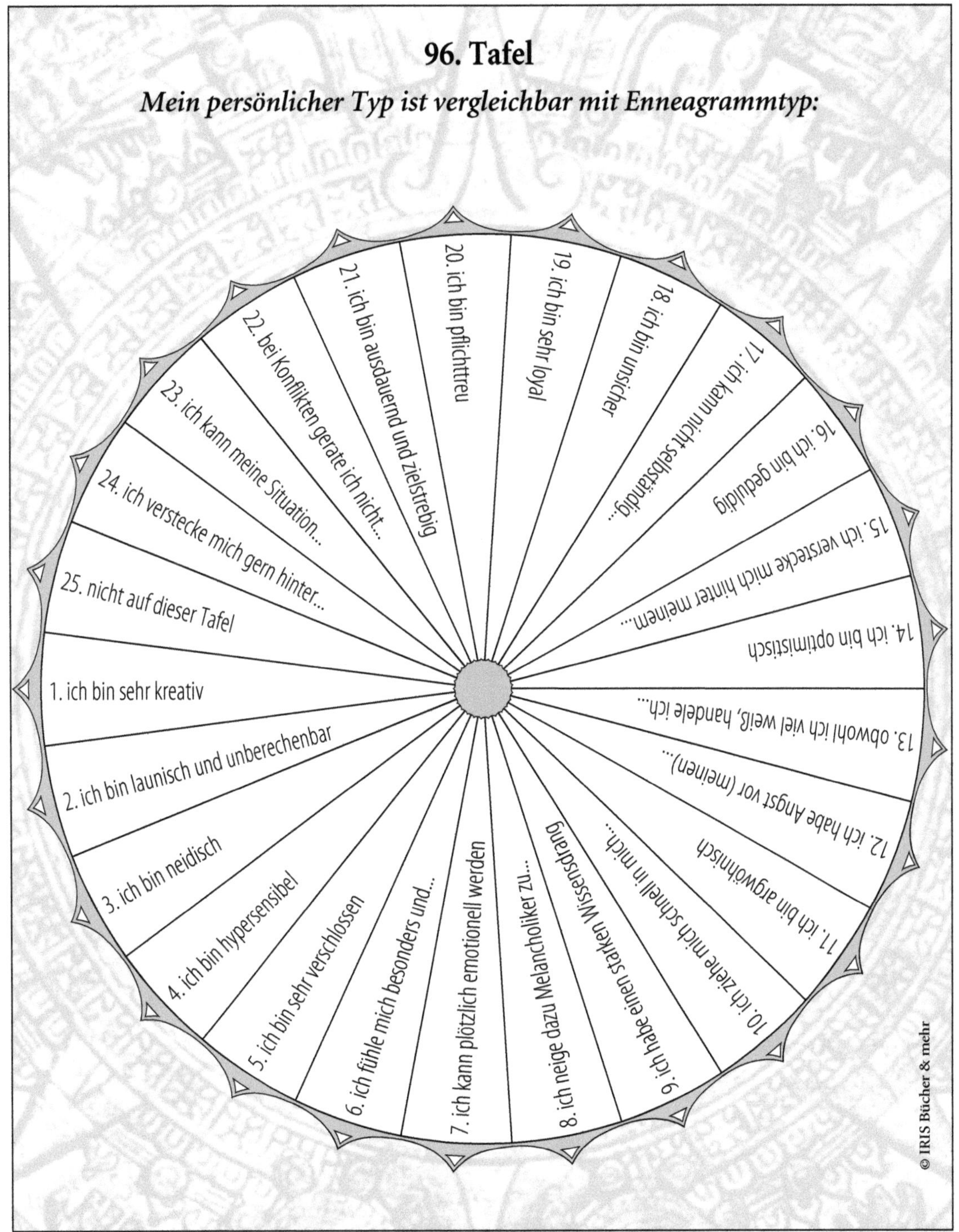

97. Tafel

Mein persönlicher Typ ist vergleichbar mit Enneagrammtyp: (3)

1. ich habe eine schnelle Beobachtungsgabe (7. Typ - der Optimist)
2. ich arbeite gleichzeitig an mehreren Dingen (7. Typ - der Optimist)
3. ich bin sehr optimistisch (7. Typ - der Optimist)
4. ich strahle eine einnehmende Kindlichkeit aus (7. Typ - der Optimist)
5. sozialer Umgang fällt mir leicht (7. Typ - der Optimist)
6. ich will so viel Spaß wie möglich haben (7. Typ - der Optimist)
7. ich interessiere mich für sehr verschiedene Dinge (7. Typ - der Optimist)
8. ich bin ein "Glückspilz" (7. Typ - der Optimist)
9. mein Selbstbewußtsein ist stark (8. Typ - der Vermittler)
10. ich kann Situationen ziemlich objektiv einschätzen (8. Typ - der Vermittler)
11. ich bin gerne neutral (8. Typ - der Vermittler)
12. ich kann die Lage leicht zu meinem Vorteil wenden (8. Typ - der Vermittler)
13. ich habe viel Ausdauer (8. Typ - der Vermittler)
14. ich neige dazu, andere als Mittel zum Zweck zu benutzen (8. Typ - der Vermittler)
15. ich neige dazu, andere zu kontrollieren und zu dominieren (8. Typ - der Vermittler)
16. ich besitze einen ausgeprägten Gerechtigkeitssinn (8. Typ - der Vermittler)
17. ich bin passiv und phlegmatisch (8. Typ - der Vermittler)
18. ich bin sanftmütig (8. Typ - der Vermittler)
19. ich werde erst in harmonischen Situation aktiv (8. Typ - der Vermittler)
20. Konflikte vermeide ich prinzipiell (8. Typ - der Vermittler)
21. ich schätze meine Ruhe (8. Typ - der Vermittler)
22. ich kann gut mit Menschen umgehen (8. Typ - der Vermittler)
23. ich strebe eine harmonische Atmosphäre an (8. Typ - der Vermittler)
24. ich kenne meine Grenzen nicht so gut (8. Typ - der Vermittler)
25. nicht auf dieser Tafel

Diese Tafel bietet mehrere Antwortmöglichkeiten.

97. Tafel

Mein persönlicher Typ ist vergleichbar mit Enneagrammtyp:

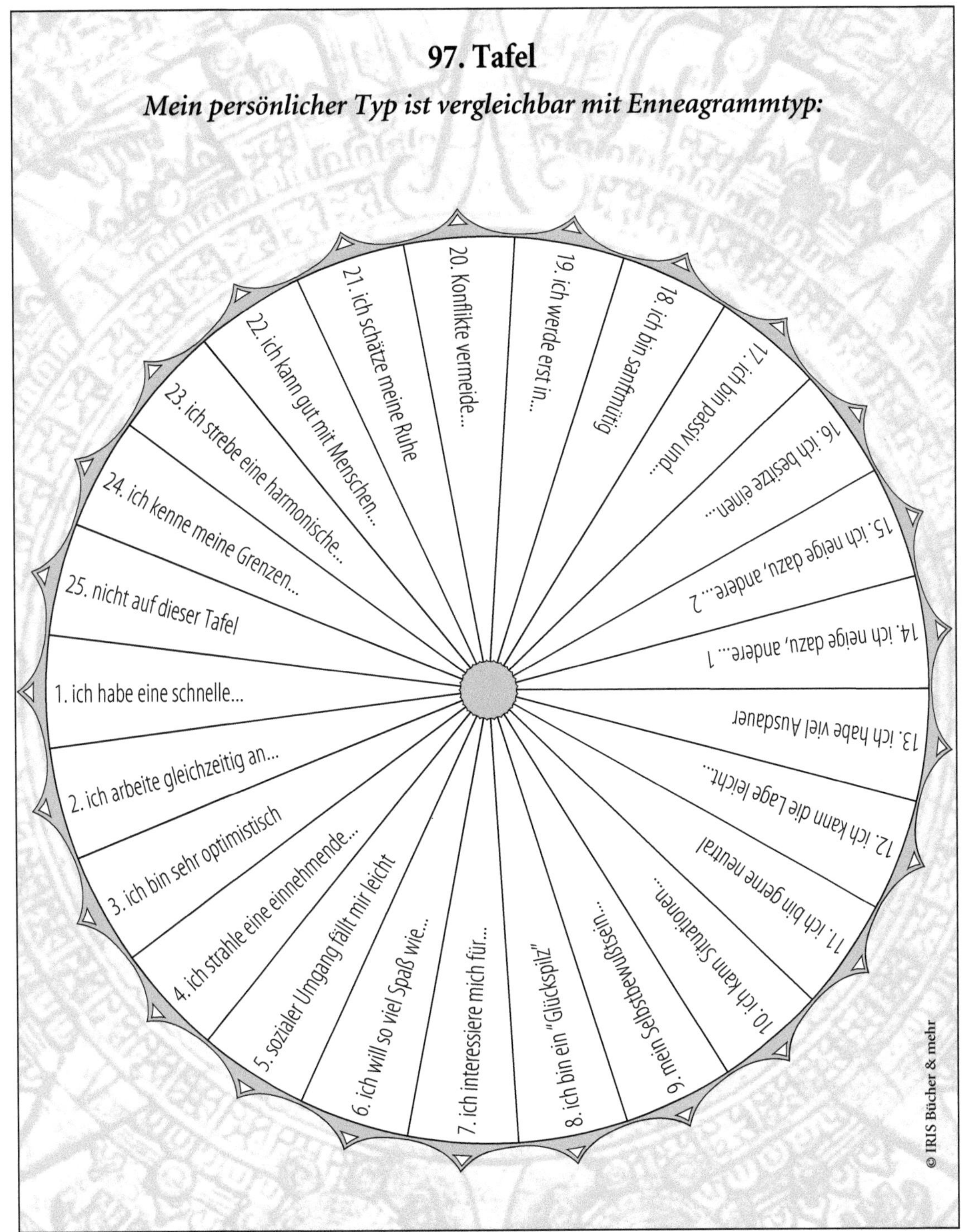

98. Tafel

Welche Weiterbildung wirkt sich günstig auf meine jetzige Ausbildung, meinen Beruf und mein Talent aus?

1. Verwaltung
2. Sekretär(in)
3. Public Relations
4. Gewerbe
5. Buchhaltung
6. eine oder mehrere Sprachen
7. Grafik
8. Computer
9. Management
10. Jura
11. Wirtschaft
12. Betriebswissenschaft
13. Grundschullehrer
14. Hochschullehrer
15. Heilkunde
16. (Tier-) Medizin
17. alternative Medizin
18. Journalismus/Redaktion
19. Pflege
20. Technik
21. Kosmetiker/Friseur usw.
22. Ballett/Tanz
23. Musik
24. Sport
25. nicht auf dieser Tafel

98. Tafel

Welche Weiterbildung wirkt sich günstig auf meine jetzige Ausbildung, meinen Beruf und mein Talent aus?

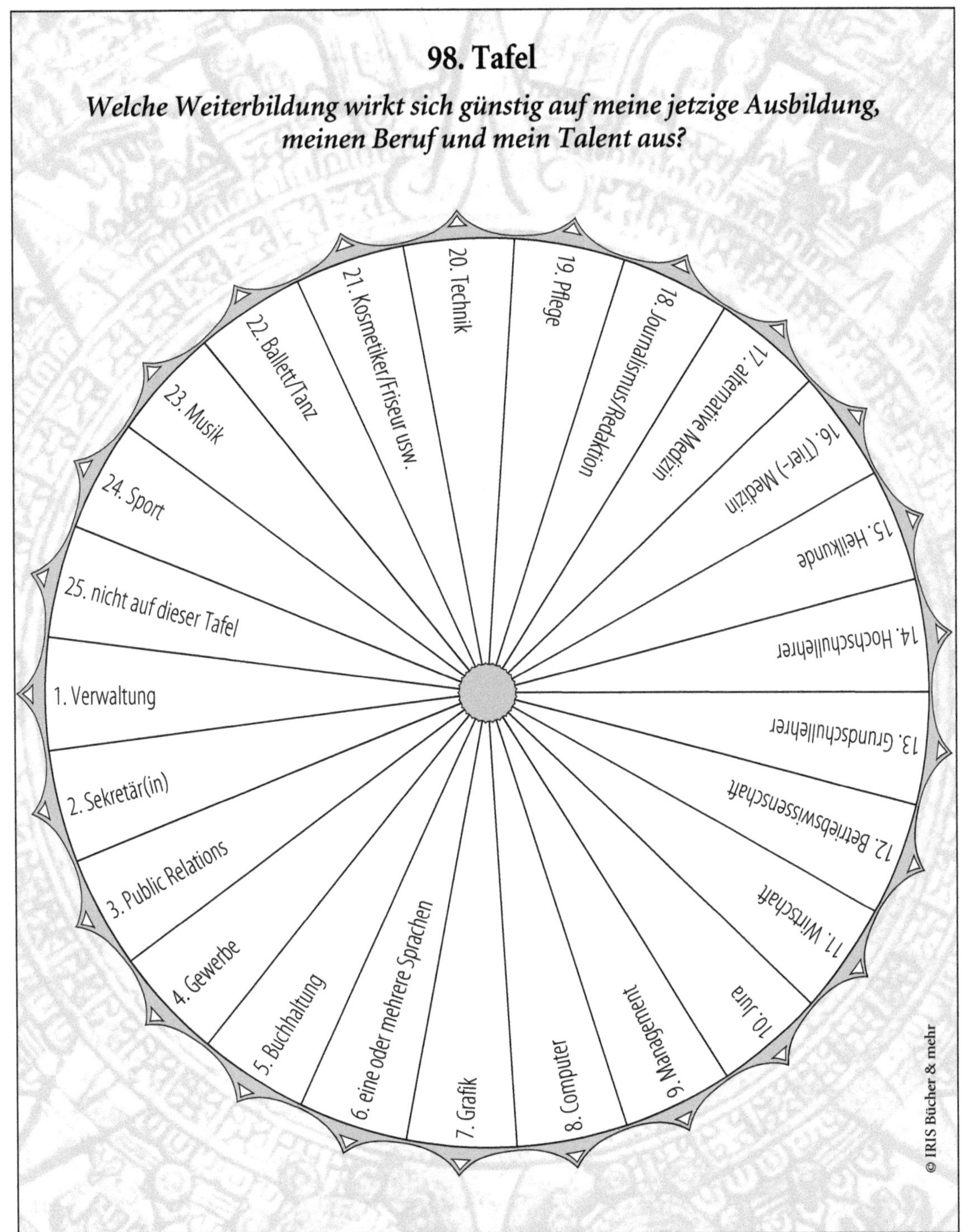

99. Tafel

Welcher berufliche Bereich paßt gut zu mir?

1. Kunst
2. Lehrerausbildung
3. Handwerk
4. selbständig
5. Dienstleistungsgewerbe
6. Pflege
7. Technik
8. Landwirtschaft
9. Forstwirtschaft
10. Handel und Wirtschaft
11. Bankfach
12. (Tele-) Kommunikation
13. Kultur
14. Dienstleistungsgewerbe
15. Fürsorge
16. Management und Organisation
17. Elektronik und Computer
18. Werbung
19. medizinischer Bereich
20. medizinischer Hilfsberuf
21. Sport
22. Hotel- und Gaststättengewerbe
23. Medien und Journalismus
24. Ingenier/Designer/Erfinder
25. nicht auf dieser Tafel

99. Tafel

Welcher berufliche Bereich paßt gut zu mir?

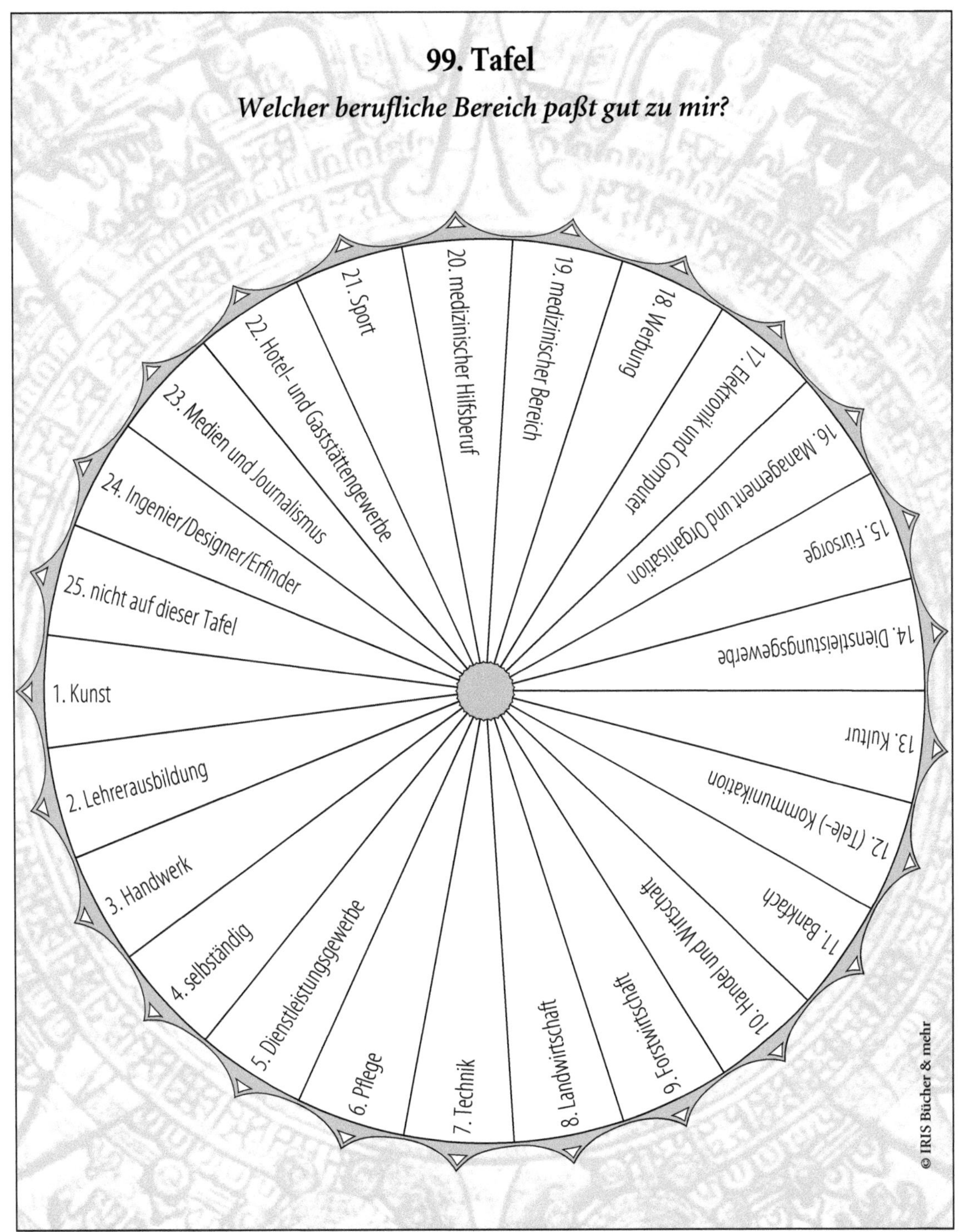

100. Tafel

Was sollte ich hinsichtlich meiner Arbeit besonders beachten?

1. Organisation
2. Planung
3. Entwicklung
4. Effizienz
5. Zielsetzung
6. Wachstum
7. Forschung
8. Kosten/Nutzen
9. Konflikte
10. Evaluation
11. Gewinn/Verlust
12. Profilierung
13. Kommunikation
14. Teamarbeit
15. nicht auf dieser Tafel

100. Tafel

Was sollte ich hinsichtlich meiner Arbeit besonders beachten?

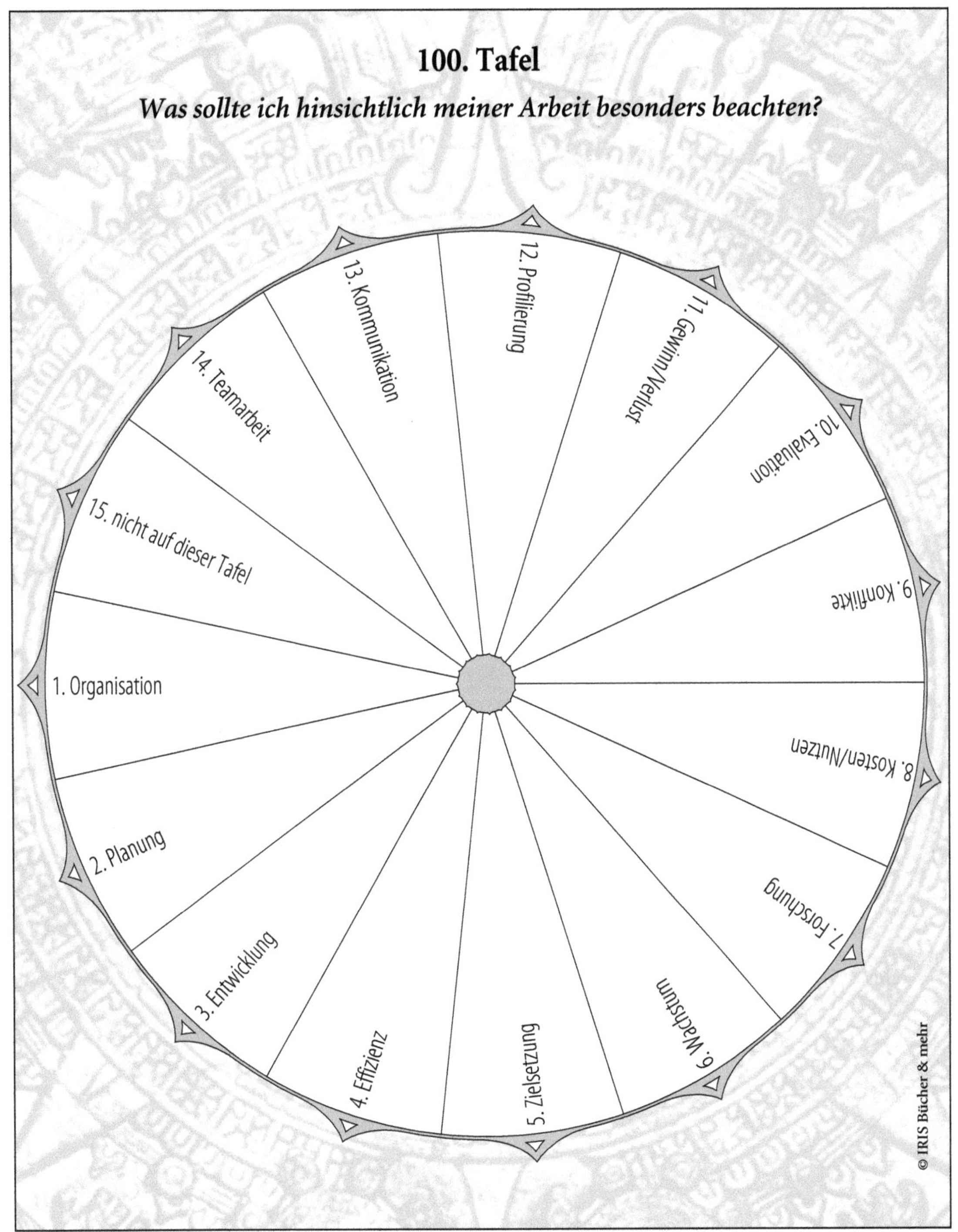

101. Tafel

Welches Talent/welche Eigenschaften besitze ich?

1. kommunikative Eigenschaften
2. Selbständigkeit
3. gute Auffassungsgabe
4. Planung und Organisation
5. Zusammenarbeit
6. Kreativität
7. (wissenschaftliche) Forschung
8. Verantwortlichkeit
9. Effizienz
10. kommerzielle Eigenschaften
11. Redaktion
12. Erziehung
13. streßstabil
14. Information und Public Relations
15. nicht auf dieser Tafel

Siehe auch Pendeltafeln 91, 92, 102.

101. Tafel

Welches Talent/welche Eigenschaften besitze ich?

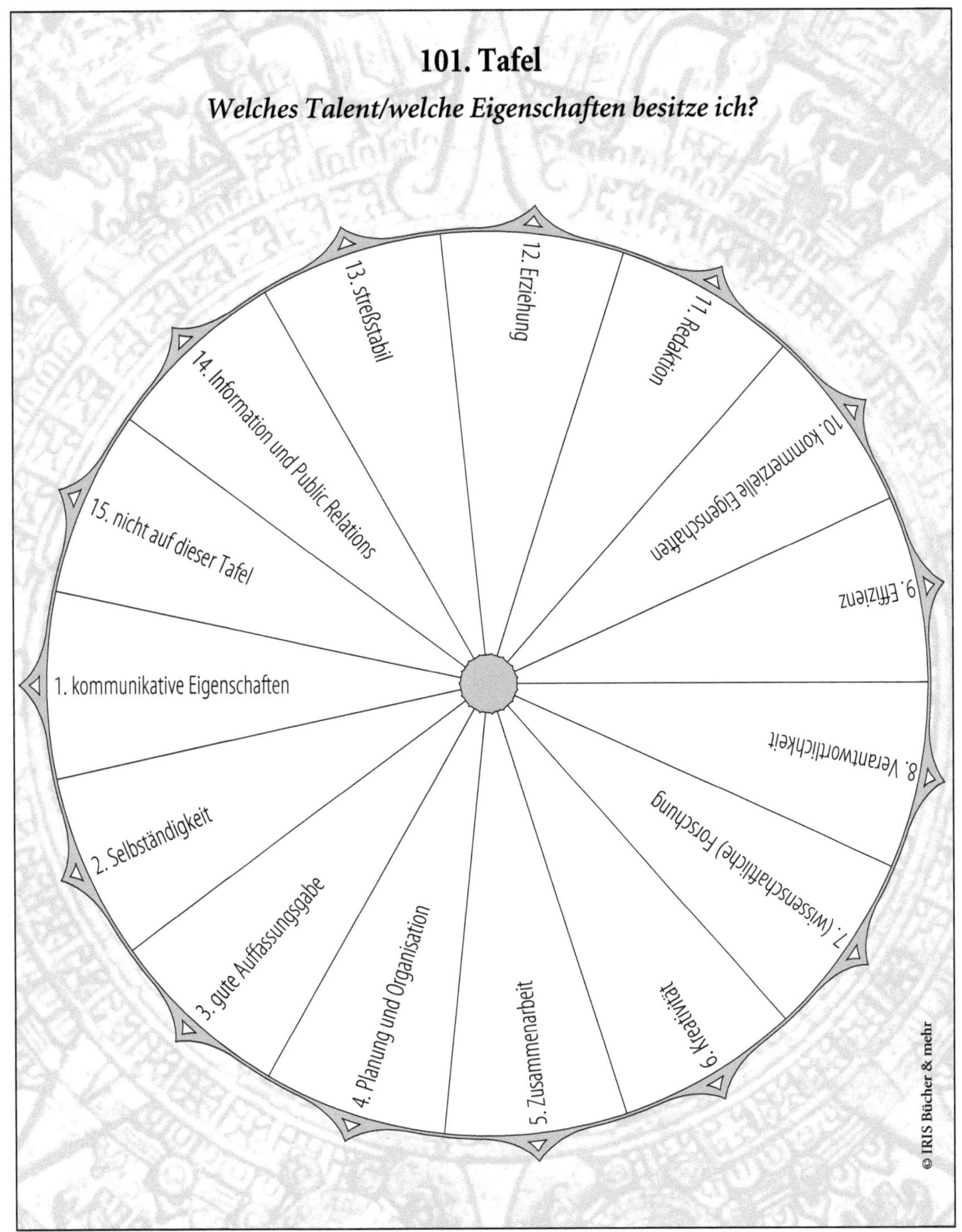

102. Tafel

Ich fördere mein Talent vor allem:

1. durch meine Arbeit/meinen Beruf
2. durch die richtige Ausbildung
3. indem ich Augen und Ohren offenhalte
4. spielend
5. indem ich mich mit Menschen mit dem gleichen Talent umringe
6. indem ich mich eingehend mit einem Thema beschäftige
7. indem ich es sehr gründlich benutze
8. indem ich neue Erfahrungen sammle
9. durch regelmäßiges Üben
10. indem ich mir eine schwierige Aufgabe stelle
11. indem ich mich in eine Streßsituation begebe
12. indem ich mit viel Zeit nehme
13. indem ich mich auf ein einziges Ziel konzentriere
14. indem ich guten Rat beherzige
15. nicht auf dieser Tafel

Siehe auch Pendeltafeln 91, 92, 101.

102. Tafel

Ich fördere mein Talent vor allem:

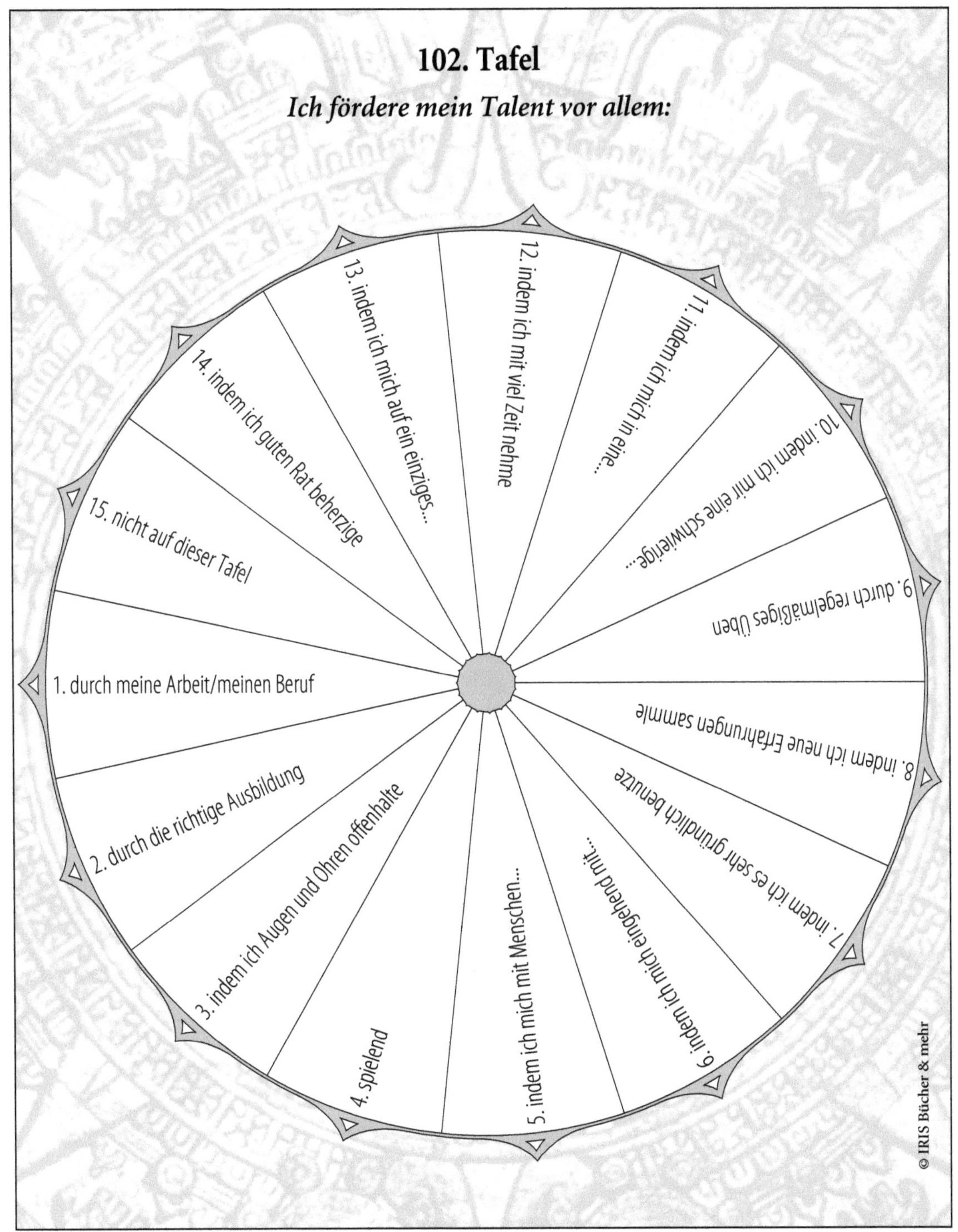

103. Tafel

Freundschaft ist mir wichtig weil:

1. ich ein Gesellschaftsmensch bin
2. ich gerne etwas erzählen will
3. ich gerne den Geschichten anderer zuhöre
4. sie mir eine große Stütze ist
5. ich viel Spaß habe
6. ich gerne mit anderen zusammen ausgehe
7. ich viele neue Ideen bekomme und mir Anregungen hole
8. ich meine Gefühle teilen will
9. ich neugierig nach der Meinung anderer bin
10. mir meine Freunde fehlen würden
11. ich gerne einen festen Freundeskreis habe
12. ich Feedback brauche
13. ich meine Erfahrungen teilen will
14. ich gerne ein guter Freund (eine gute Freundin) sein will
15. nicht auf dieser Tafel

103. Tafel

Freundschaft ist mir wichtig weil:

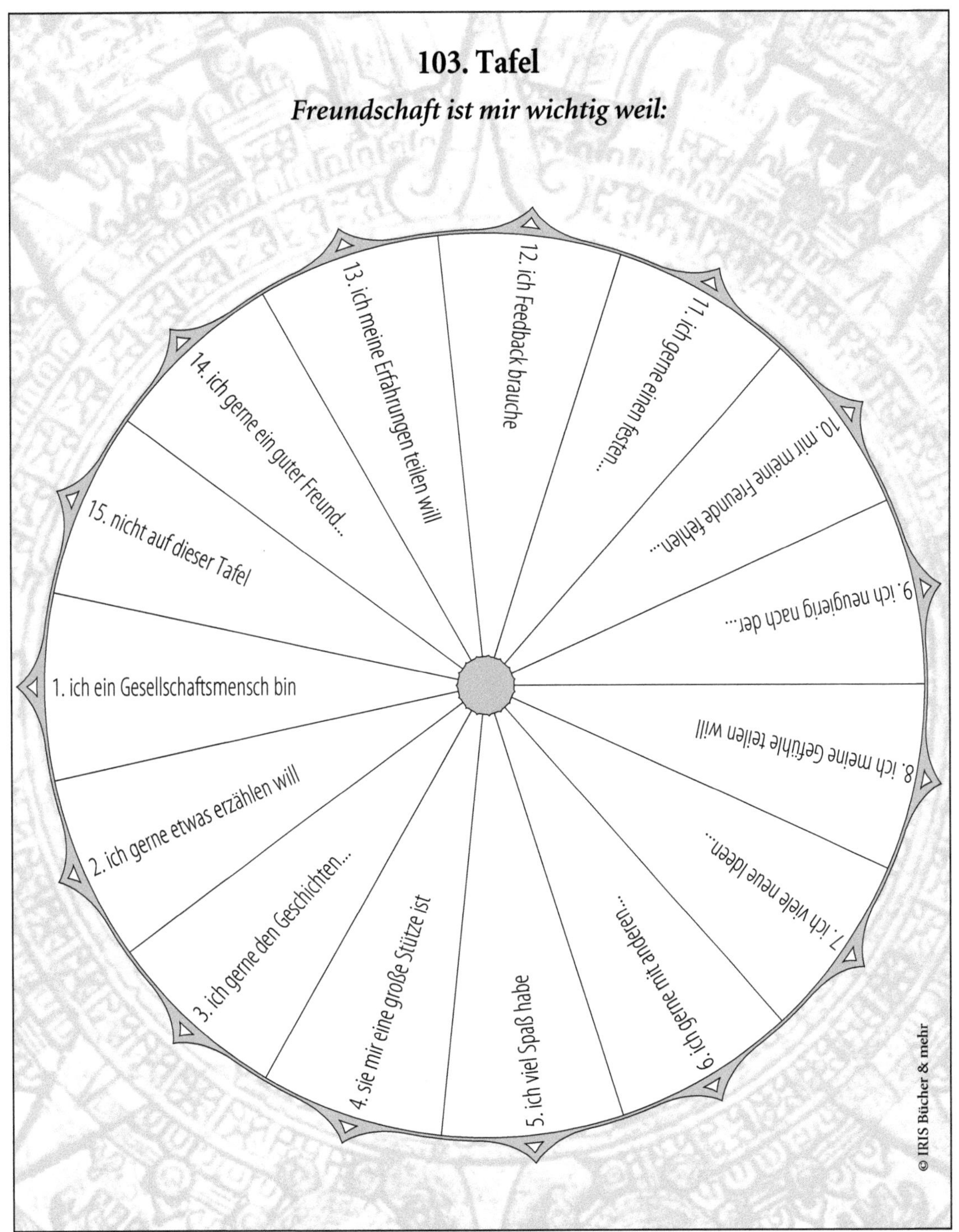

104. Tafel

Mein bester Freund ist:

1. Ehepartner
2. Freund
3. Vater
4. Bruder
5. Onkel
6. Cousin
7. Sohn
8. Mitstudent
9. Kollege
10. Kompagnon/Geschäftspartner
11. Hausgenosse
12. Nachbar
13. Haustier
14. ich selbst
15. nicht auf dieser Tafel

104. Tafel

Mein bester Freund ist:

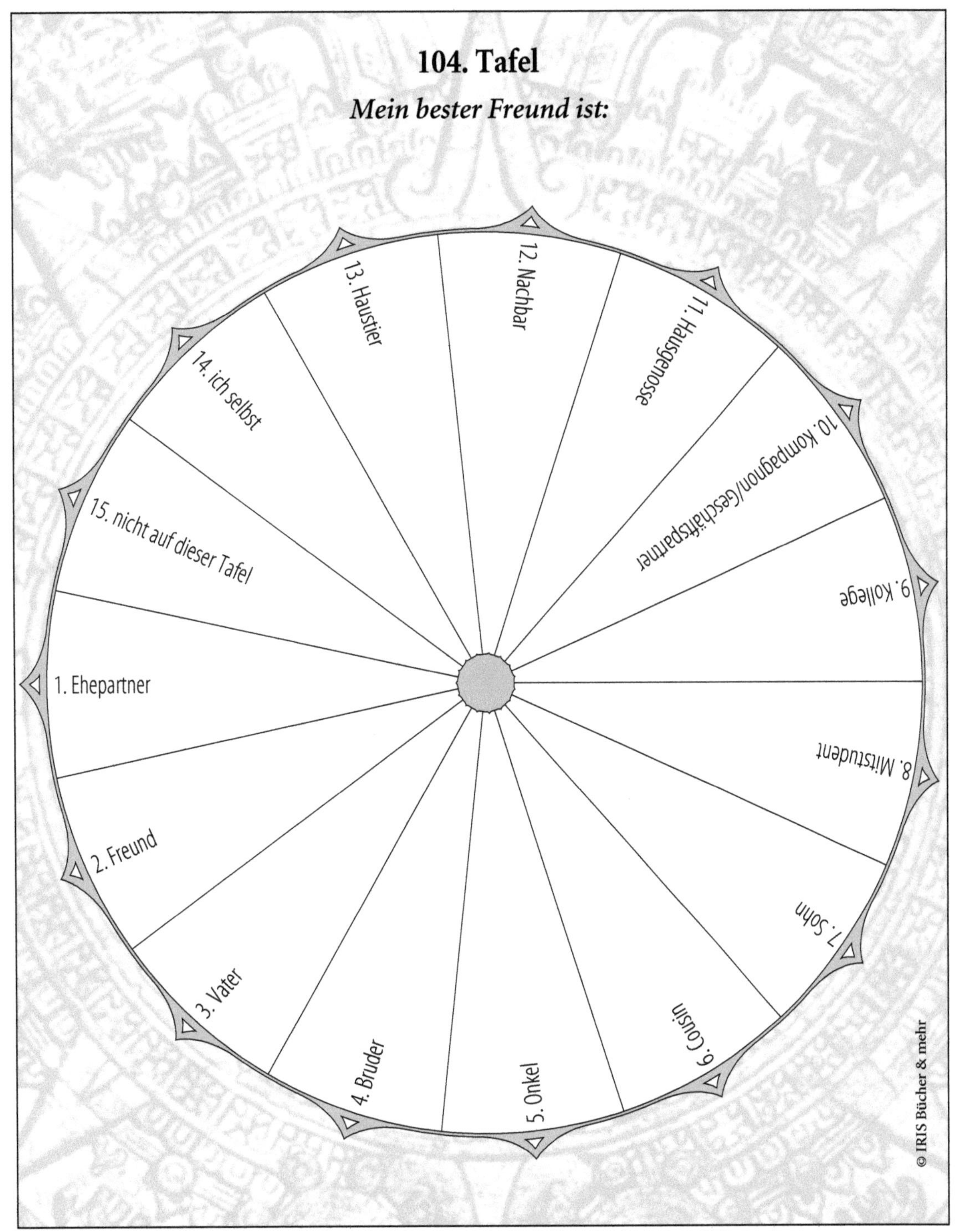

105. Tafel

Meine beste Freundin ist:

1. Ehefrau
2. Freundin
3. Mutter
4. Schwester
5. Tante
6. Cousine
7. Tochter
8. Mitstudentin
9. Kollegin
10. Kompagnon/Geschäftspartnerin
11. Hausgenossin
12. Nachbarin
13. Haustier
14. ich selbst
15. nicht auf dieser Tafel

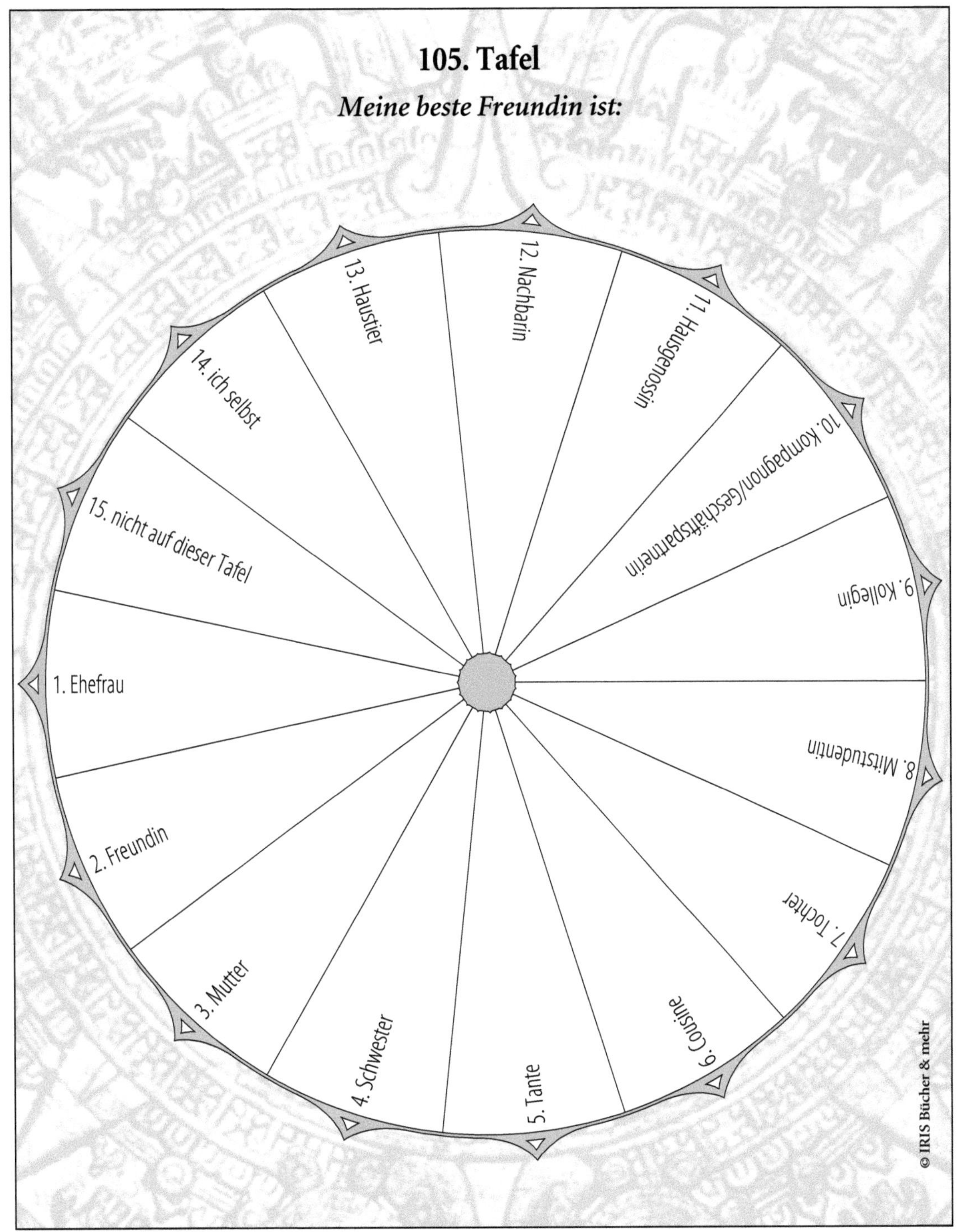
105. Tafel
Meine beste Freundin ist:
1. Ehefrau
2. Freundin
3. Mutter
4. Schwester
5. Tante
6. Cousine
7. Tochter
8. Mitstudentin
9. Kollegin
10. Kompagnon/Geschäftspartnerin
11. Hausgenossin
12. Nachbarin
13. Haustier
14. ich selbst
15. nicht auf dieser Tafel

106. Tafel

Welche Eigenschaft oder Charakterisierung meines Partners finde ich am sympathischsten?

1. bedingungslose Liebe
2. erotische Anziehungskraft
3. Humor
4. Intelligenz
5. Verläßlichkeit
6. Ehrlichkeit
7. Mutter-/Vaterfigur
8. finanzielle Sicherheit
9. Status
10. Gegenpol
11. Seelenverwandtschaft
12. nach eigener Fasson selig werden
13. immer auf der Suche nach neuen Herausforderungen
14. Beharrlichkeit
15. Neugier
16. Lebensgenießer
17. ausgeglichene Persönlichkeit
18. Abenteurer
19. Weltverbesserer
20. Aussehen
21. Optimist
22. kreativ
23. sportlich
24. unerschütterlich
25. nicht auf dieser Tafel

106. Tafel

Welche Eigenschaft oder Charakterisierung meines Partners finde ich am sympathischsten?

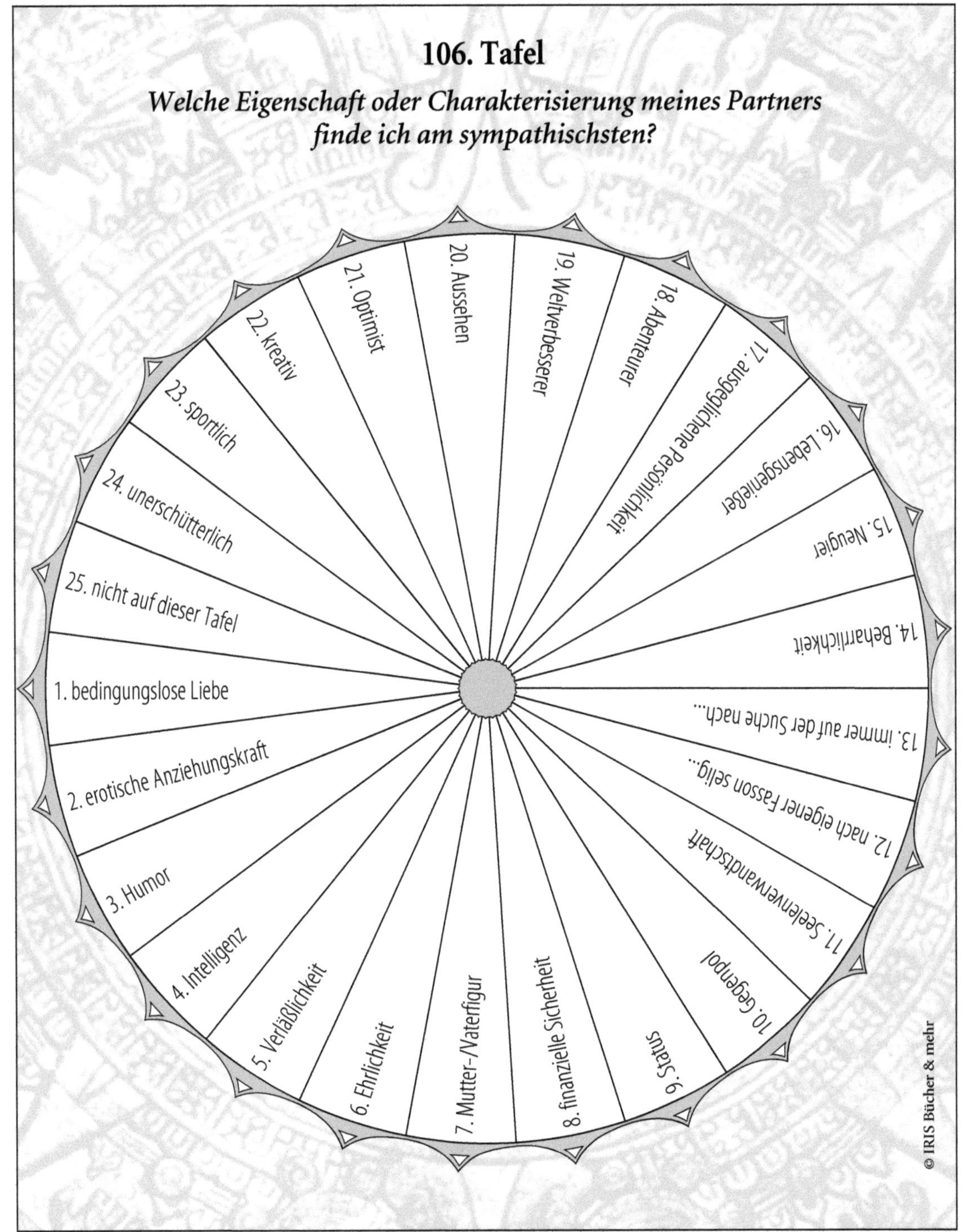

107. Tafel

Meine jetzige Beziehung bedeutet mir:

1. ich habe einen Seelenverwandten gefunden
2. ich lerne mich immer besser kennen
3. ich kann mein Leben teilen
4. ich habe meine Ruhe gefunden
5. ich kann einen Neuanfang machen
6. ich wage es, egoistisch zu sein
7. ich lerne mich selbst akzeptieren
8. ich lerne meinen Partner akzeptieren
9. ich kann mich aufopfern
10. ich kann eine Familie gründen
11. ich bin unabhängig
12. mein Leben hat sich drastisch verändert
13. eine Phase der Besinnung
14. trifft nicht zu
15. nicht auf dieser Tafel

107. Tafel

Meine jetzige Beziehung bedeutet mir:

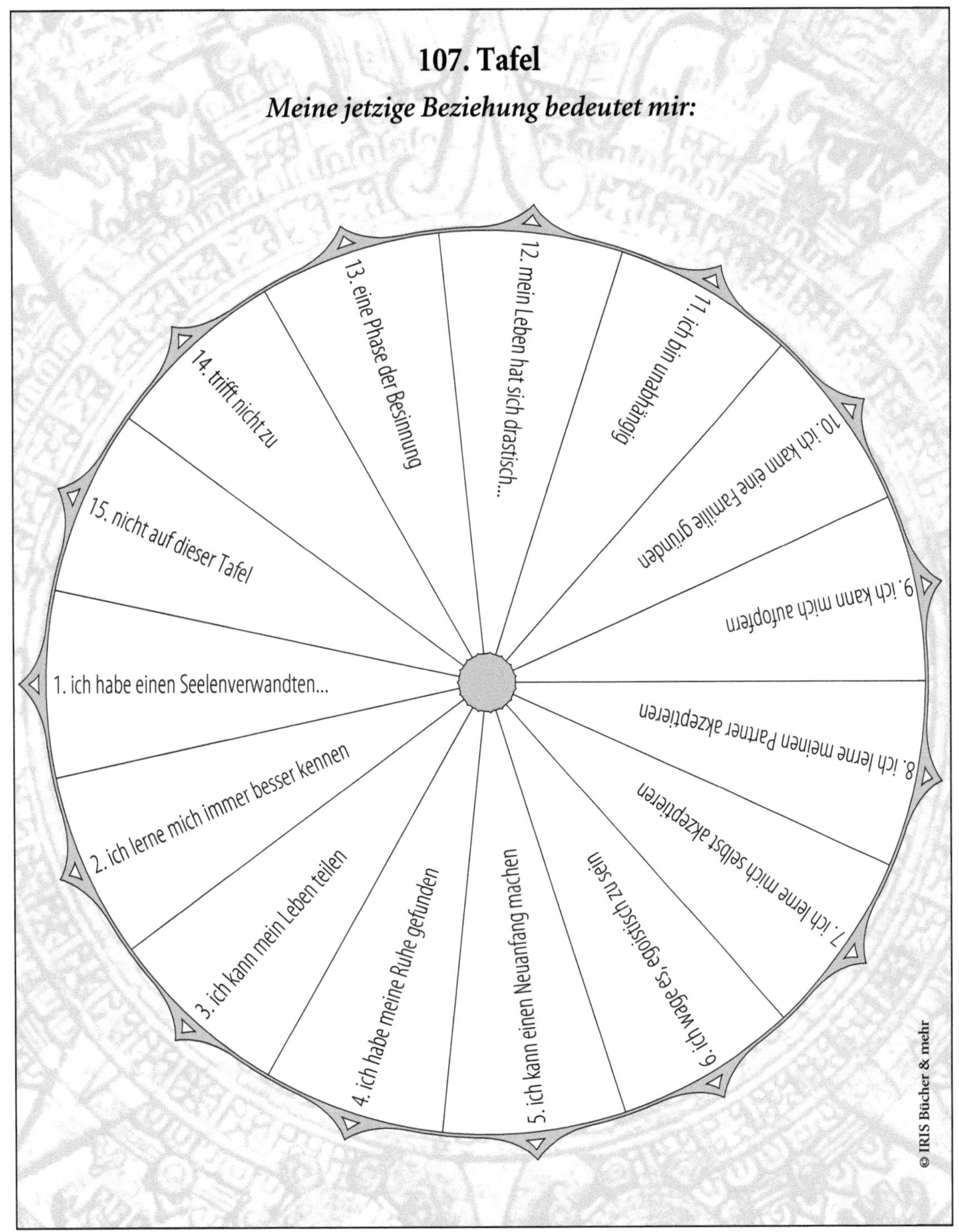

108. Tafel

Die beste Art und Weise mich zu entspannen ist:

1. faul auf der Couch liegen
2. Musik hören oder Musik machen
3. Sport treiben
4. ein schwieriges Problem lösen
5. mit anderen Spaß haben
6. einen langen Spaziergang machen
7. mein Haustier pflegen
8. mir selbst ein Geschenk machen
9. eine reichliche Mahlzeit kochen
10. Gartenarbeit
11. einen Ausflug machen
12. in einem guten Restaurant essen
13. eine Reise buchen
14. einem Freund helfen
15. nicht auf dieser Tafel

108. Tafel

Die beste Art und Weise mich zu entspannen ist:

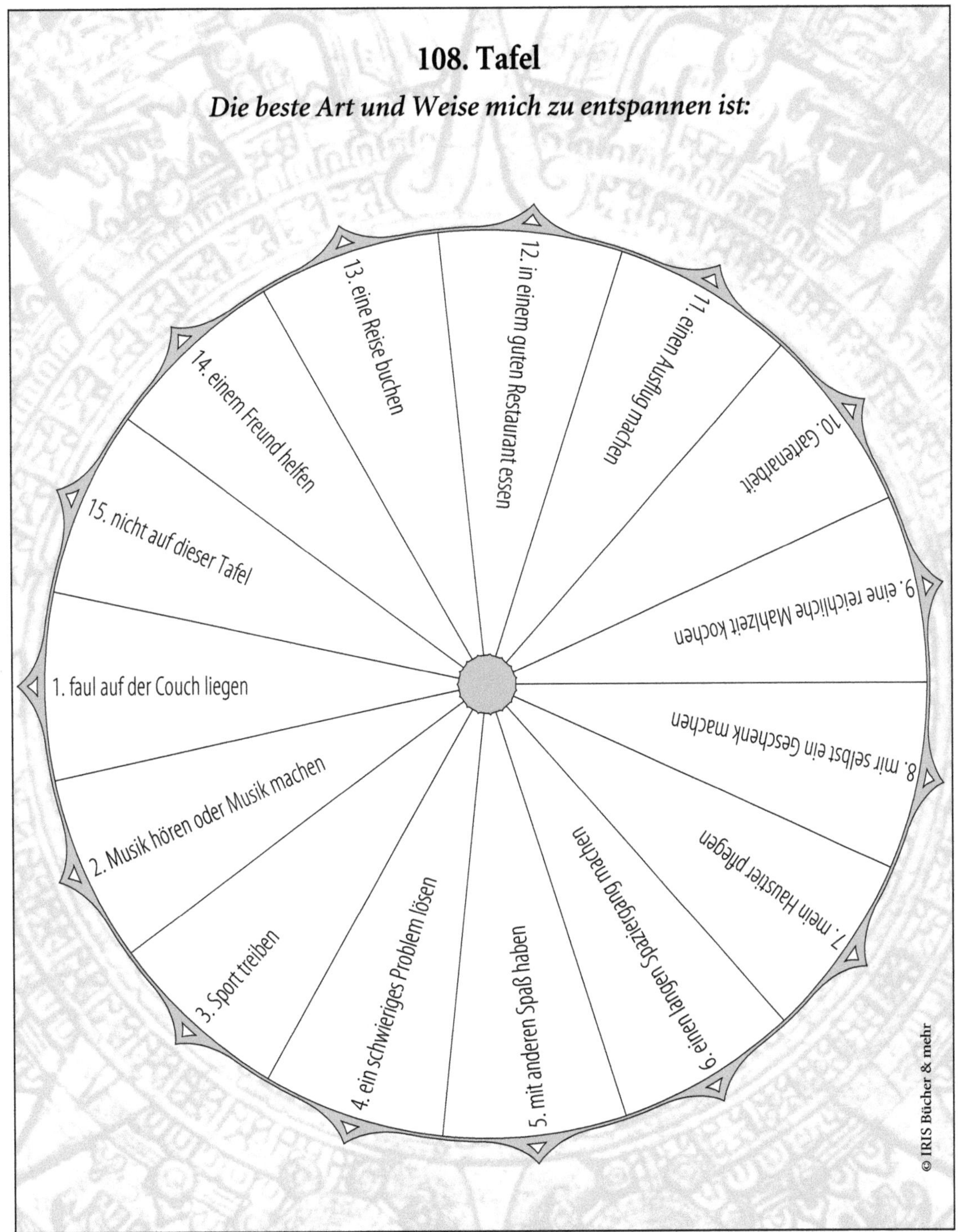

109. Tafel

Schlechte Laune vertreibe ich - zu Hause - am besten:

1. wenn ich meine Lieblingsmusik höre
2. wenn ich etwas “nützliches” tue
3. wenn mich meinen besten Freund (meine beste Freundin) anrufe
4. wenn ich einen Brief schreibe
5. wenn ich aufräume
6. Musik hören und laut mitsingen oder tanzen
7. wenn ich meine Mitbewohner aufziehe
8. wenn ich gar nichts tue
9. wenn ich laut weine oder schreie
10. wenn ich sehr unhöflich bin
11. wenn ich in Selbstmitleid schwelge
12. wenn ich ein ernstes Wort mit mir rede
13. wenn ich ein dickes Buch lese
14. wenn ich ein Schaumbad nehme
15. nicht auf dieser Tafel

109. Tafel

Schlechte Laune vertreibe ich - zu Hause - am besten:

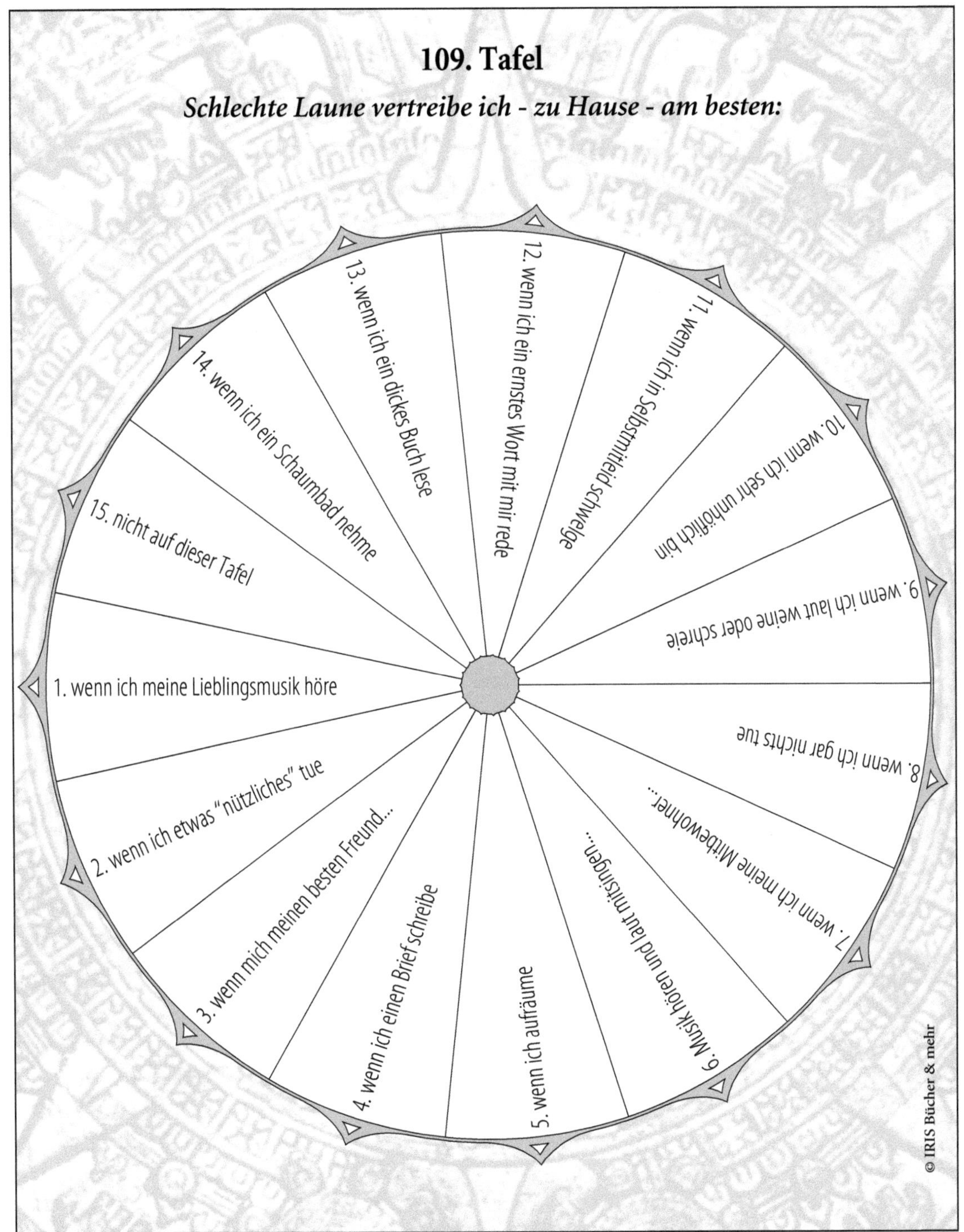

110. Tafel

Wenn ich "schwänze" mache ich am liebsten folgendes:

1. mit dem Auto spazierenfahren
2. ein Lokal besuchen
3. das größte Eis bestellen
4. Einkaufsbummel
5. stundenlang auf einer sonnigen Caféterrasse sitzen
6. ein Museum besuchen
7. meine Freunde spontan besuchen
8. mir selbst eine Ausschweifung gönnen
9. spontan eine Einladung annehmen
10. endlich das dicke Buch zu Ende lesen
11. endlich den sehr langen Film anschauen
12. einen Spaziergang in der Natur machen
13. mir selbst vormachen, daß ich gar nicht schwänze
14. andere dazu überreden um ebenfalls zu schwänzen
15. nicht auf dieser Tafel

110. Tafel

Wenn ich "schwänze" mache ich am liebsten folgendes:

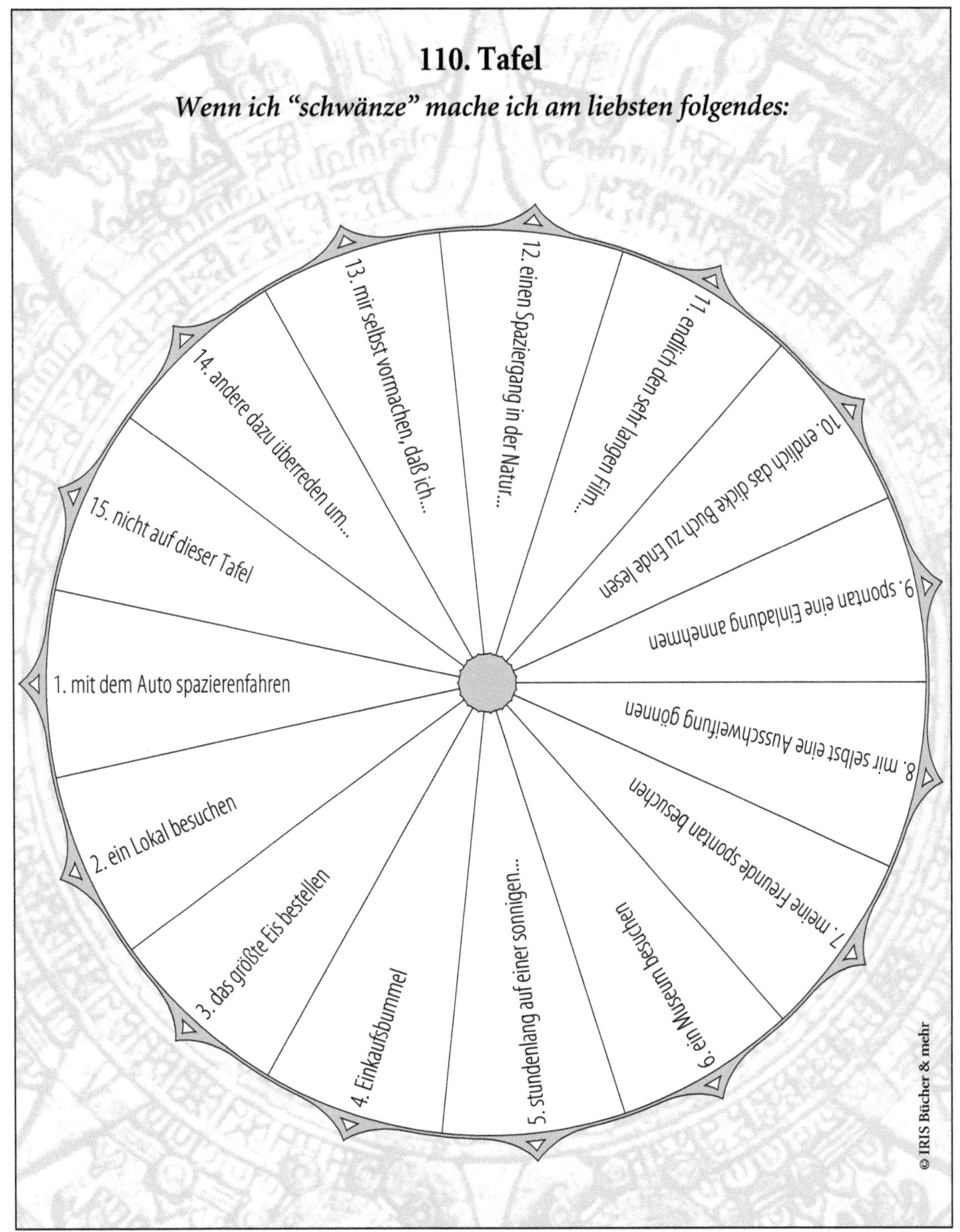

111. Tafel

Welche Musik beeinflußt mich günstig?

1. klassische Musik
2. Jazz
3. Rock and Roll
4. Blues
5. Pop (allgemein)
6. Modern (allgemein)
7. Country & Western
8. orientalische Volksmusik
9. abendländische Volksmusik
10. New Age
11. Dixieland
12. religiöse Musik (Gospel)
13. Reggae
14. Hip Hop
15. Salsa usw.
16. House
17. New Wave
18. Easy Tunes
19. Schlager
20. Oper
21. Operette
22. A capella
23. Vokalmusik
24. Instrumentalmusik
25. nicht auf dieser Tafel

111. Tafel

Welche Musik beeinflußt mich günstig?

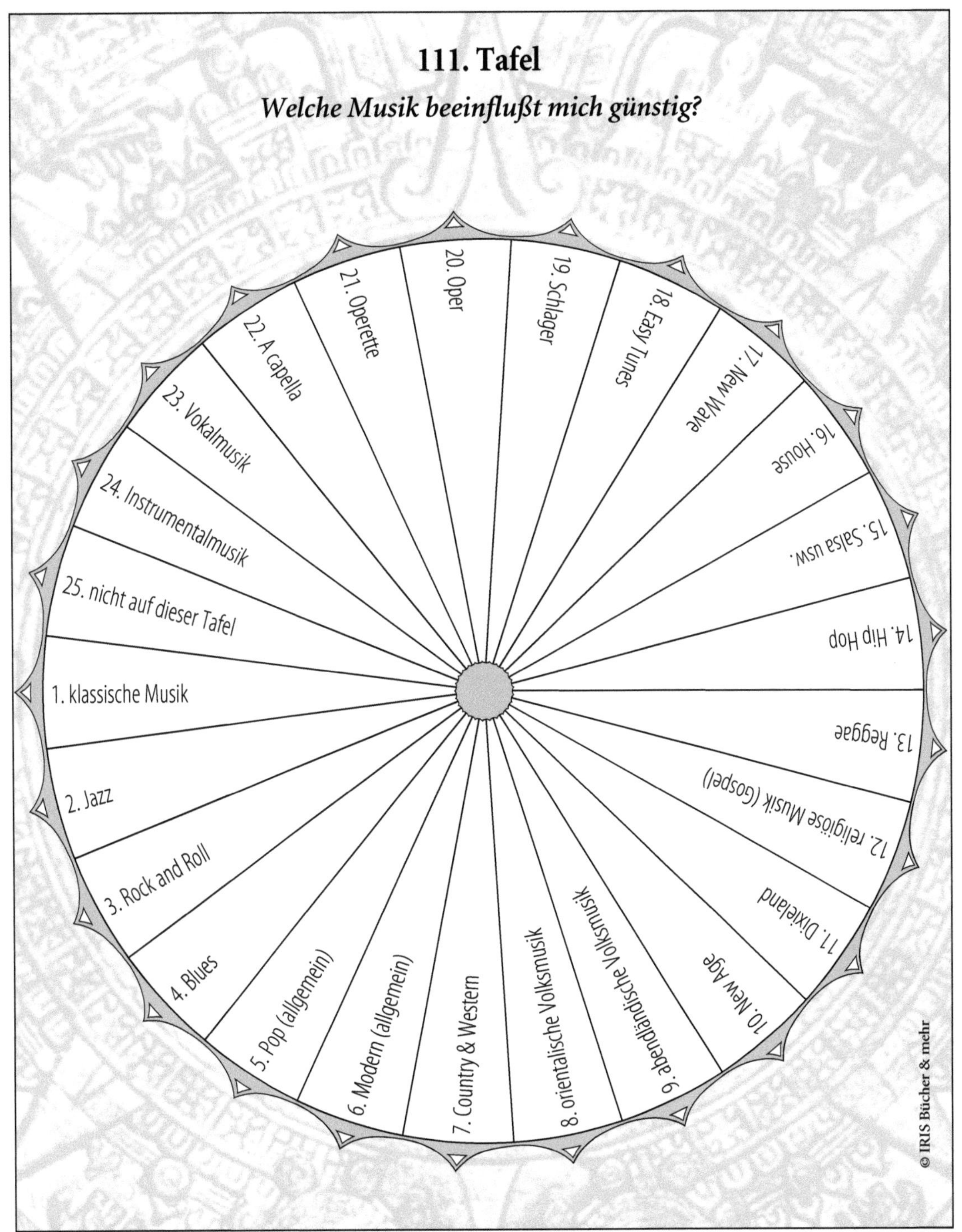

112. Tafel

Welcher Urlaub (welches Urlaubsziel) paßt gut zu mir?

1. sonniges Urlaubsziel
2. kulturelles Urlaubsziel
3. Hauptsache weit weg
4. Einsamkeit
5. Bergwanderung
6. Segelurlaub
7. Skiurlaub
8. Wanderurlaub
9. Fahrradurlaub
10. Reiturlaub
11. Stichworte: Sonne, Meer, Strand
12. Stichworte: faul, luxuriös, gutes Essen
13. Stichworte: neue Erfahrungen, neue Begegnungen
14. Stichwort: Abenteur
15. Stichwort: Kultur
16. Überlebenstraining
17. Campingplatz im eigenen Land
18. Tour mit einem Planwagen
19. Kreuzfahrt
20. Trekking durch den Urwald
21. kulturelle Gruppenreise
22. abenteuerliche Gruppenreise
23. allein durch unberührte Natur wandern
24. den Mount Everest besteigen
25. nicht auf dieser Tafel

112. Tafel

Welcher Urlaub (welches Urlaubsziel) paßt gut zu mir?

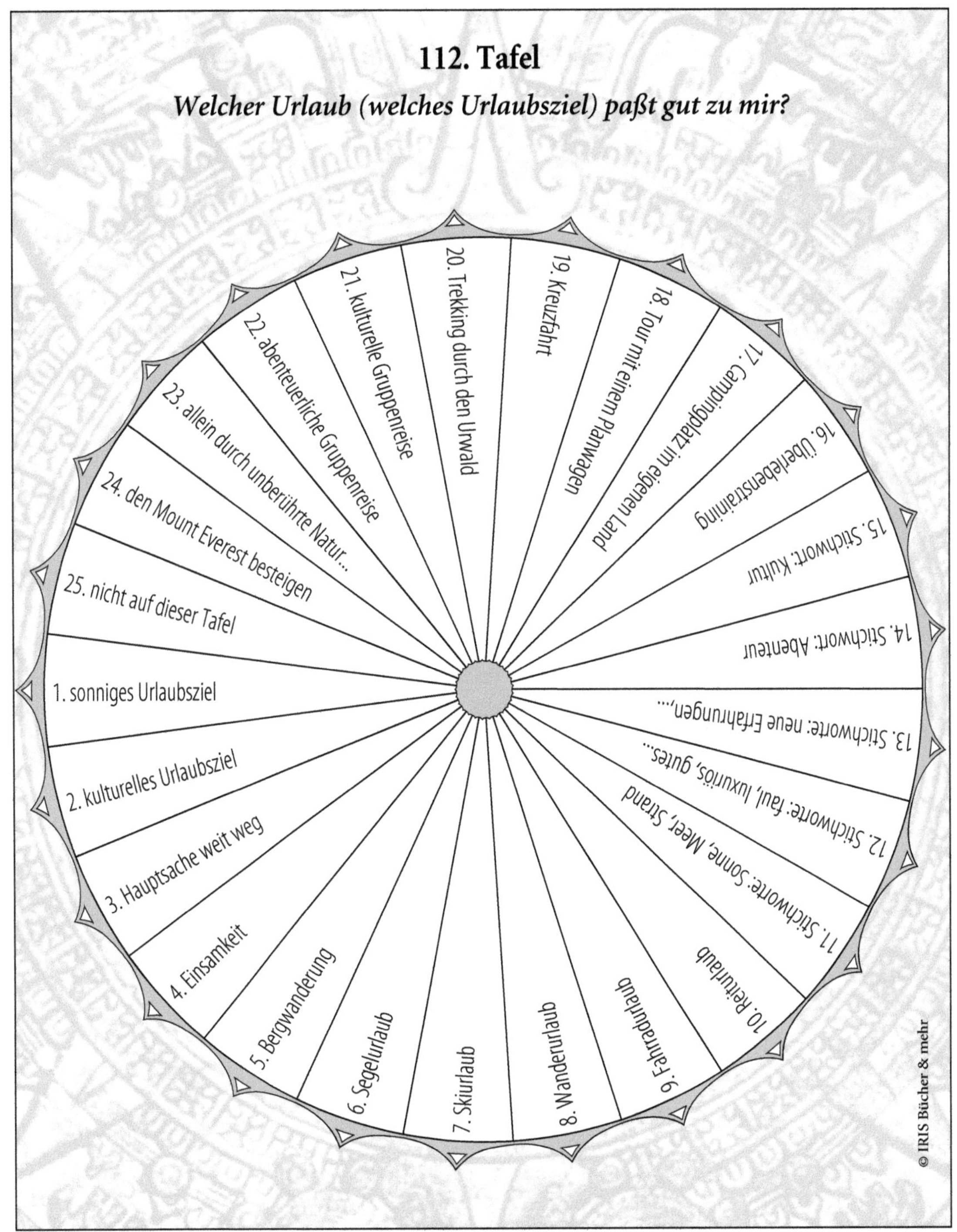

113. Tafel

Welche Sportart paßt am besten zu mir?

1. Radfahren
2. Wandern
3. "riskanter" Sport (z.B.: Bergsteigen, Tiefseetauchen, Drachenfliegen usw.)
4. Kanu fahren (auf Wildwasser)
5. Fußball
6. Handballspiele (z.B.: Volleyball, Basketball usw.)
7. Hockey
8. Tennis, Badminton
9. Joggen, Athletik
10. Bodybuilding oder anderer Kraftsport
11. Aerobics oder anderer Bewegungssport nach Musik
12. Baseball, Polo
13. Kampfsport (z.B.: Karate, Judo usw.)
14. Rugby, Eishockey
15. Dauerleistungssport (z.B.: Marathon, Triathlon)
16. Turnen, Akrobatik usw.
17. Fechten, Golf spielen
18. (Leistungs-) Schwimmen
19. Kunstschwimmen oder Kunstspringen
20. Eisschnellauf
21. Eiskunstlauf
22. Skifahren
23. (Indoor-) Skating
24. Reiten
25. nicht auf dieser Tafel

113. Tafel

Welche Sportart paßt am besten zu mir?

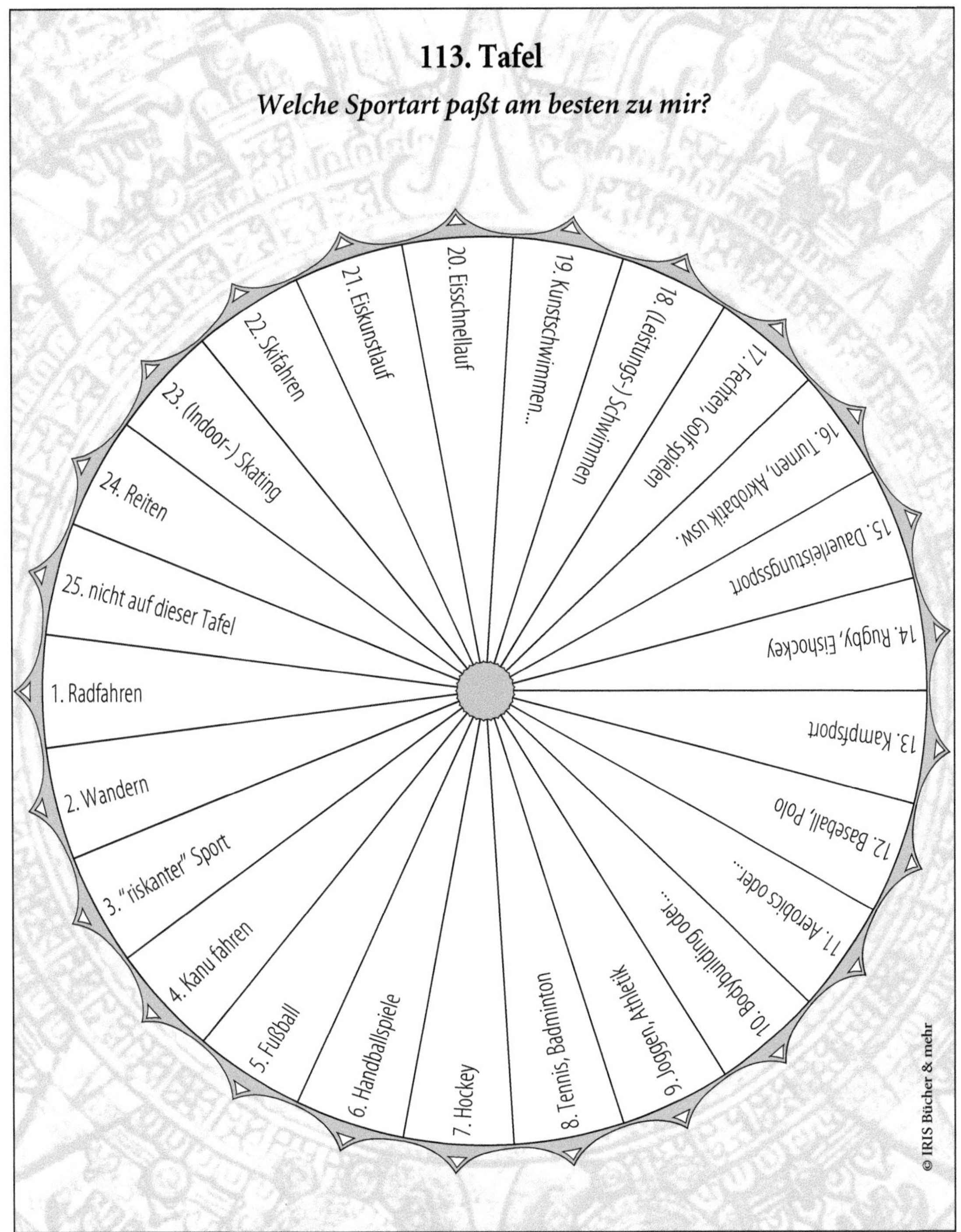

114. Tafel

Bei welchen (Gesellschafts-) Spielen glänze ich?

1. einfache Brettspiele (z.B.: Gänsespiel™, Mensch ärgere Dich nicht™)
2. strategische Brettspiele (z.B.: Schach, Dame)
3. Schiffe versenken
4. Wortspiele (z.B.: Scrabble™)
5. Spiele, die die Phantasie anregen (z.B.: Hints™)
6. Spiele die Faktenwissen erfordern (z.B.: Trivial Pursuit™)
7. strategische Spiele (z.B.: Risk™, Master Mind™)
8. Gedächtnisspiele (z.B.: Memory™)
9. Glücksspiele (z.B.: Poker, Black Jack™)
10. Kartennspiele (z.B.: Bridge, Skat)
11. Würfelspiele (z.B.: Kniffel™)
12. Geschicklichkeitsspiele (z.B.: mit Streichhölzern, Bierdeckeln etc.)
13. "Fortsetzungsgeschichte" erzählen (jeder Teilnehmer erzählt ein Fragment)
14. "phantastische Geschichten" so realistisch wie möglich erzählen
15. nicht auf dieser Tafel

114. Tafel

Bei welchen (Gesellschafts-) Spielen glänze ich?

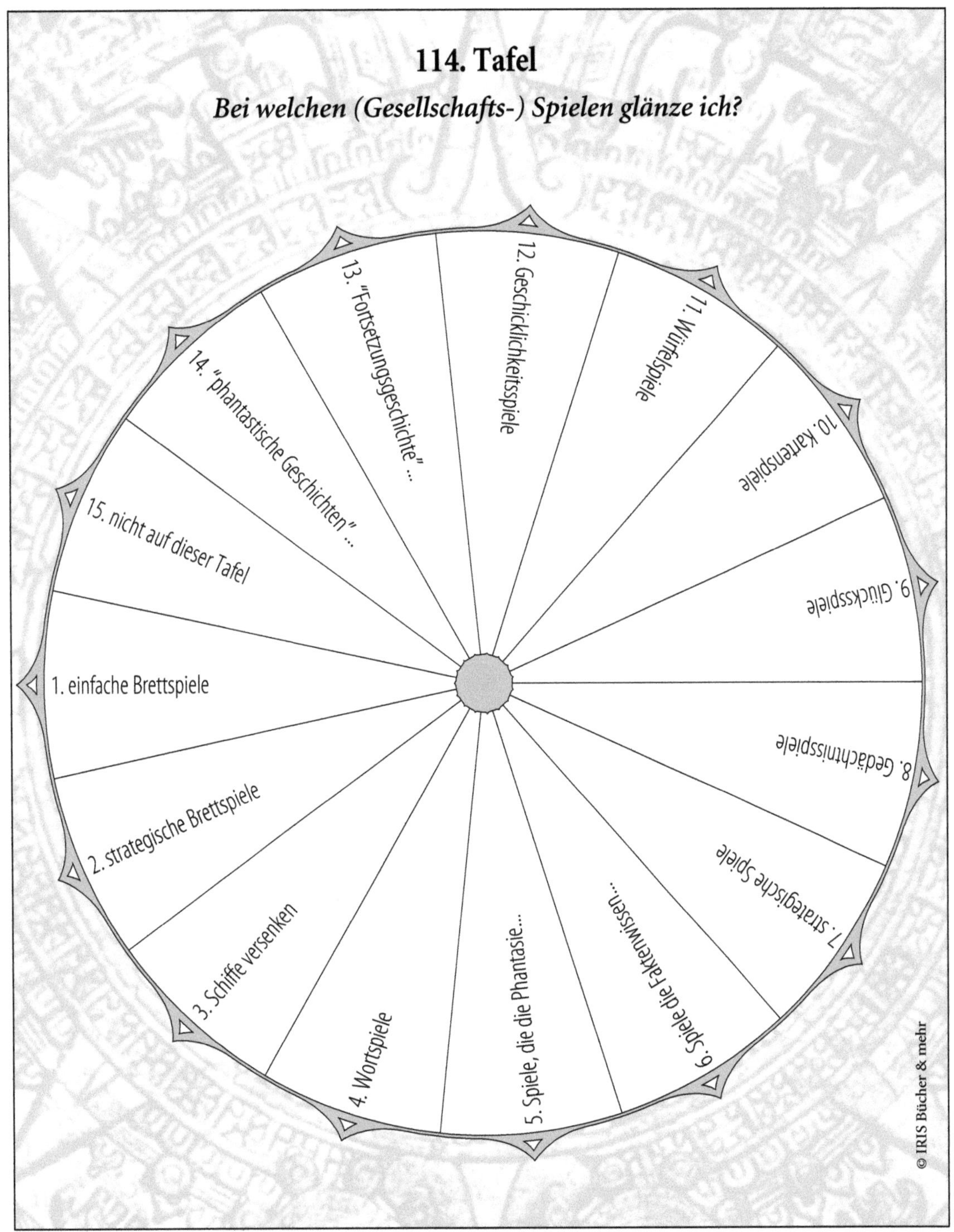

115. Tafel

Was in meiner Umgebung ist mir am wichtigsten?

1. Ruhe
2. Harmonie
3. Stille
4. frische Luft
5. viel Platz
6. Geborgenheit
7. (Sonnen-) Licht
8. Ordnung
9. Komfort
10. Wärme
11. Privatbereich
12. Luxus
13. Schlichtheit
14. Stil
15. nicht auf dieser Tafel

115. Tafel

Was in meiner Umgebung ist mir am wichtigsten?

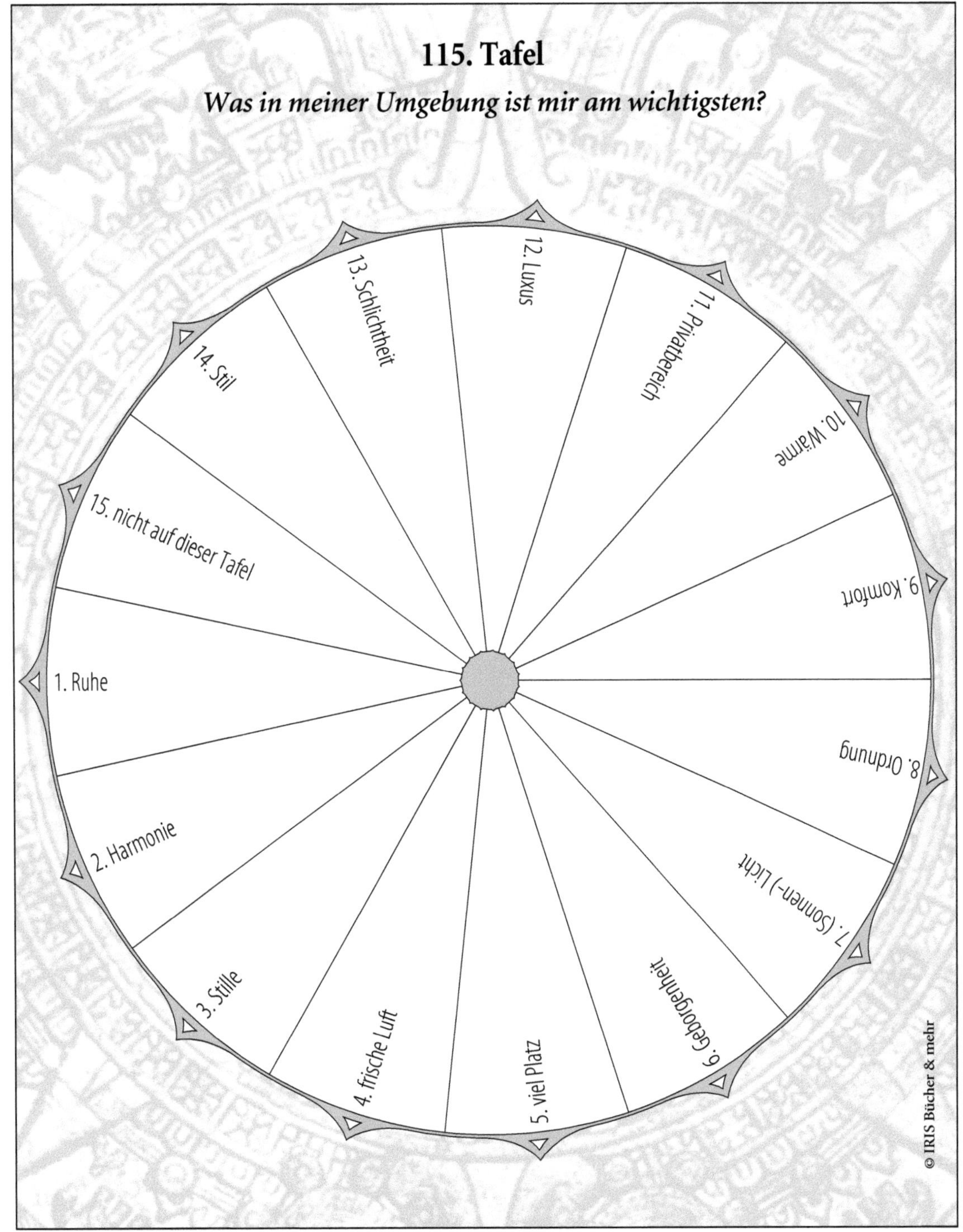

116. Tafel

Welche Materialien in meiner unmittelbaren Umgebung beeinflussen mich günstig?

1. (Hart-) Holz
2. Bambus
3. Kork
4. Sisal
5. Stroh- oder Reisstrohteppich
6. Glas
7. Papier/Pappe
8. Wolle
9. Baumwolle
10. diverse (Edel-) Metalle
11. diverse Kunststoffe
12. Aluminium
13. Plexiglas
14. Keramik
15. Linoleum
16. Marmor
17. Edelstahl
18. Kupfer
19. Chrom
20. Leder
21. Vinyl
22. Terrazzo
23. Hartfaserplatte
24. Jute
25. nicht auf dieser Tafel

116. Tafel

Welche Materialien in meiner unmittelbaren Umgebung beeinflussen mich günstig?

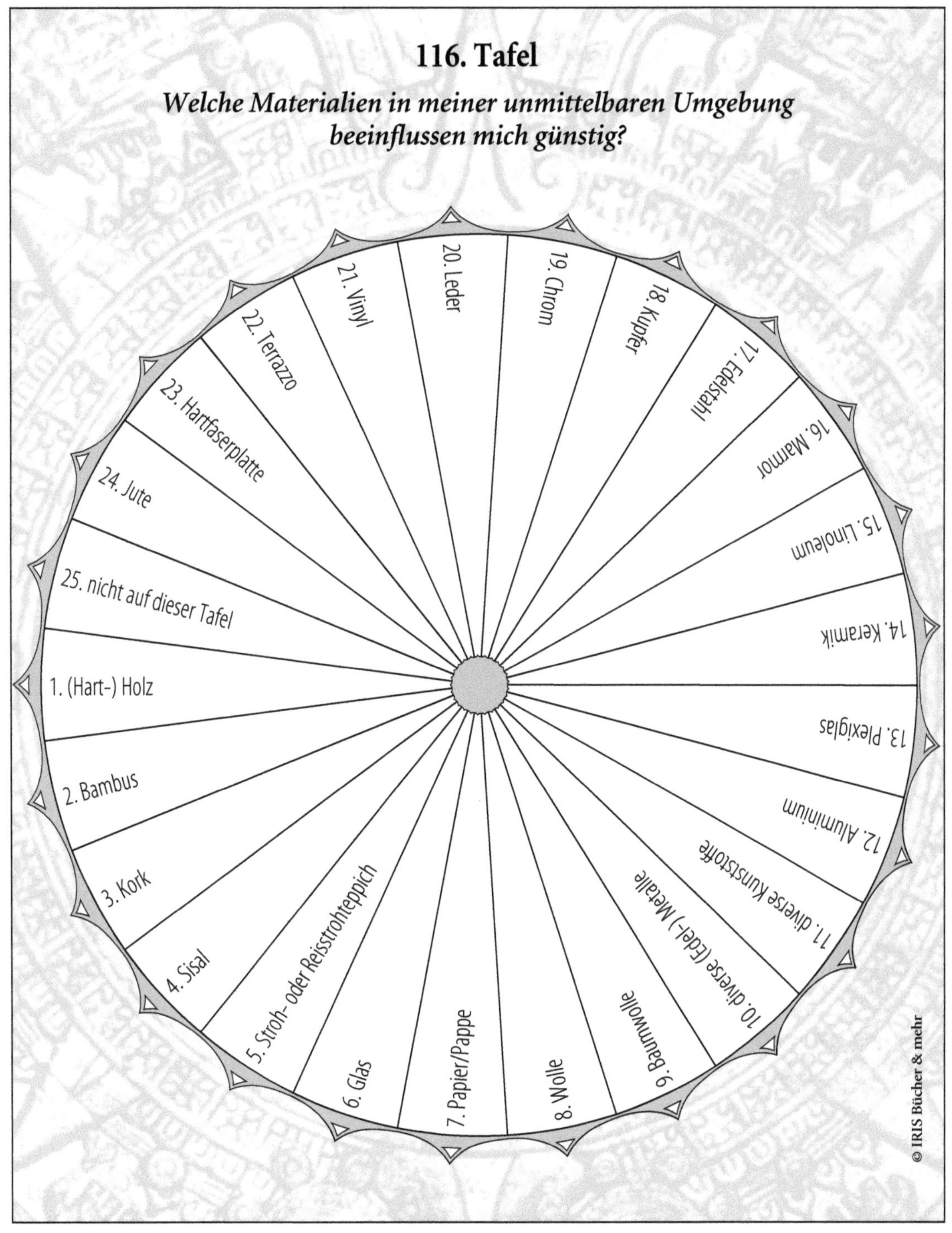

117. Tafel

Welche Materialien sollte ich in meiner unmittelbaren Umgebung meiden?

1. (Hart-) Holz
2. Bambus
3. Kork
4. Sisal
5. Stroh- oder Reisstrohteppich
6. Glas
7. Papier/Pappe
8. Wolle
9. Baumwolle
10. diverse (Edel-) Metalle
11. diverse Kunststoffe
12. Aluminium
13. Plexiglas
14. Keramik
15. Linoleum
16. Marmor
17. Edelstahl
18. Kupfer
19. Chrom
20. Leder
21. Vinyl
22. Terrazzo
23. Hartfaserplatte
24. Jute
25. nicht auf dieser Tafel

Siehe auch Pendeltafeln 12, 34, 35, 58, 129.

117. Tafel

Welche Materialien sollte ich in meiner unmittelbaren Umgebung meiden?

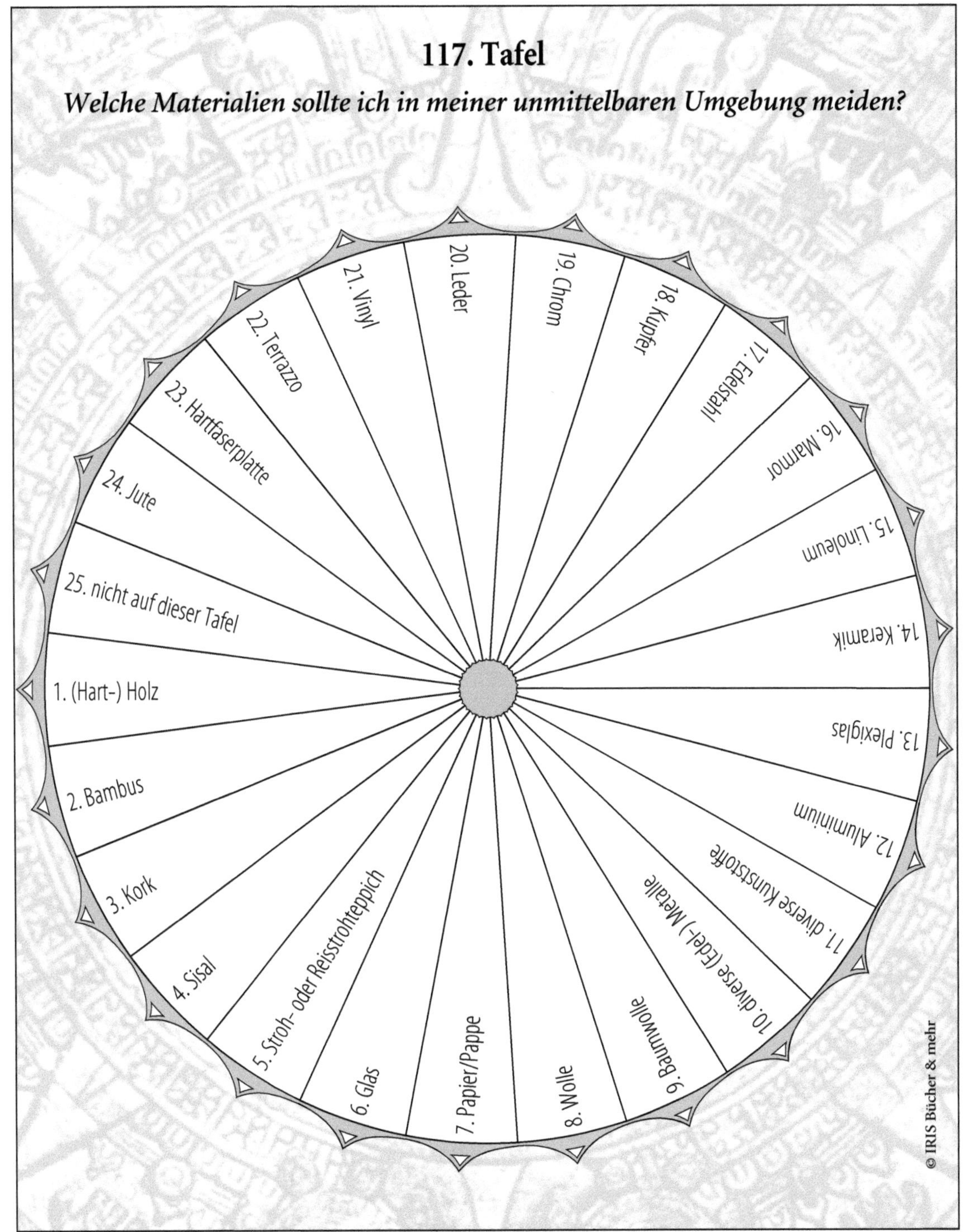

118. Tafel

Welche Wohnung paßt am besten zu mir?

1. im Zentrum einer Großstadt: Etage/Haus
2. im Vorort einer Großstadt: Etage/Haus
3. im Zentrum/Vorort einer Großstadt: Luxus-Penthouse
4. im Zentrum einer mittelgroßen Stadt: Etage/Haus
5. im Vorort einer mittelgroßen Stadt: Etage/Haus
6. Doppelhaus
7. kleines Bauernhaus (auf dem Lande)
8. großes Bauernhaus (auf dem Lande)
9. Bungalow
10. renovierter Speicher
11. historisches Gebäude
12. Atelierwohnung
13. Wohnwagen/Camper
14. Hausboot
15. nicht auf dieser Tafel

118. Tafel

Welche Wohnung paßt am besten zu mir?

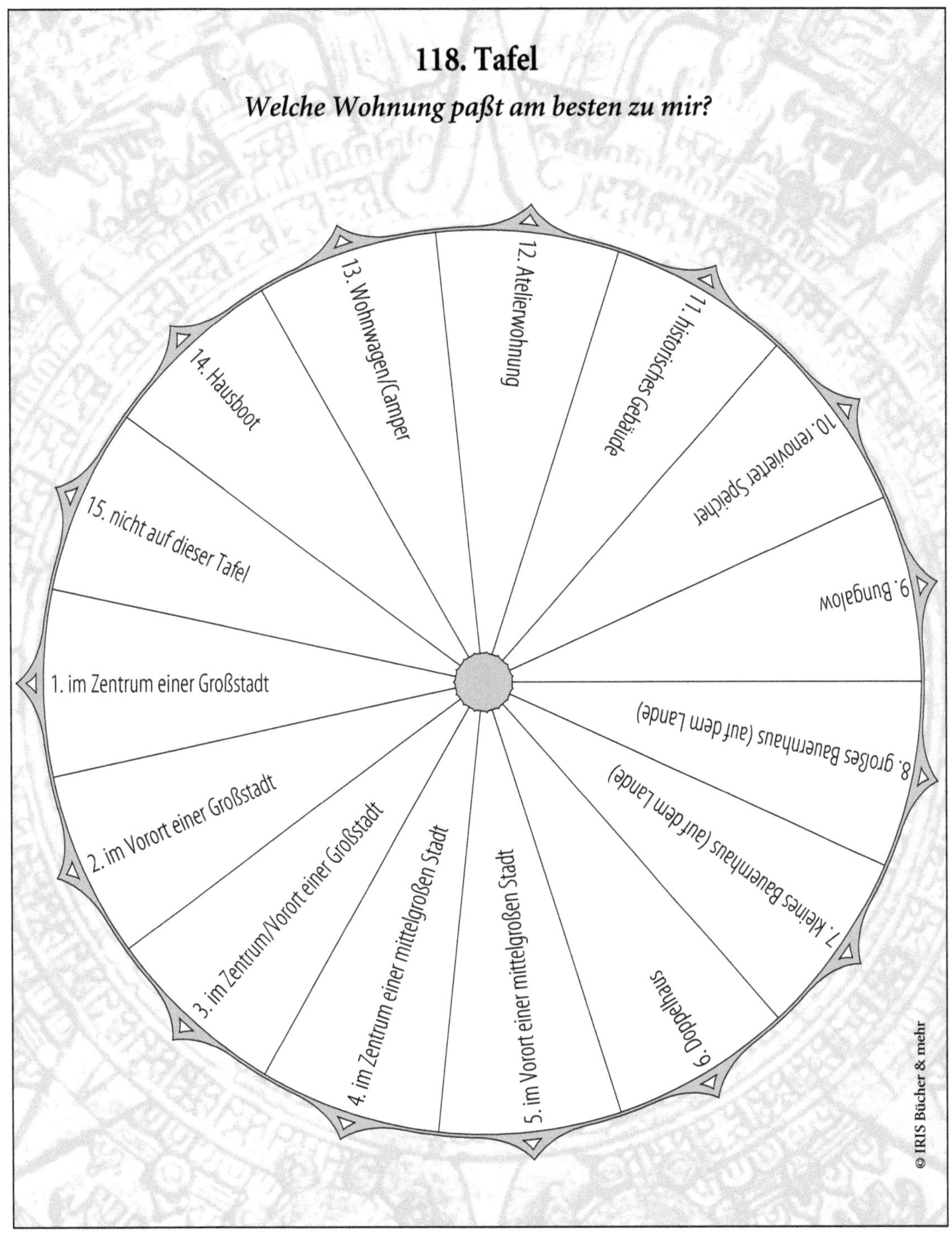

119. Tafel

Welche Wohnung sollte ich meiden?

1. im Zentrum einer Großstadt: Etage/Haus
2. im Vorort einer Großstadt: Etage/Haus
3. im Zentrum/Vorort einer Großstadt: Luxus-Penthouse
4. im Zentrum einer mittelgroßen Stadt: Etage/Haus
5. im Vorort einer mittelgroßen Stadt: Etage/Haus
6. Doppelhaus
7. kleines Bauernhaus (auf dem Lande)
8. großes Bauernhaus (auf dem Lande)
9. Bungalow
10. renovierter Speicher
11. historisches Gebäude
12. Atelierwohnung
13. Wohnwagen/Camper
14. Hausboot
15. nicht auf dieser Tafel

119. Tafel

Welche Wohnung sollte ich meiden?

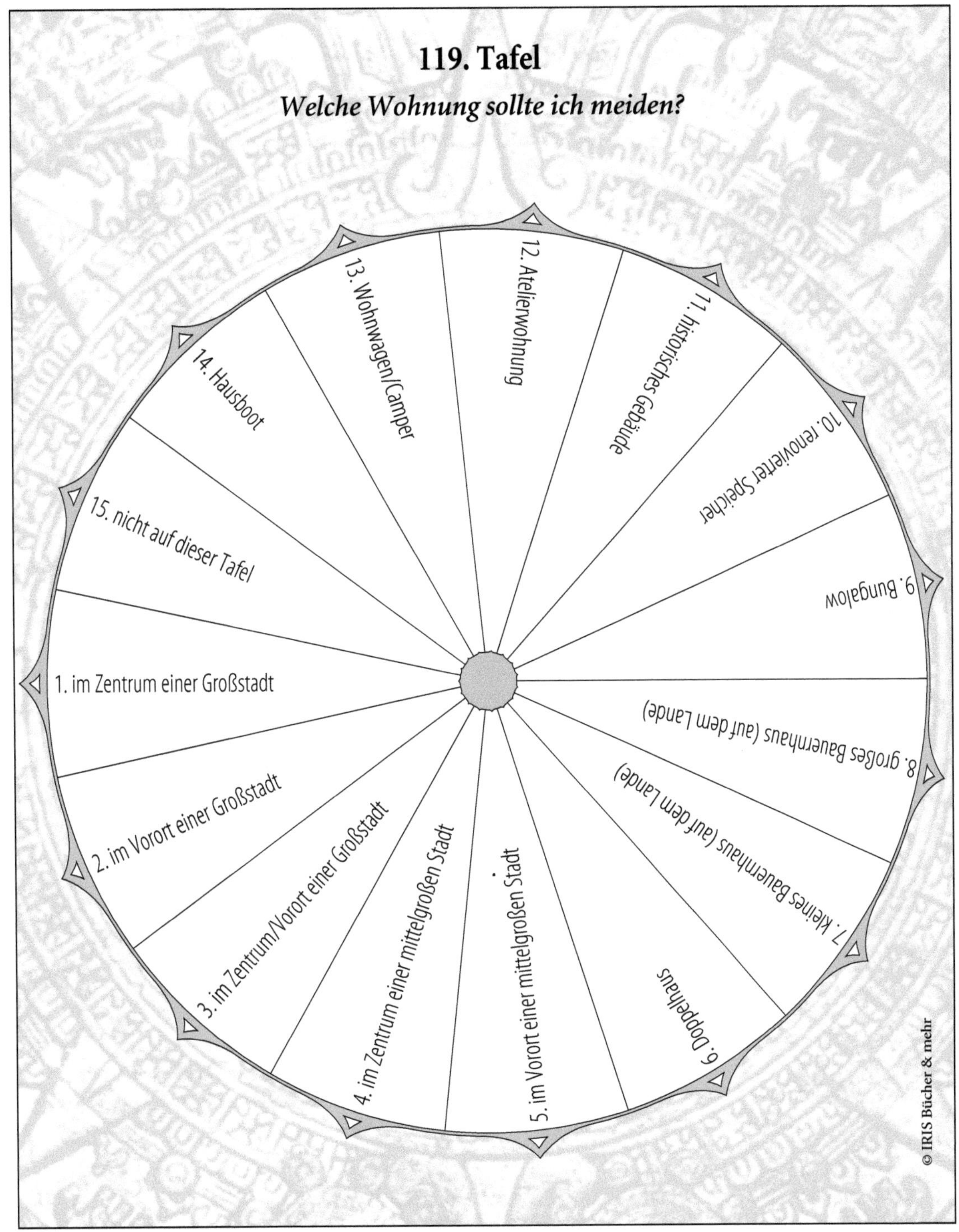

120. Tafel

Welchem Teil meiner Wohnung sollte ich viel Aufmerksamkeit schenken? (1)

1. Wände
2. Fußböden
3. Decken
4. Dach
5. Dachboden/Keller
6. Fenster
7. Türen
8. Klimaanlage
9. Heizung
10. elektrische Leitungen und Anschlüsse
11. Gasleitungen
12. Wasserleitungen und Wasserhähne
13. Abfluß, Abflußrohre
14. Isolation
15. nicht auf dieser Tafel

120. Tafel

Welchem Teil meiner Wohnung sollte ich viel Aufmerksamkeit schenken?

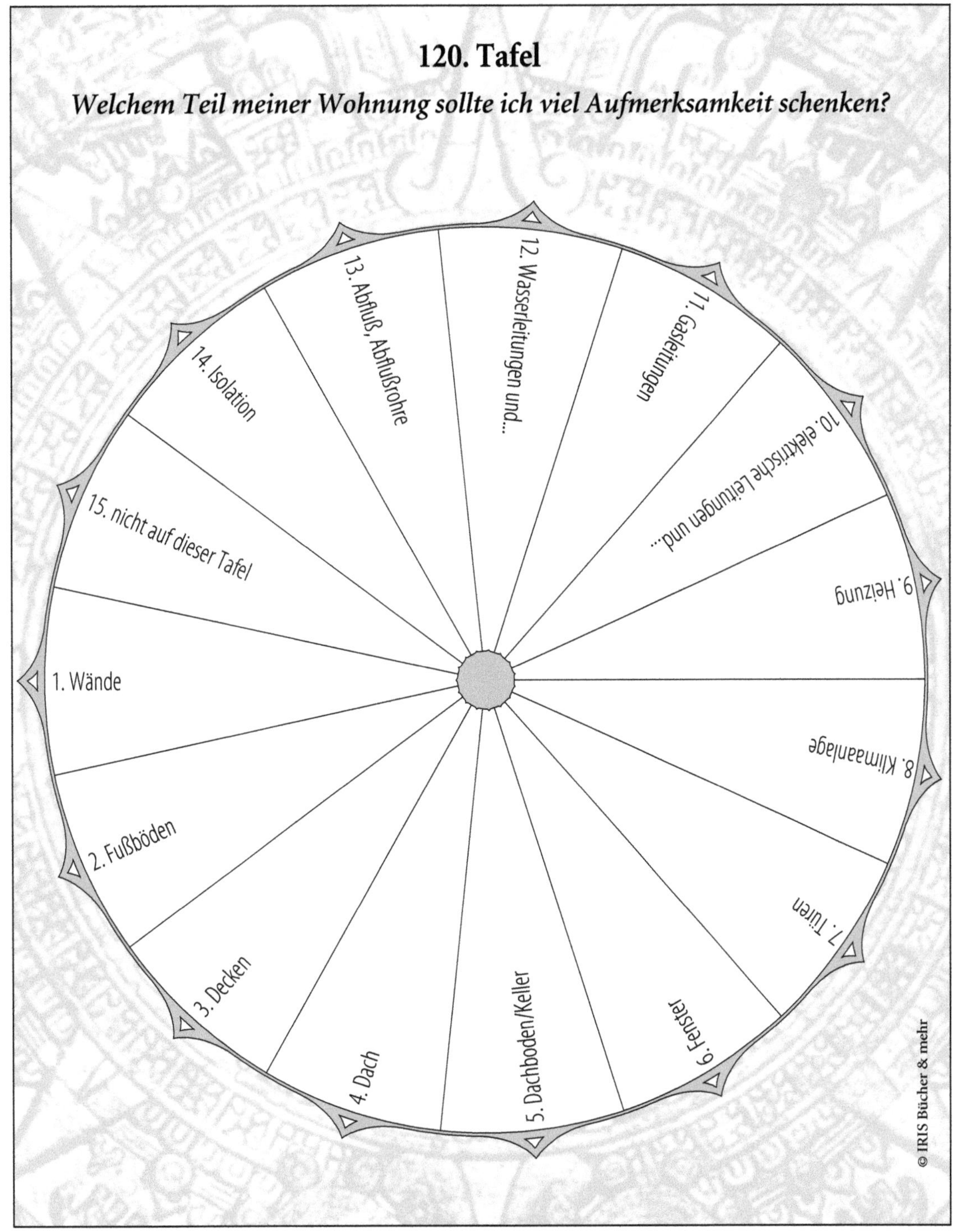

121. Tafel

Welchem Teil meiner Wohnung sollte ich viel Aufmerksamkeit schenken? (2)

1. Wohnzimmer
2. Eßzimmer
3. Schlafzimmer
4. Studier- oder Arbeitszimmer
5. Hobby- oder Spielzimmer
6. Kinderzimmer
7. Badezimmer und WC
8. Dachboden
9. Keller
10. Eingang (Flur)
11. Flur(e)
12. Küche
13. Waschküche oder Abstellraum
14. Treppe(n)
15. nicht auf dieser Tafel

121. Tafel

Welchem Teil meiner Wohnung sollte ich viel Aufmerksamkeit schenken?

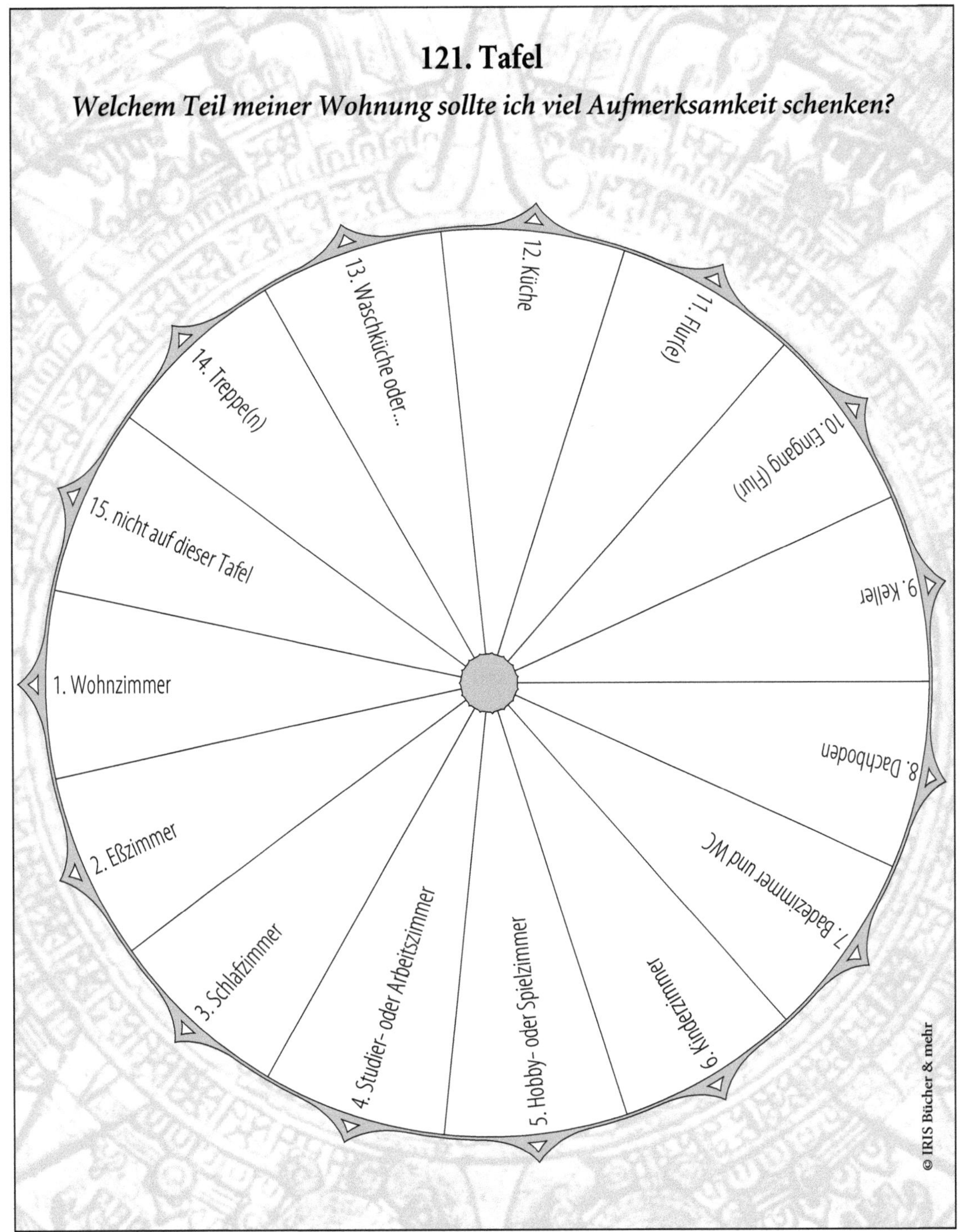

122. Tafel

Welches Wohnzimmer paßt am besten zu mir?

1. kleines, komfortables Wohnzimmer
2. großes, komfortables Wohnzimmer
3. kleines, gemütlich eingerichtetes Wohnzimmer
4. kleines, spärlich eingerichtetes Wohnzimmer
5. großes, spärlich eingerichtetes Wohnzimmer
6. kleines, sehr sonniges Wohnzimmer
7. großes, sehr sonniges Wohnzimmer
8. kleines Wohnzimmer mit schöner Aussicht
9. großes Wohnzimmer mit schöner Aussicht
10. Wohnzimmer mit allen modernen Neuheiten
11. Wohnzimmer in dem ich Freunde empfangen kann
12. Wohnzimmer in dem meine Bücher im Mittelpunkt stehen
13. Wohnzimmer in dem meine Stereoanlage im Mittelpunkt steht
14. Wohnzimmer in dem mein Fernseher/Video im Mittelpunkt steht
15. nicht auf dieser Tafel

122. Tafel

Welches Wohnzimmer paßt am besten zu mir?

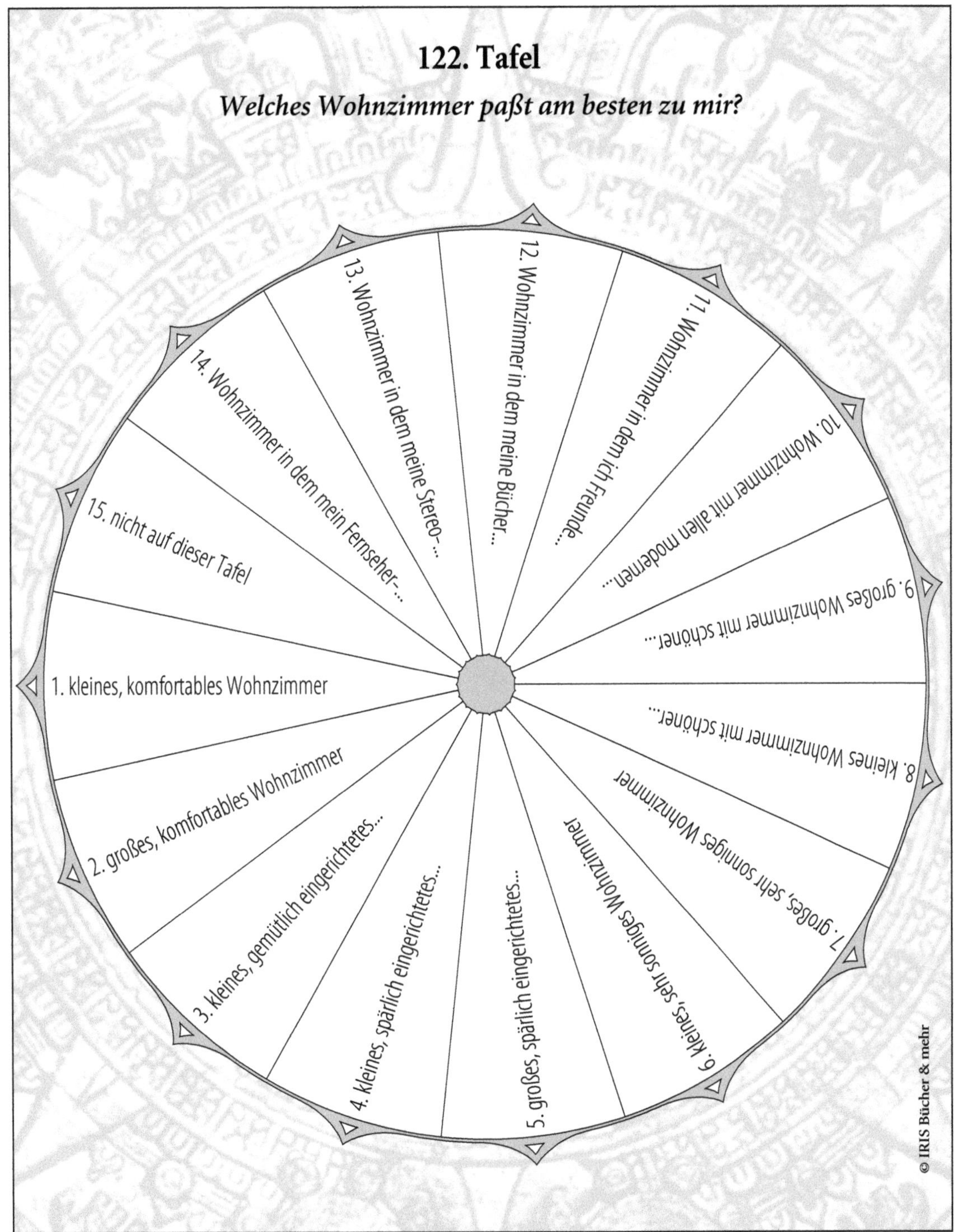

123. Tafel

In welchem Wohnzimmer fühle ich mich nicht wohl?

1. kleines Wohnzimmer mit (zu) viel Möbeln
2. großes Wohnzimmer mit (zu) viel Möbeln
3. kleines Wohnzimmer mit (zu) wenig Möbeln
4. großes Wohnzimmer mit (zu) wenig Möbeln
5. sehr helles Wohnzimmer
6. sehr dunkles Wohnzimmer
7. Wohnzimmer (fast) ohne Aussicht
8. Wohnzimmer mit schöner Aussicht
9. Wohnzimmer mit viel "Einblick"
10. (zu) unordentliches Wohnzimmer
11. (zu) ordentliches Wohnzimmer
12. rustikal eingerichtetes Wohnzimmer
13. "High Tech"-Wohnzimmer
14. Wohnzimmer mit zusammengewürfelten Stilrichtungen
15. nicht auf dieser Tafel

123. Tafel

In welchem Wohnzimmer fühle ich mich nicht wohl?

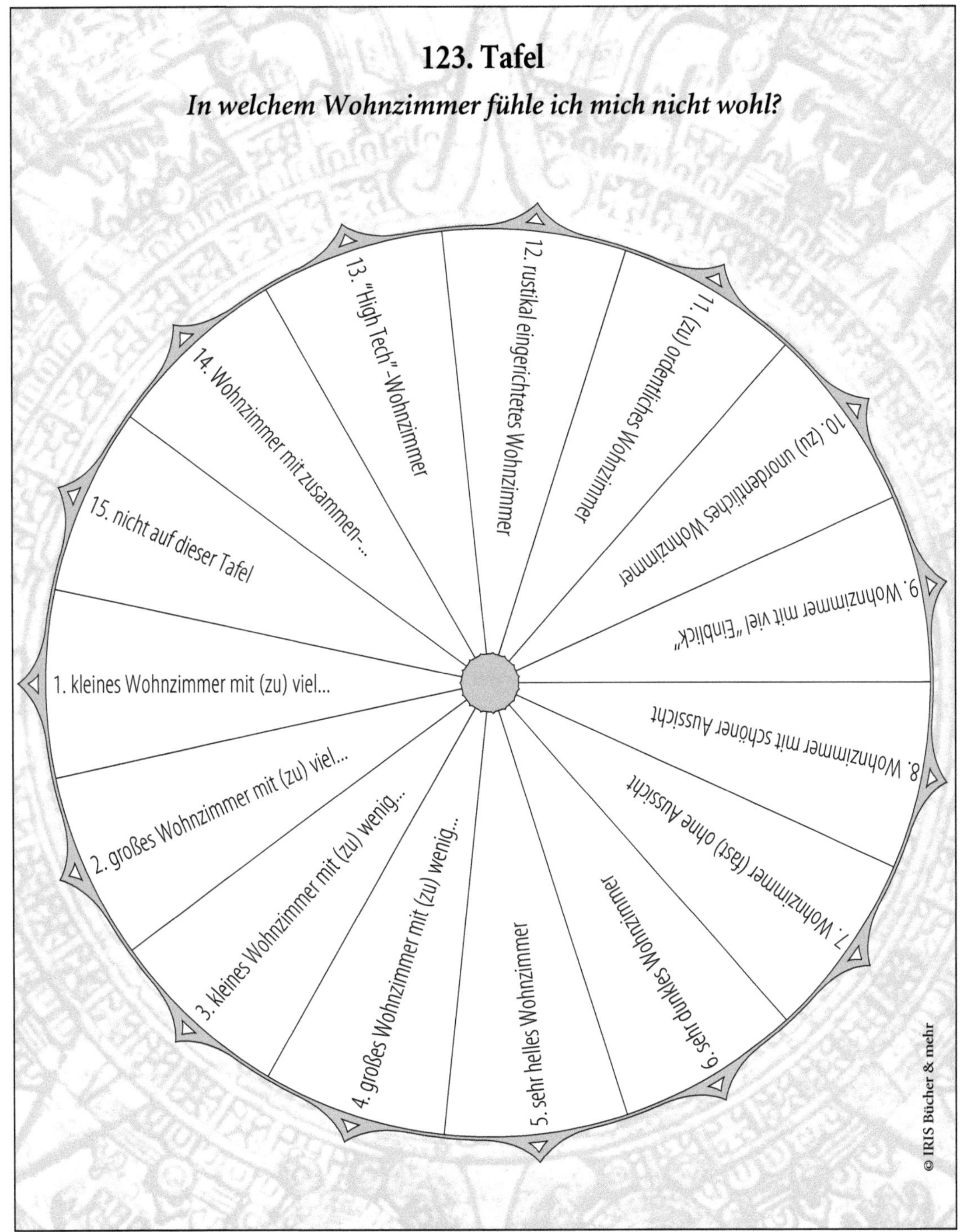

124. Tafel

Welches Schlafzimmer paßt am besten zu mir?

1. kleines Schlafzimmer mit normalem Bett
2. kleines Schlafzimmer mit großem Bett
3. großes Schlafzimmer mit normalem Bett
4. großes Schlafzimmer mit großem Bett
5. kleines, helles Schlafzimmer mit normalem Bett
6. kleines, helles Schlafzimmer mit großem Bett
7. großes, helles Schlafzimmer mit normalem Bett
8. großes, helles Schlafzimmer mit großem Bett
9. kleines, dunkles Schlafzimmer mit normalem Bett
10. kleines, dunkles Schlafzimmer mit großem Bett
11. großes, dunkles Schlafzimmer mit normalem Bett
12. großes, dunkles Schlafzimmer mit großem Bett
13. kleiner oder großer Alkoven
14. kein Schlafzimmer, sondern z.B. Bettcouch
15. nicht auf dieser Tafel

124. Tafel

Welches Schlafzimmer paßt am besten zu mir?

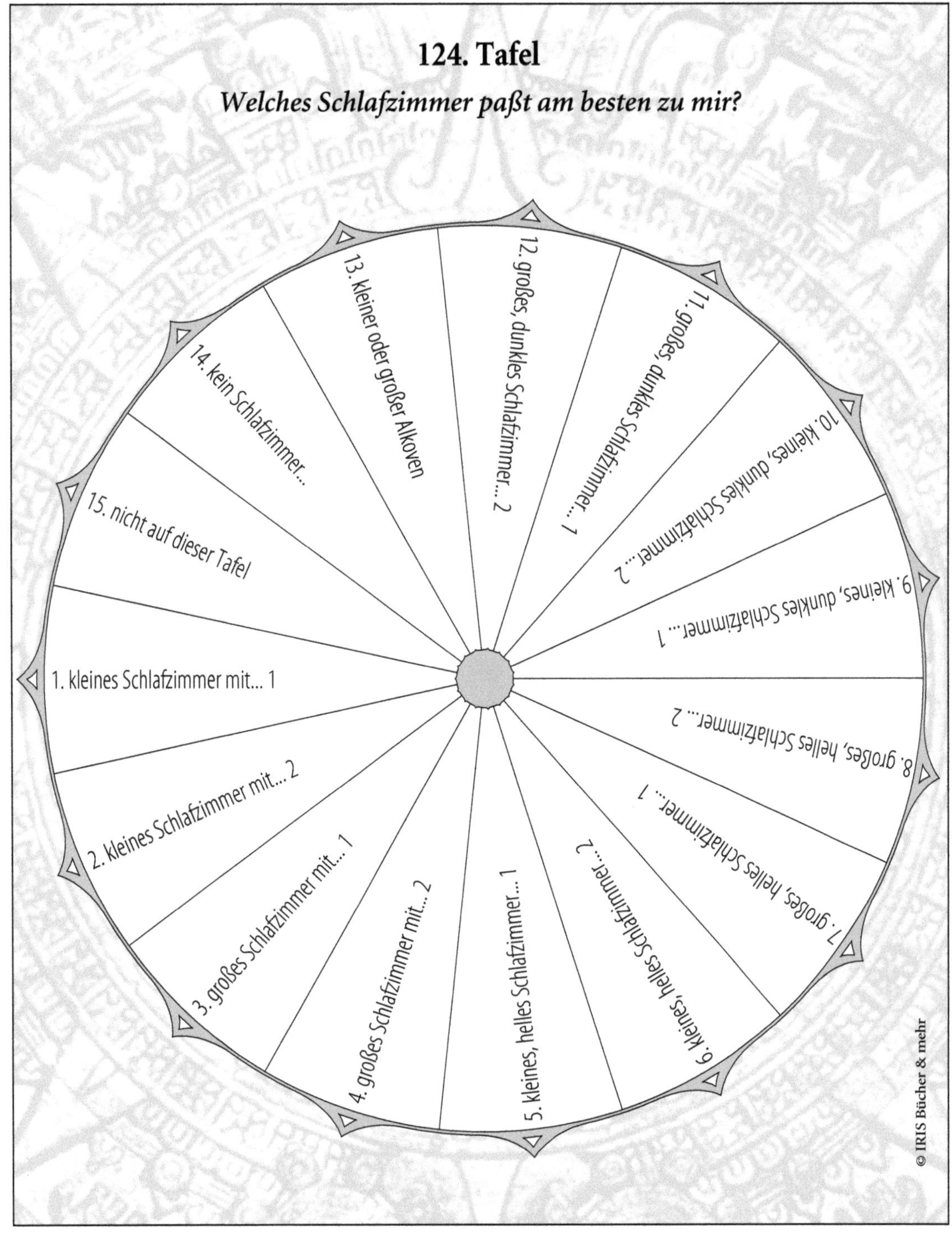

125. Tafel

Welches Schlafzimmer sollte ich meiden?

1. kleines Schlafzimmer mit normalem Bett
2. kleines Schlafzimmer mit großem Bett
3. großes Schlafzimmer mit normalem Bett
4. großes Schlafzimmer mit großem Bett
5. kleines, helles Schlafzimmer mit normalem Bett
6. kleines, helles Schlafzimmer mit großem Bett
7. großes, helles Schlafzimmer mit normalem Bett
8. großes, helles Schlafzimmer mit großem Bett
9. kleines, dunkles Schlafzimmer mit normalem Bett
10. kleines, dunkles Schlafzimmer mit großem Bett
11. großes, dunkles Schlafzimmer mit normalem Bett
12. großes, dunkles Schlafzimmer mit großem Bett
13. kleiner oder großer Alkoven
14. kein Schlafzimmer, sondern z.B. Bettcouch
15. nicht auf dieser Tafel

125. Tafel

Welches Schlafzimmer sollte ich meiden?

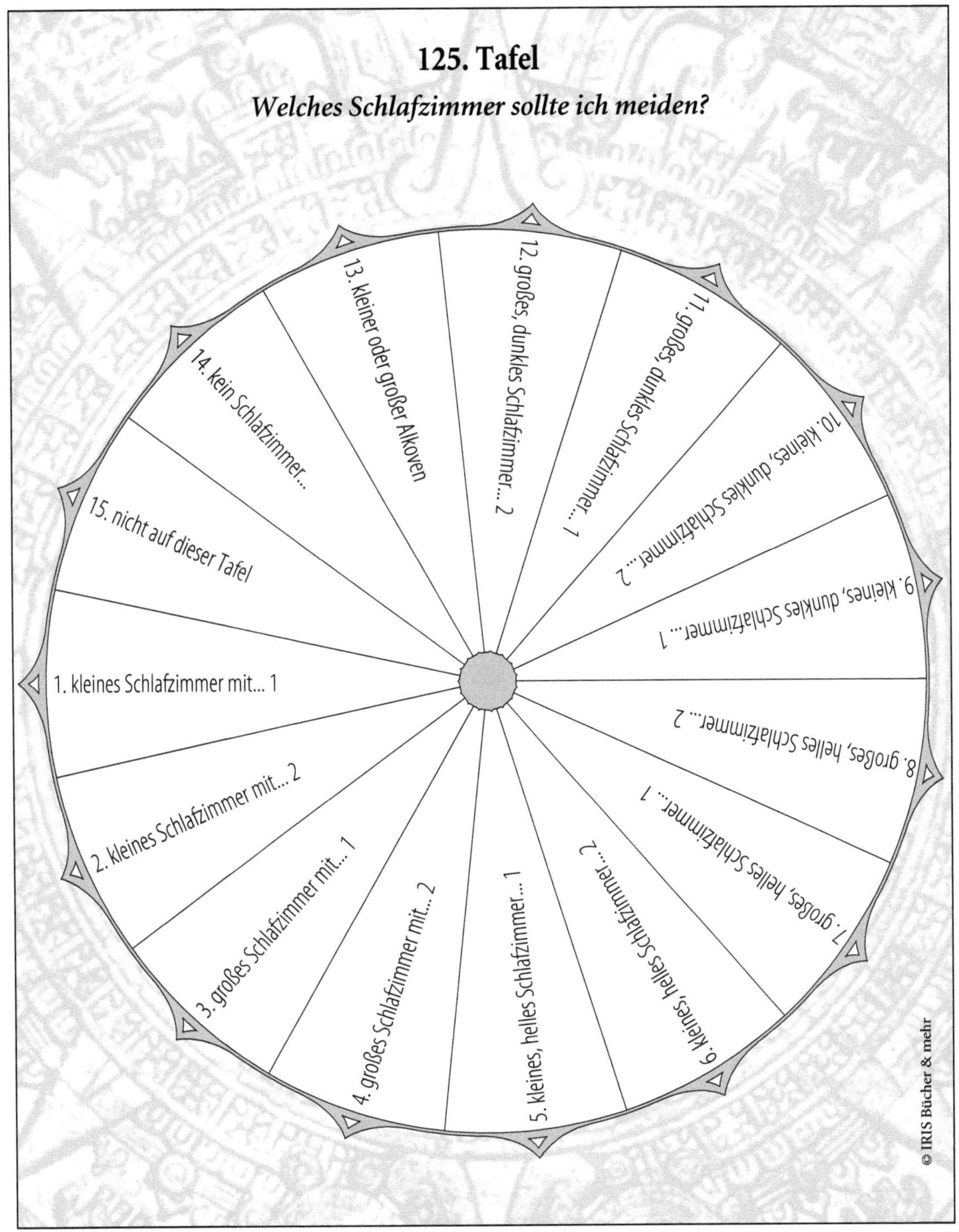

126. Tafel

Welcher Arbeitsplatz paßt am besten zu mir?

1. kleines Arbeitszimmer, normaler Schreibtisch
2. großes Arbeitszimmer, normaler Schreibtisch
3. kleines Arbeitszimmer, sehr großer Schreibtisch
4. großes Arbeitszimmer, sehr großer Schreibtisch
5. großes, hohes, helles Arbeitszimmer
6. großes, hohes, sehr helles Arbeitszimmer
7. kleines Arbeitszimmer mit schöner Aussicht
8. großes Arbeitszimmer mit schöner Aussicht
9. kleines Arbeitszimmer mit viel Ablage
10. großes Arbeitszimmer mit viel Ablage
11. Arbeitszimmer in dem ich auch Freunde empfangen kann
12. Arbeitszimmer in dem ich niemand zu empfangen brauche
13. Arbeitszimmer in dem ich mich gut entspannen kann
14. Arbeitszimmer in dem ich mich gut konzentrieren kann
15. nicht auf dieser Tafel

126. Tafel

Welcher Arbeitsplatz paßt am besten zu mir?

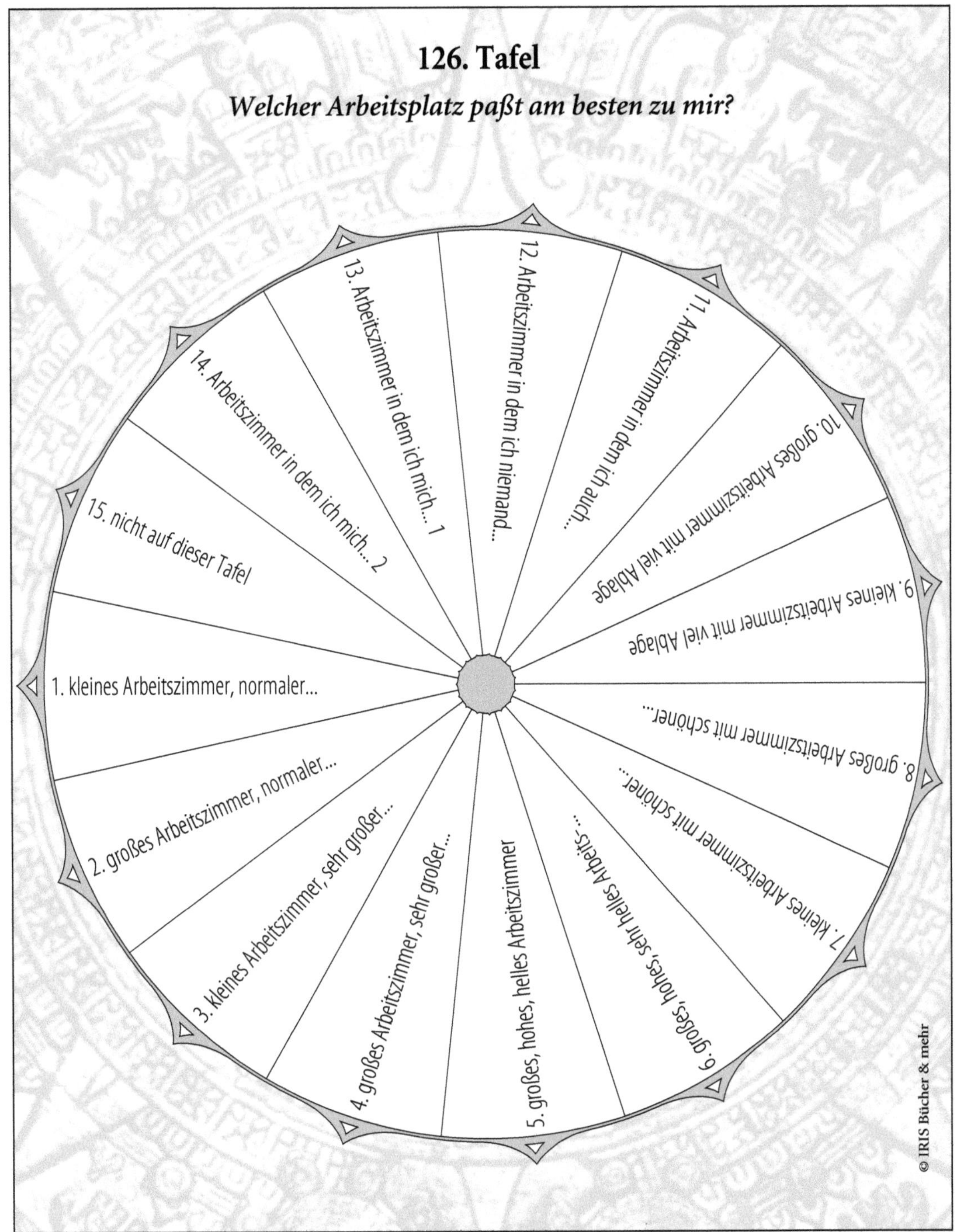

127. Tafel

Welchen Arbeitsplatz sollte ich meiden?

1. kleines Arbeitszimmer, normaler Schreibtisch
2. großes Arbeitszimmer, normaler Schreibtisch
3. kleines Arbeitszimmer, sehr großer Schreibtisch
4. großes Arbeitszimmer, sehr großer Schreibtisch
5. großes, hohes, helles Arbeitszimmer
6. großes, hohes, sehr helles Arbeitszimmer
7. kleines Arbeitszimmer mit schöner Aussicht
8. großes Arbeitszimmer mit schöner Aussicht
9. kleines Arbeitszimmer mit viel Ablage
10. großes Arbeitszimmer mit viel Ablage
11. Arbeitszimmer in dem ich auch Freunde empfangen kann
12. Arbeitszimmer in dem ich niemand zu empfangen brauche
13. Arbeitszimmer in dem ich mich gut entspannen kann
14. Arbeitszimmer in dem ich mich gut konzentrieren kann
15. nicht auf dieser Tafel

127. Tafel

Welchen Arbeitsplatz sollte ich meiden?

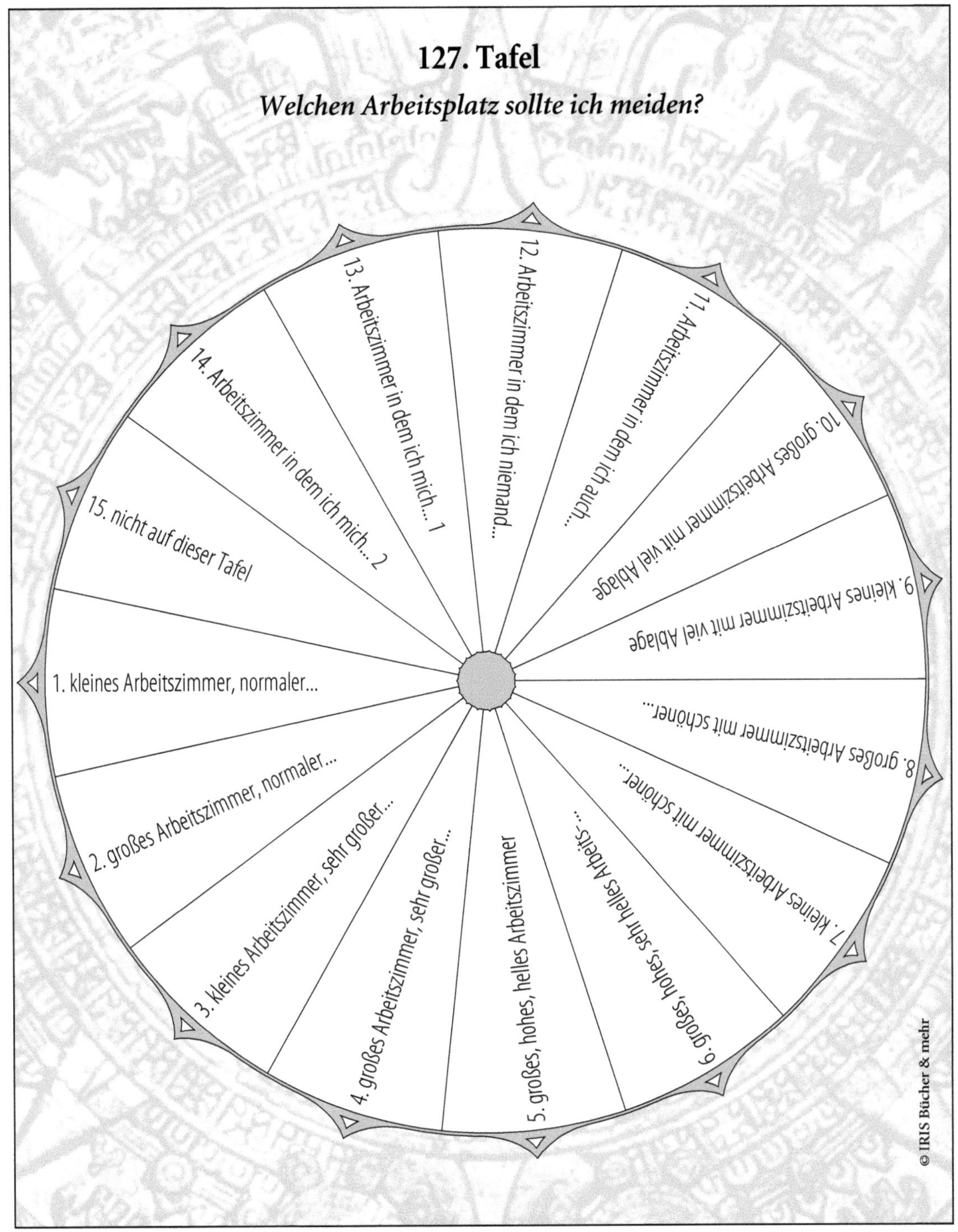

128. Tafel

Welche Zimmerpflanzen beeinflussen mich günstig?

1. Gummibaum
2. Efeu
3. Dattelpalme
4. Birkenfeige
5. Schwertfarn
6. Fähnchenpflanze
7. Chrysantheme
8. Philodendron
9. Dieffenbachia
10. Sansevierie
11. Kaktus
12. Känguruhwein
13. Grünlilie
14. Flamingoblume
15. Weihnachtsstern oder Christrose
16. Azalee
17. Calathea
18. Aloe Vera
19. Zyklame
20. Maranta
21. Begonie
22. Drachenbaum
23. Fleißiges Lieschen
24. Tolmiea
25. nicht auf dieser Tafel

128. Tafel

Welche Zimmerpflanzen beeinflussen mich günstig?

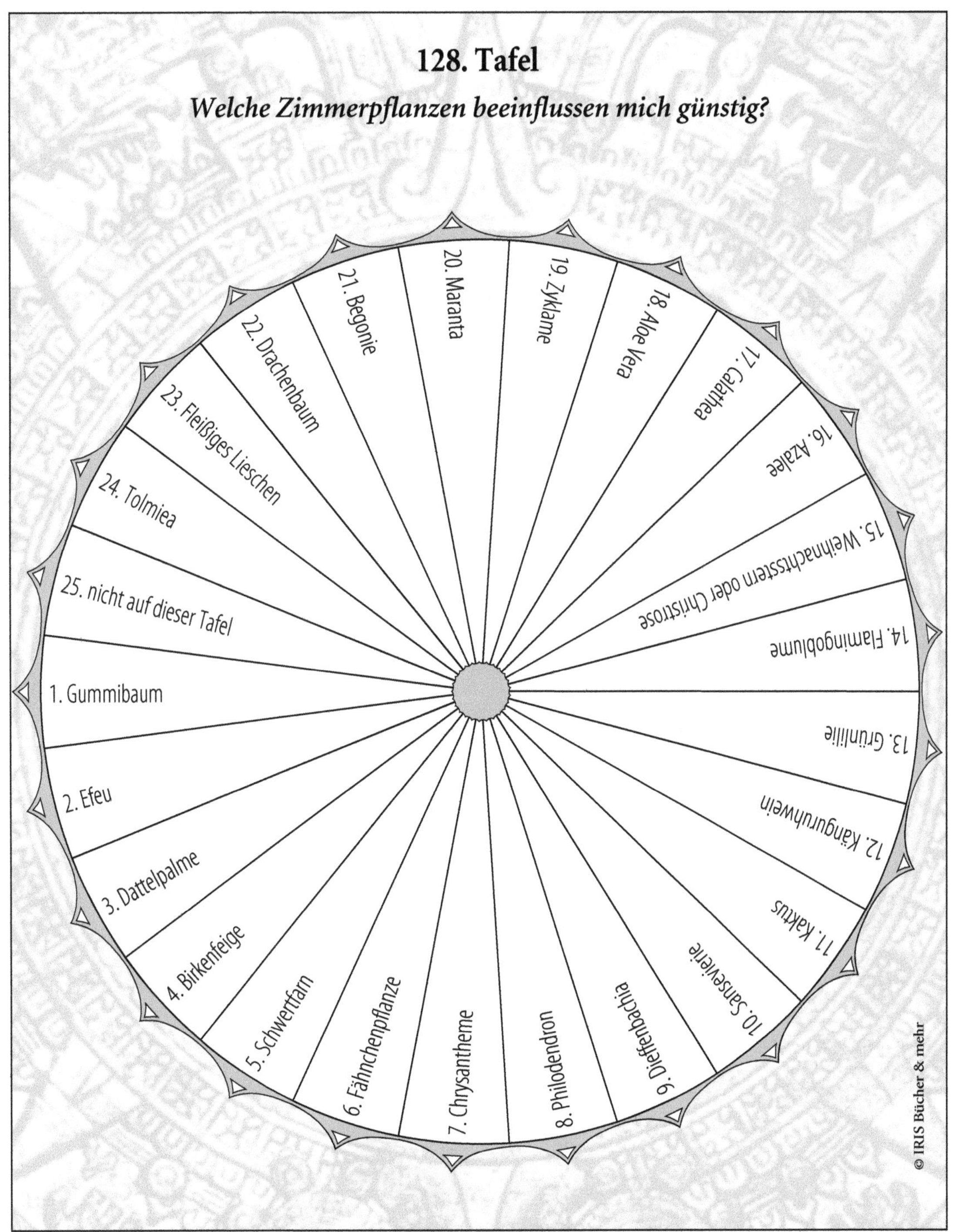

129. Tafel

Welche Zimmerpflanzen sollte ich nicht in meiner Nähe haben?

1. Gummibaum
2. Efeu
3. Dattelpalme
4. Birkenfeige
5. Schwertfarn
6. Fähnchenpflanze
7. Chrysantheme
8. Philodendron
9. Dieffenbachia
10. Sansevierie
11. Kaktus
12. Känguruhwein
13. Grünlilie
14. Flamingoblume
15. Weihnachtsstern oder Christrose
16. Azalee
17. Calathea
18. Aloe Vera
19. Zyklame
20. Maranta
21. Begonie
22. Drachenbaum
23. Fleißiges Lieschen
24. Tolmiea
25. nicht auf dieser Tafel

Siehe auch Pendeltafeln 12, 34, 35, 117.

129. Tafel

Welche Zimmerpflanzen sollte ich nicht in meiner Nähe haben?

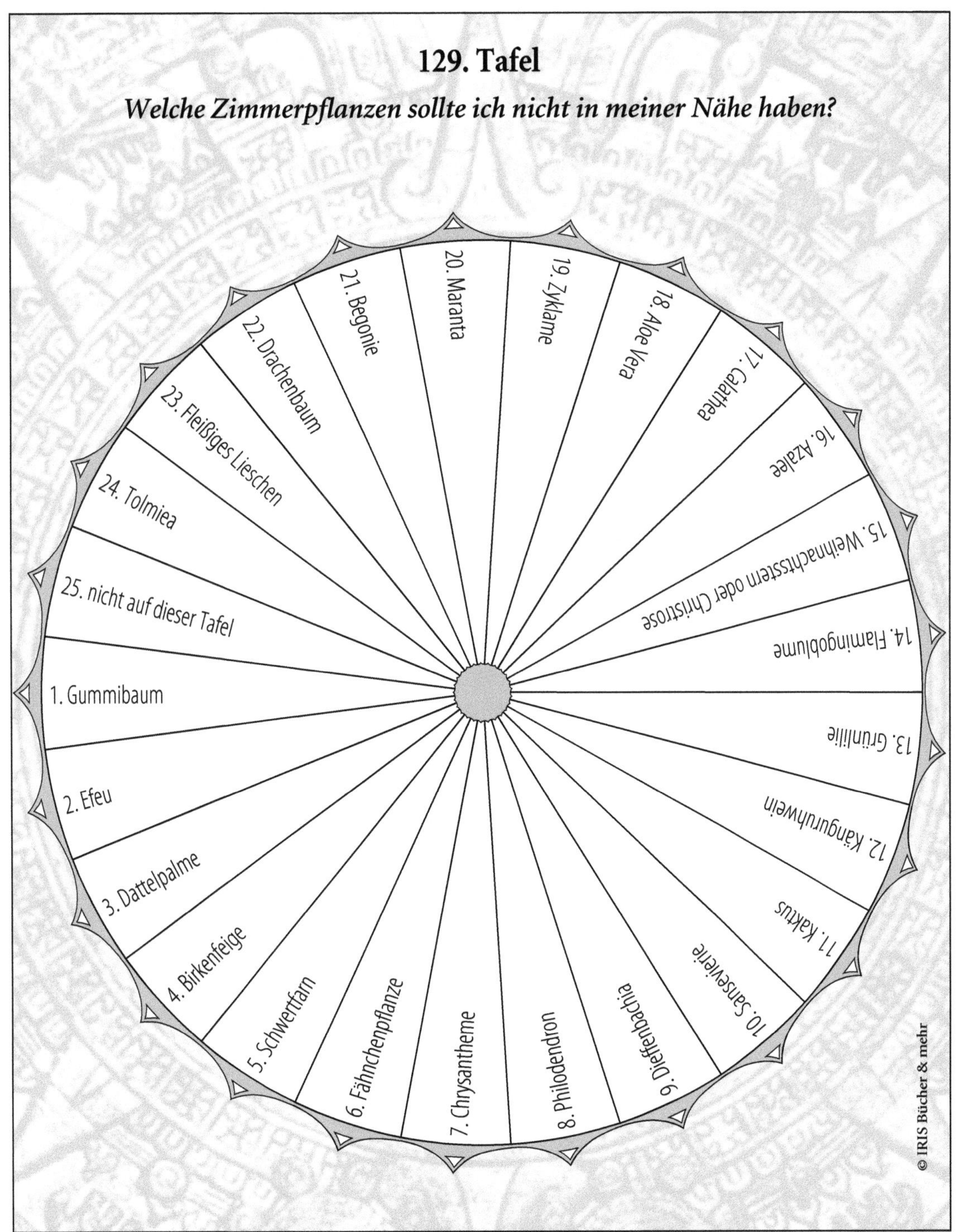

130. Tafel

Welche Pflanzen sollte ich im Garten pflanzen? (1)

1. Rose
2. Dahlie
3. Akelei
4. Brautschleier
5. Klematis
6. Grasnelke
7. Tränendes Herz
8. Geranie
9. Hortensie
10. Iris
11. Geißblatt
12. Maiglöckchen
13. Immergrün
14. Kapuzinerkresse
15. Pfingstrose
16. Rhododendron
17. Bärenklau
18. Rittersporn
19. Stockrose
20. Schusterblume
21. Nachtkerze
22. Weinrebe
23. Fingerhut
24. Gänseblümchen
25. nicht auf dieser Tafel

130. Tafel

Welche Pflanzen sollte ich im Garten pflanzen?

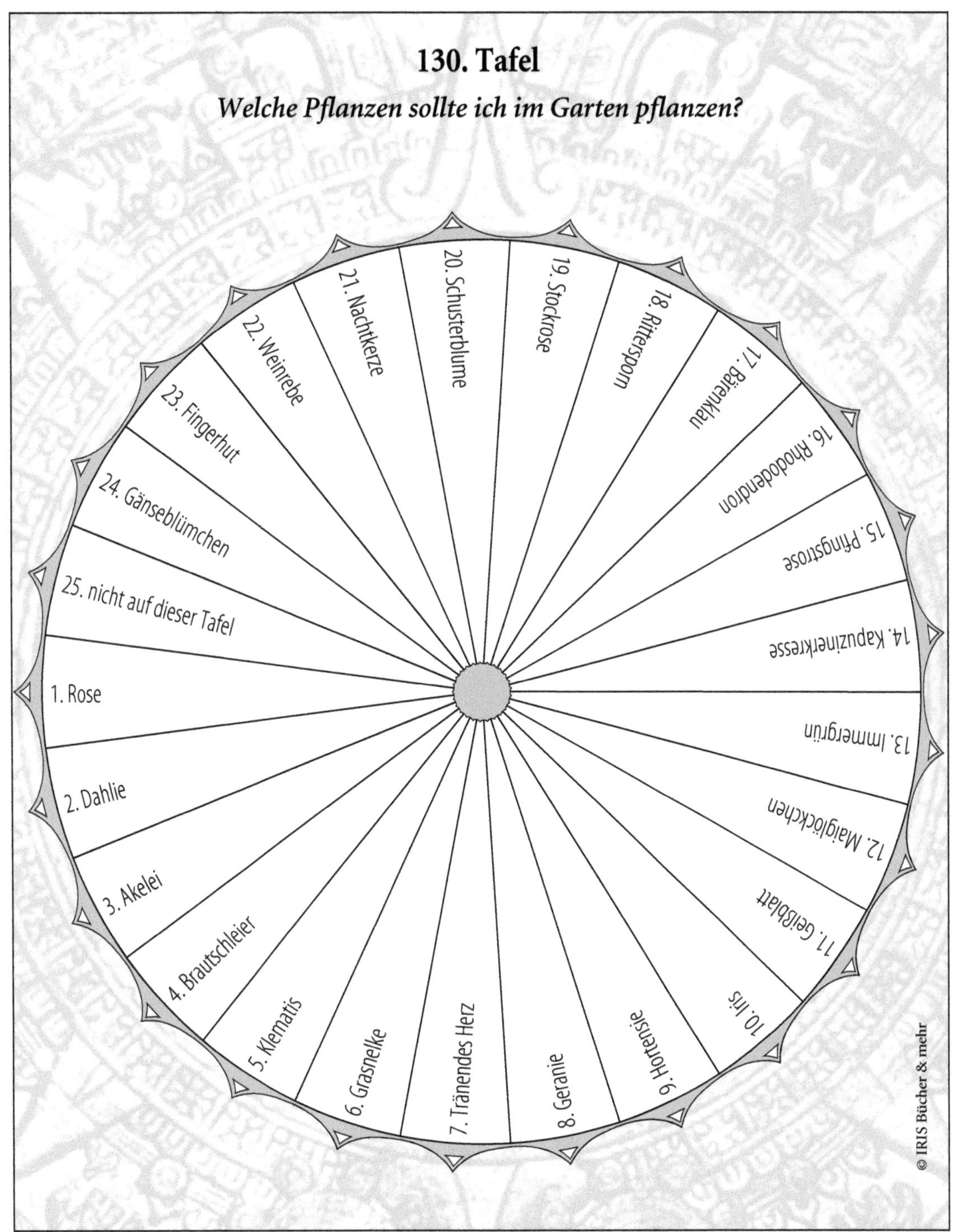

131. Tafel

Welche Pflanzen sollte ich im Garten pflanzen? (2)

1. Spitzklette
2. Anemone
3. (Rauhe) Gänsekresse
4. Geißbart
5. Aster
6. Farn
7. Flieder
8. blaue Traube
9. Tulpe
10. Hyazinthe
11. Narzisse
12. Krokus
13. Glockenblume
14. Pampagras
15. Almenrausch
16. Nelke
17. Sonnenblume
18. Schachblume
19. Gladiole
20. Gipskraut
21. Primel
22. Osterblume
23. Leimkraut
24. Tigerblume
25. nicht auf dieser Tafel

131. Tafel

Welche Pflanzen sollte ich im Garten pflanzen?

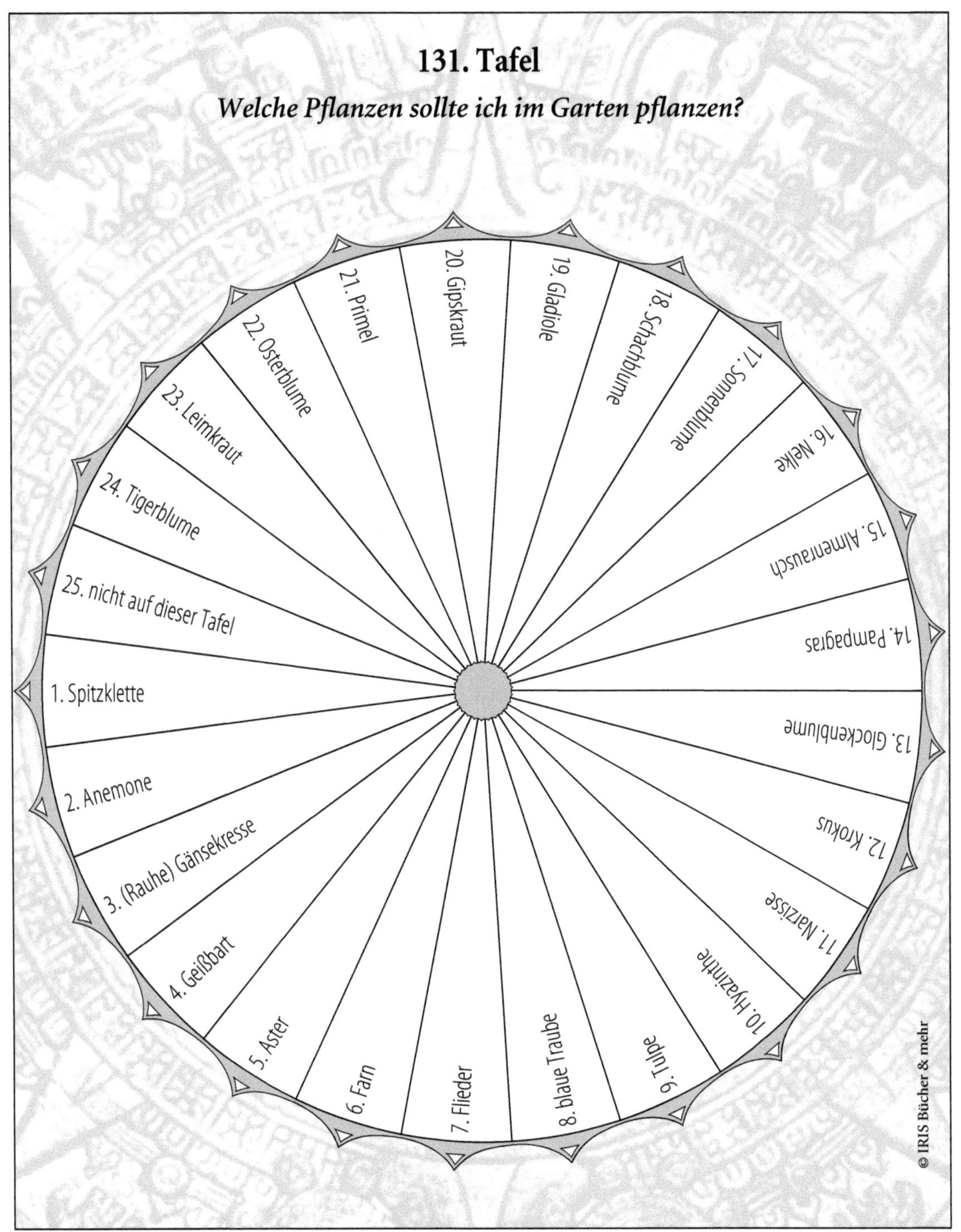

132. Tafel

Welche "wilden" Pflanzen beeinflussen mich günstig? (1)

1. Lupine (wächst auf mageren Böden)
2. Schöterich (wächst auf mageren Böden)
3. Giersch (wächst auf mageren Böden)
4. Wolfsmilch (wächst auf mageren Böden)
5. Vogelknöterich (wächst auf mageren Böden)
6. Ochsenzunge (wächst auf mageren Böden)
7. Guter Heinrich (wächst auf mageren Böden)
8. Bilsenkraut (wächst auf mageren Böden)
9. Habichtskraut (wächst auf mageren Böden)
10. Gartenampfer (wächst auf mageren Böden)
11. Reiherschnabel (wächst in Feld und Marschland)
12. Hasenklee (wächst in Feld und Marschland)
13. Klatschmohn (wächst in Feld und Marschland)
14. Kornblume (wächst in Feld und Marschland)
15. Ackergauchheil (wächst in Feld und Marschland)
16. Großer Klappertopf (wächst in Feld und Marschland)
17. Hundspetersilie (wächst in Feld und Marschland)
18. Sonnenwolfsmilch (wächst in Feld und Marschland)
19. Zaunwicke (wächst am Wegrand und in Hecken)
20. Katzenkraut (wächst am Wegrand und in Hecken)
21. Wiesenkerbel (wächst am Wegrand und in Hecken)
22. Schierling (wächst am Wegrand und in Hecken)
23. Seifenkraut (wächst am Wegrand und in Hecken)
24. Pfeifenblume (wächst am Wegrand und in Hecken)
25. nicht auf dieser Tafel

132. Tafel

Welche "wilden" Pflanzen beeinflussen mich günstig?

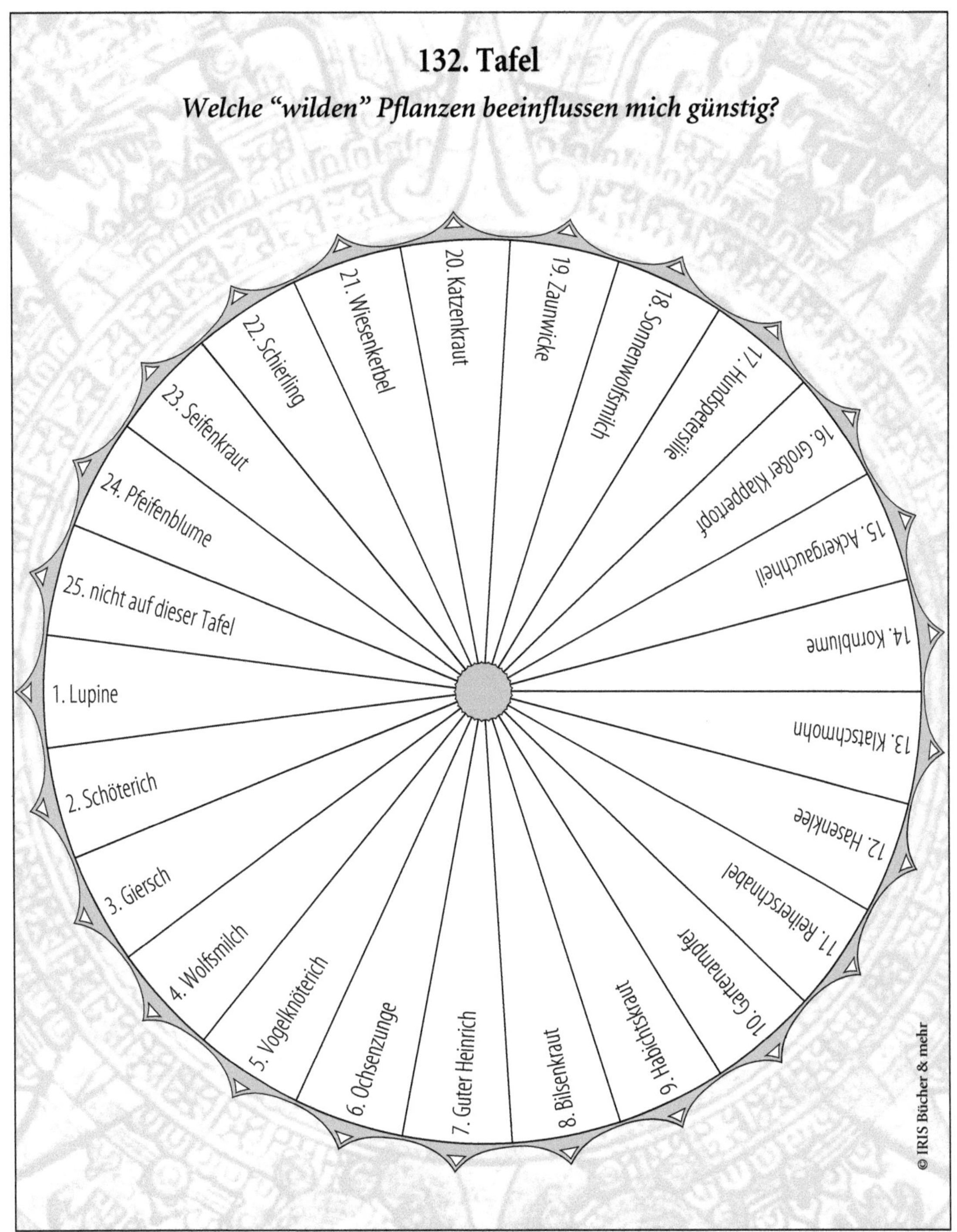

133. Tafel

Welche "wilden" Pflanzen beeinflussen mich günstig? (2)

1. Kronwicke (wächst auf trockenen Wiesenböden)
2. Moschuskraut (wächst auf trockenen Wiesenböden)
3. Hexenmilch (wächst auf trockenen Wiesenböden)
4. Salbei (wächst auf trockenen Wiesenböden)
5. Glockenblume (wächst auf trockenen Wiesenböden)
6. Natternkopf (wächst auf trockenen Wiesenböden)
7. Habichtskraut (wächst auf trockenen Wiesenböden)
8. Gemeine Flockenblume (wächst auf trockenen Wiesenböden)
9. Frauenschuh (wächst auf feuchten Wiesenböden)
10. Platterbse (wächst auf feuchten Wiesenböden)
11. Wiesenschaumkraut (wächst auf feuchten Wiesenböden)
12. Storchschnabel (wächst auf feuchten Wiesenböden)
13. Bärenklau (wächst auf feuchten Wiesenböden)
14. Pfennigkraut (wächst auf feuchten Wiesenböden)
15. Kuckuckslichtnelke (wächst auf feuchten Wiesenböden)
16. Margerite (wächst auf feuchten Wiesenböden)
17. Sumpfdotterblume (wächst an Ufern)
18. Eisenhut (wächst an Ufern)
19. Leberblümchen (wächst an Ufern)
20. große Butterblume (wächst an Ufern)
21. Blutweiderich (wächst an Ufern)
22. Blumenbinse (wächst an Ufern)
23. Rohrkolben (wächst an Ufern)
24. Pfeilkraut (wächst an Ufern)
25. nicht auf dieser Tafel

133. Tafel

Welche "wilden" Pflanzen beeinflussen mich günstig?

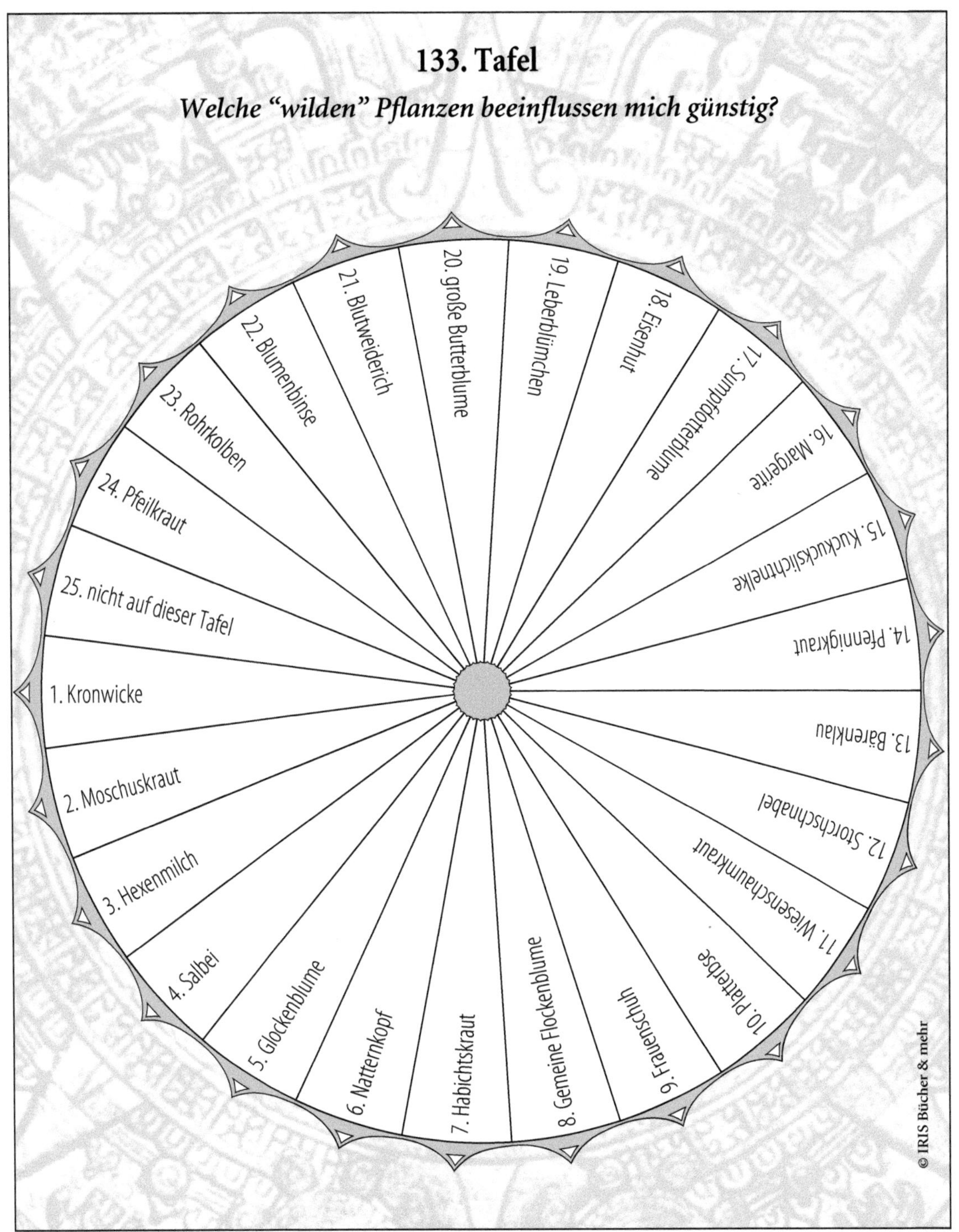

134. Tafel

Welcher Balkon/Garten paßt am besten zu mir?

1. kleiner Balkon nach Süden
2. kleiner Balkon nach Norden
3. großer Balkon nach Süden, mit wenig Pflanzen (Blumenkübeln)
4. großer Balkon nach Norden, mit wenig Pflanzen (Blumenkübeln)
5. großer Balkon nach Süden, mit viel Pflanzen (Blumenkübeln)
6. großer Balkon nach Norden, mit viel Pflanzen (Blumenkübeln)
7. kleiner, sonniger Garten mit vielen (wilden) Pflanzen
8. kleiner, sonniger Garten mit Blumenkübeln und (großer) Terrasse
9. großer “wilder” Garten mit Sonne und Schatten
10. großer “wilder” Garten mit viel Schatten
11. kleiner Garten mit Kräuter- und/oder Gemüsebeet
12. großer Garten mit Kräuter- und/oder Gemüsebeet
13. großer, übersichtlicher, gepflasterter Garten ohne Pflanzen (Blumenkübel)
14. großer (kunstvoll) angelegter Garten, mit Teich usw.
15. nicht auf dieser Tafel

134. Tafel

Welcher Balkon/Garten paßt am besten zu mir?

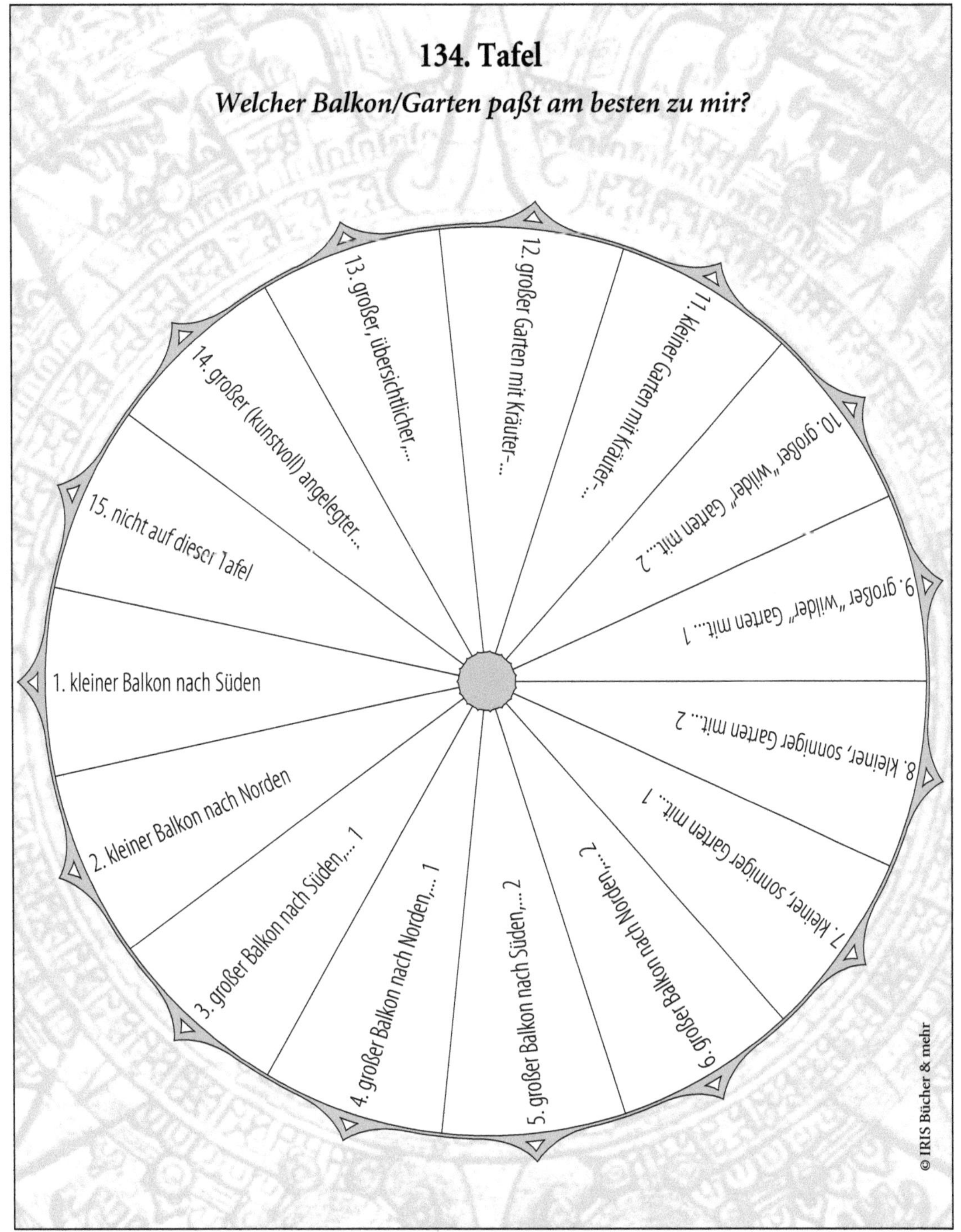

135. Tafel

Welches "Erholungsgebiet" finde ich am angenehmsten?

1. meinen eigenen Garten
2. Parkanlage (in nächster Nähe)
3. Stadtpark (in der Nähe)
4. Nationalpark oder Wandergebiet
5. Wald
6. Dünen
7. Strand
8. Marschland (mit Gräben)
9. Heide
10. am Deich
11. an einem großen See
12. Berge oder gebirgige Landschaft
13. Stadtzentrum
14. Terrasse (von Bäumen überschattet)
15. nicht auf dieser Tafel

135. Tafel

Welches "Erholungsgebiet" finde ich am angenehmsten?

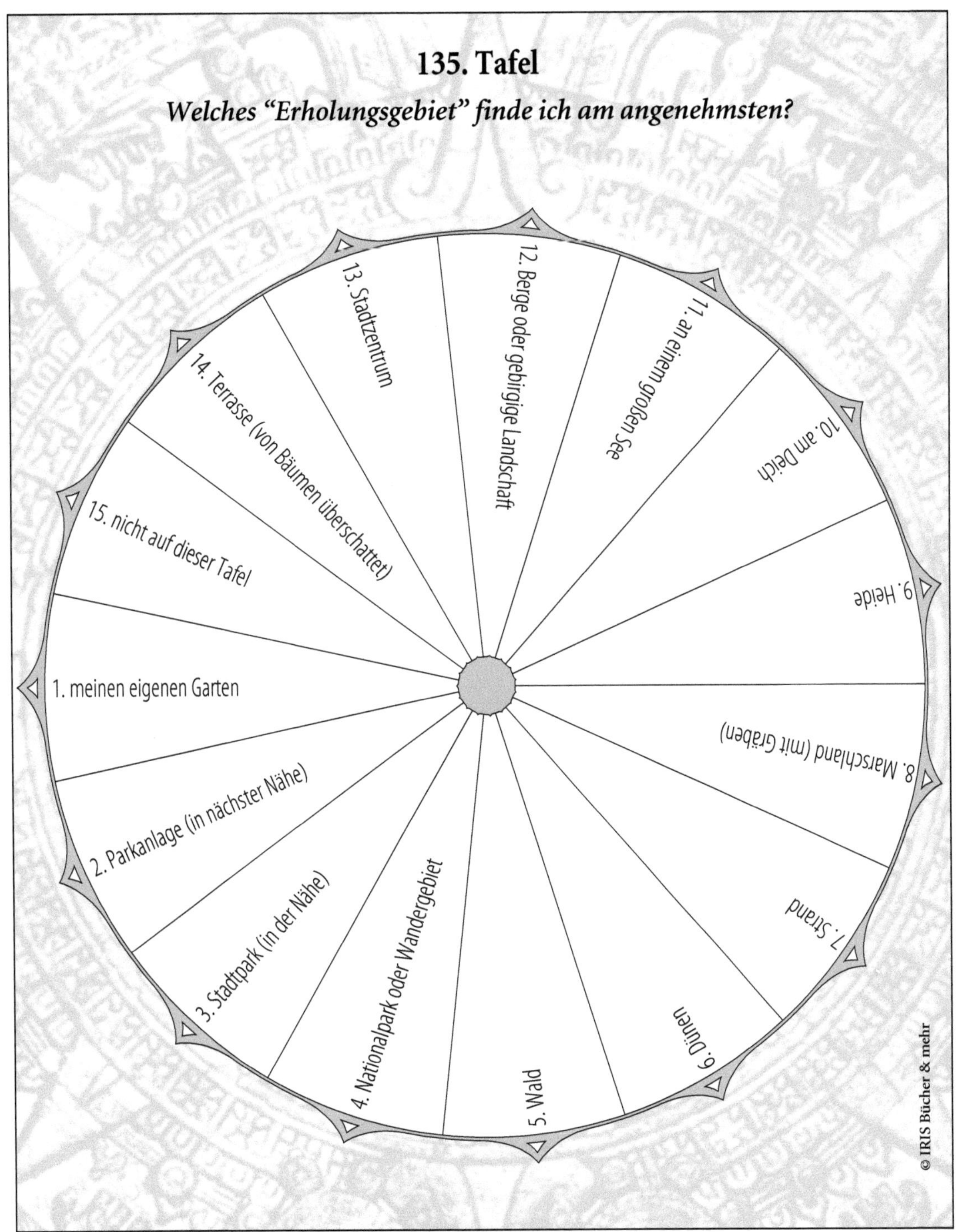

Zusätzliche Pendeltafel

mit 15 Antwortmöglichkeiten

1.
2.
3.
4.
5.
6.
7.
8.
9.
10.
11.
12.
13.
14.
15.

Zusätzliche Pendeltafel

mit 15 Antwortmöglichkeiten

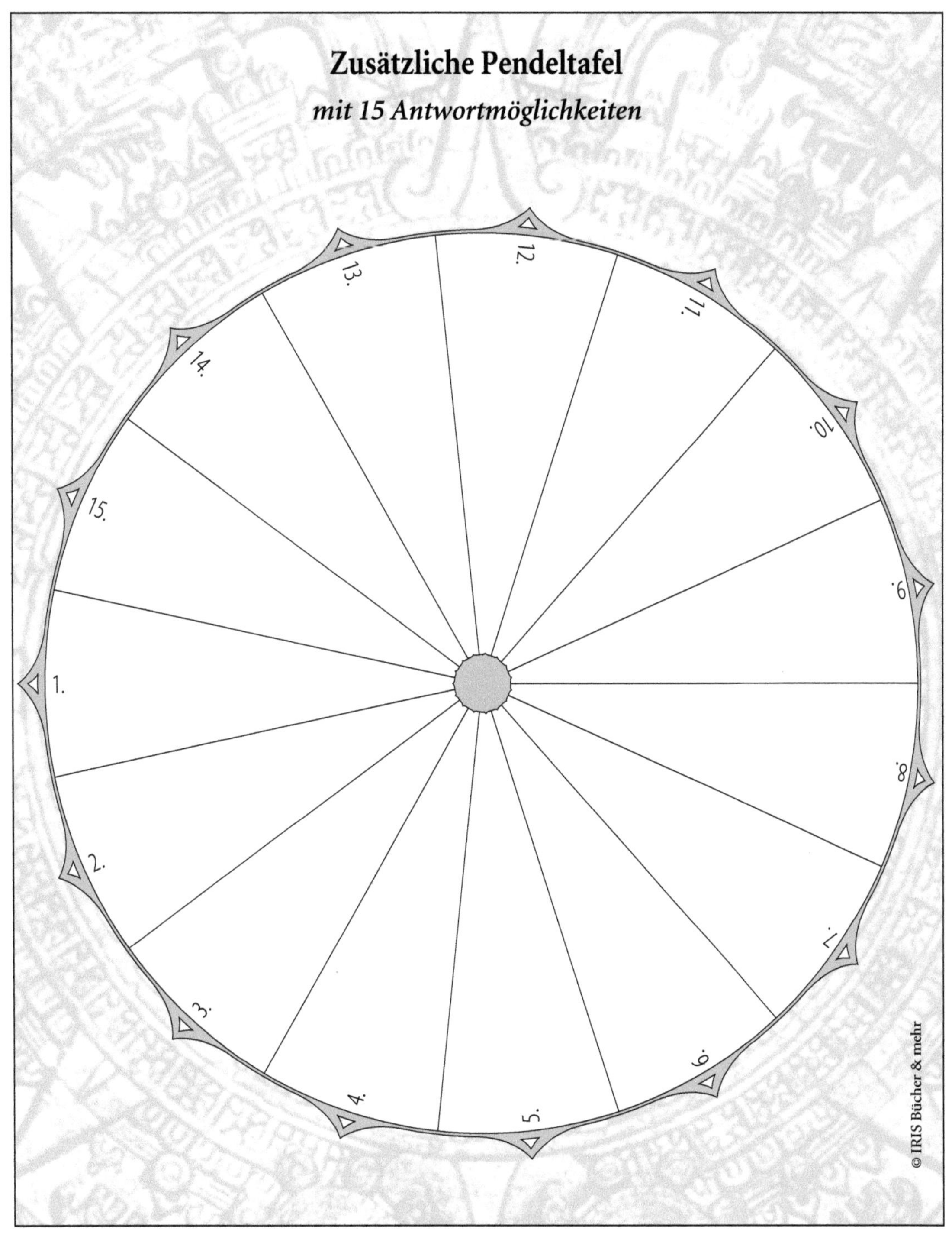

Stichwortverzeichnis

A

B

C

D

E

F

L

M

N

O

T

U

V

W

Y

Z

Hier kann man sich zum **Neue Erde-Newsletter** anmelden:
newsletter.neueerde.de/anmeldung

NEUE ERDE im Buchhandel

Sollte es Lieferschwierigkeiten bei den Büchern von NEUE ERDE geben, lassen Sie immer im VLB (Verzeichnis lieferbarer Bücher) nachsehen, im Internet unter **www.buchhandel.de**

Alle lieferbaren Titel des Verlags sind für den Buchhandel verfügbar.

Sie finden unsere Bücher auch auf unserer Homepage **www.neue-erde.de** oder in unserem Gesamtverzeichnis, welches Sie gerne hier anfordern können:

NEUE ERDE GmbH
Cecilienstr. 29 · 66111 Saarbrücken
info@neue-erde.de